Sonya Kraus

geboren: 22. Juni 1973

Wohnort: Frankfurt

Bauabschnitte: Jobbte schon mit 15 als Model, machte Abitur, arbeitete in allen Modemetropolen der Welt … und hatte Hunger. Wollte zum Fernsehen, landete beim Glücksrad … mochte nicht mehr schweigen, sondern lieber Plaudern. Wechselte die Baustelle, talk talk talkte ganz viel und wurde als Hobbyheimwerkerin zur SOS-Renovierungsfachfrau bei ProSieben.

Die beliebte Moderatorin entwirft nebenbei Bikinis, spielt Theater und schrieb den Nr.-1-Bestseller »Baustelle Mann«.

Als bekennende Mogelpackung verrät sie in diesem Buch ihre ganz persönlichen Beauty-Tricks:

»Jede Frau kann aussehen wie ein Star!«

Weiterer Titel der Autorin:
66407 Baustelle Mann

»Es gibt keine hässlichen Frauen,
es gibt nur gleichgültige.«
Helena Rubinstein

SONYA KRAUS

MIT CHRISTIANE STELLA BONGERTZ

BAUSTELLE BODY

Sonya's Secrets

Inhalt

Baugenehmigung: Dürfen wir überhaupt schöner werden wollen?

Schämen Sie sich: Sie haben ein oberflächliches Buch mit Beauty-Tricks erworben, statt zum neuesten Werk von Marcel Reich-Ranicki zu greifen!

»Es kommt doch auf ganz andere Werte als das schnöde Äußere an!«

Selbstverständlich. Mit dieser politisch korrekten Aussage ist man immer auf der sicheren Seite. Und richtig: Es kommt im Leben auf andere Werte an! Leber-, Blutzucker- und Harnstoffwerte sollte man nie aus den Augen lassen ...

Nur, wie vermittelt man die berühmten »Werte« einem pickligen Teenager, der auf einem x-beliebigen bundesdeutschen Schulhof Folgendes zu hören kriegt:

»Dein Gesicht auf einer Briefmarke, und die Post geht pleite!«

»Sind deine Eltern Chemiker? Siehst aus wie ein Versuch.«

»Gib mir mal ein Passbild von dir, meine Schwester sammelt Bilder von Naturkatastrophen.«

Rumms! Das hat gesessen. Kinder können grausam sein. Zum Glück werden die meisten Menschen – abgesehen von Dieter Bohlen – mit der Zeit etwas umgänglicher und hauen ihrer Umwelt nicht mehr ständig Gemeinheiten um die Ohren.

Dies ist allerdings ein schwacher Trost für den pickligen gehemmten Teenie, der in jedem von uns, egal wie alt, auf ewig schlummert. Altkluge Pseudo-Psycho-Sprüche wie »Da musst du drüberstehen!« sind einfach nur schlechtes Make-up für unser Seelchen.

Warum streben wir verdammt noch mal nach Schönheit?

Es sind nicht etwa die »bösen« Medien – Mutter Natur ist dran schuld! Sie hat uns über Jahrtausende der Evolution folgende Formel einprogrammiert:

Schön = Gesund

In einem Versuch hat man Babys Fotos von Menschen gezeigt, attraktiven und eben weniger attraktiven. Das schockierende Ergebnis: Der Blick der Säuglinge haftete durchweg deutlich länger am Antlitz der »Schönen«. Somit war bewiesen, dass selbst frischgeschlüpfte Erdenbürger, die noch nicht von Frauenzeitschriften manipuliert wurden, der Schönheit erliegen.

Auch bei einer Studie der amerikanischen Harvard Universität kam heraus, dass attraktive Menschen im Schnitt um zehn bis fünfzehn Prozent mehr verdienen als ihre weniger schick aussehenden Kollegen.

Ungerecht? Die Erklärung ist viel komplexer. Die Psychologen begründen das so:

- Attraktives Aussehen gibt Sicherheit!
- Attraktive Menschen treten selbstbewusster auf, können sich besser verkaufen.
- Attraktive Leute suggerieren, dass sie auch an sich arbeiten.

Das kommt bei Arbeitgebern gut an – das Gehalt klettert. Hinter einer maroden, lieblos aussehenden Fassade würde eben keiner ein einladendes Wohnzimmer, geschweige denn ein fittes Oberstübchen mit kalkfreien Leitungen erwarten.

Ergo: Wer sich schön findet, hat mehr vom Leben.

Nachdem wir uns nun höchst wissenschaftlich dessen vergewissert haben, dass es schlau ist, nach »Schönheit« zu streben, können wir zur

Renovierung des »selbstgenutzten Eigenheimes« übergehen. Doch dieses Buch soll Sie garantiert nicht dazu verführen, jetzt zum Ego-Fixstern im Luxusweibchen-Universum zu mutieren!

Es macht mich immer wahnsinnig, wenn ich die Schönheitsseiten in Frauenzeitschriften lese. Wer nur ein Zehntel von dem befolgt, was da drin steht, muss seinen Job an den Nagel hängen und sich vor allem einen reichen Gönner suchen, der die angepriesenen teuren Produkte finanziert. Dazu noch ein Besuch im Nagelstudio und bei der Pediküre, vielleicht die Bikinizone wachsen und ein Abo im Fitnessclub.

Oder lieber gleich den Personal Trainer für siebzig Euro die Stunde??? Hilfe! Wer hat so viel Zeit und Geld?

Spa hier, Spa dort? Das spa' ich mir!

Ob Sie's glauben oder nicht, ich war in meinem ganzen Leben nur ein einziges Mal im Kosmetiksalon. Und hab sofort festgestellt: Das ist nix für mich. In meinem Job fummeln schon immer so viele Leute an mir rum – einer steckt mir den Tonsender hinten in die Hose, die Nächste zupft mir an den Haaren, der Übernächste an den Klamotten, und einer wedelt mir mit der Puderquaste über die Nase.

Darum ist es für mich alles andere als entspannend, wenn mir jemand »liebevoll« im Gesicht herumtätschelt. Und mir von einer Kosmetikerin in einem Spa den Gegenwert einer Monatsmiete auf den Körper schmieren lassen? Sorry, das ist es mir einfach nicht wert.

Ich habe an Schönheitspflege drei Hauptansprüche:

1. Es muss schnell gehen.
2. Es muss wirklich was bringen.
3. Es darf nicht viel kosten.

Falls Sie also zeitraubende Luxus-Püppi-Tipps in diesem Buch erwarten, kann ich nur sagen: Fehlkauf – wenn Sie den Bon noch haben, kriegen Sie's vielleicht noch umgetauscht!

Was Sie stattdessen erwartet? Nun, in den ganzen Jahren im Model- und Showbiz-Zirkus habe ich massenhaft Tricks dafür gesammelt, wie man mit möglichst wenig Aufwand so lecker wie möglich aussieht. Wie man aus Zotteln so was wie eine Frisur macht, mit Make-up die Gesetze der Optik ausnutzt und die Figur mit Zutaten aus dem Bastelladen in Szene setzt. Zusätzlich habe ich für das vorliegende »monumentale Werk« Bücher und Studien gewälzt, um rauszukriegen, welche Maßnahmen auf der »Baustelle Body« wirklich was bringen.

Die Tipps in diesem Buch sind nicht nur schnell umzusetzen, effektiv und schonen Ihr Portemonnaie, sondern sie sind auch tierversuchsfrei. Das Kaninchen hieß Sonya.

Fürs Protokoll: Ich rede hier nicht davon, dass alle so aussehen sollten wie Models oder Hollywoodstars. Es geht darum, das Bestmögliche aus dem zu machen, was wir so an Rohmaterial auf unserer persönlichen Baustelle Body vorfinden.

Natürlich ist es keine Kunst, eine Zwanzigjährige mit ebenmäßigem Gesicht und Babypopo-Haut umwerfend zu stylen. Die ein paar Takte ältere Königin der Volksmusik adrett und lecker aussehen zu lassen ist schon eine größere Herausforderung. Aber auch das funktioniert!

Und das Beste kommt jetzt: Ich verrate Ihnen, wie!

Ihre

I.
Grundkurs Architektur und Rohbau

So viel ist sicher: Mit Farbe und Zubehör aus den Beauty-»Baumärkten« Drogerie und Parfümerie – mit einem Wort: *dekorativer Kosmetik* (ooops, es waren zwei!) – kann man unglaublich viel tricksen, und dazu werde ich Ihnen auch noch jede Menge Profi-Kniffe verraten. Ich freue mich schon auf stapelweise Drohbriefe von Visagisten und Stylisten, weil ich ihre »Geheimrezepte« verrate ...

Aber das soll nicht Ihr Problem sein. Und bevor wir zu den Dekoarbeiten kommen, ist zunächst mal eins viel wichtiger: das Fundament! Denn eine einsturzgefährdete Bruchbude kann man selbst mit dem raffiniertesten Make-up leider nicht zur Villa umstylen.

Ladys, wir müssen erst mal für einen architektonisch stabilen Rohbau sorgen! Aber keine Sorge, wenn Ihr Body im Moment noch nicht das Etikett »Traumhaus« verdient – das wird.

Auf dieses Fundament können Sie bauen: Die Ernährung!

Gesunde Ernährung – ist Ihr erster Gedanke bei diesen Stichworten: »Würg«? Dafür habe ich vollstes Verständnis, denn auch ich war lange Zeit traumatisiert. Sobald ich nur einen Müsliriegel sah, setzte bei mir ein Brechreiz ein wie sonst nur nach drei stark gemixten »Zombies« auf nüchternen Magen. Schuld ist Edda-Swantje. Es war gegen Ende der Achtziger. Damals war das Reformhaus noch kein Gourmet-Tempel, Kochgurus wie Tim Mälzer oder Jamie Oliver waren noch nicht auf den Plan getreten, um den Massen mit ihren Kochbuch-Bestsellern beizubringen, dass vollwertiges Essen auch schmecken kann. Ökos hießen noch Ökos und nicht LOHAS[1], hatten ein unerschütterliches Sendungsbewusstsein, steinharte Sesam-Soja-Kekse in der Butterbrotdose und insgesamt nicht gerade ein sexy Image. Es war also sozusagen in der Bio-Frühzeit, als Edda-Swantje in unseren Klassenraum und damit in mein Leben trat.

[1] Abkürzung für die Anhänger eines »Lifestyle of Health and Sustainability« (LOHAS), also eines gesunden und nachhaltigen Lebensstils.

Mein Ausflug in die Öko-Steinzeit oder: Die Körner der Wahrheit

»So Freunde, das ist Edda-Swantje, eure neue Mitschülerin«, verkündete Herr Kaufiger, unser Klassenlehrer. »Sie ist gerade von Äquatorialguinea, wo ihre Eltern als Entwicklungshelfer tätig waren, zurück nach Deutschland gezogen.«

Dass dieses Wesen gerade aus Afrika kam, konnte man kaum glauben. Edda-Swantje war sommersprossig, blond und blass, mit dunklen Augenringen.

Hätte sie nicht den bunten Selbstgestrickten angehabt, hätte sie 'nen super Gruftie abgegeben, ganz ohne Make-up. Vielleicht war in Äquatorial-Dingsda ja gerade Regenzeit gewesen?

»Solange die Beate noch krank ist, kannst du dich neben Sonya setzen.«

Prima Idee – gesund sah mir die aber auch nicht aus ... keine Chance, mit Bio-Crack-Kaufiger über ansteckende Tropenkrankheiten zu diskutieren. Die weiße Afrikanerin wurde neben mir geparkt, hauchte »Hallo!« und holte ihr Strickzeug raus.

Menschen, die jünger sind als Baujahr 1980, sei erklärt: Zu dieser Zeit teilten sich sechzehnjährige Jugendliche gewöhnlich in zwei Gruppen: die einen strickten, die anderen f..., ähm, beschäftigen sich mit anderen Dingen. Edda-Swantje und ich gehörten definitiv nicht zum selben Verein. Trotzdem arrangierten wir uns: Während sie im Unterricht grässliche Schals, Socken und Pullunder herstellte, tat ich etwas wirklich Produktives und schnitt mit der Nagelschere meine splissigen Haarspitzen.

Dass »et Edda«, wie ich meine neue Tischnachbarin getauft hatte, ein wenig müffelte, nahm ich in Kauf, denn die Festplatte, die sich hinter ihrer Nickelbrille verbarg, war brillant! Egal, ob Mathe, Physik oder Chemie – auf das Fettköpfchen war Verlass, bei niemandem konnte man so zuverlässig abschreiben wie bei meiner Strickliesel! Und solange Edda-Swantje mir vorsagte, würde ich ihr auch nicht länger mit Deo drohen. Ach, wir bildeten eine harmonische Interessengemeinschaft. Bis zu jenem tragischen Moment ...

Statt meines obligatorischen Schokokuss-Brötchens befreite ich eine duftende Leberkäs-Semmel aus meiner Tupperware.

»O Gott, ich muss mich übergeben!«

»Geht's dir schlecht?« Wahnsinnig schlaue Frage. Et Edda sah noch elendiger aus als sonst.

»Ja klar, ich bin Lakto-Ovo-Vegie!«

Shit! Hatte ich es doch gewusst! Sie hatte irgendeine seltene afrikanische Krankheit!

»Ist das ansteckend?«

»Was?« Sie starrte mich und meinen Pausensnack entgeistert an. Oh bitte, Herr, lass ihr Hirn gesund bleiben! Meine Versetzung hing von diesem Organ ab. Noch mal langsam: »Ist ... das ... ansteckend?«

»Hast du sie noch alle? Ich bin Vegetarierin, esse aber Eier und Milchprodukte. Und wenn du das tote Tier ...«, sie deutete auf mein unschuldiges Brötchen, »... nicht sofort von unserem Tisch entfernst, kotze ich dir in den Rucksack.«

Das war eine ernst zu nehmende Drohung. Den angegorenen körnigen Mageninhalt einer Vegetarierin wollte ich mir definitiv nicht auf den Rücken schnallen.

»Oookay, kein Problem!«, und schwupps, landete die leckere Semmel im Mülleimer.

»Danke, das ist echt lieb von dir. Willst du ein paar ungesalzene Kürbiskerne?« Das schien so was wie die Öko-Friedenspfeife zu sein, also: Ich wollte.

»Was isst du denn dann?«

»Alles außer Fleisch?!« Danke. Warum kam ich coole Sau mir neben Edda-Swantje bloß immer geistig zurückgeblieben vor?

»Wenn du willst, kannst du ja mal zu mir zum Essen kommen. Wir sind alle Lakto-Ovo-Vegetarier und essen nur bio. Gudrun und Ole würden sich bestimmt freuen.«

»Wer sind denn Gudrun und Ole?«

»Meine Eltern?«

»Ach so ...« Ich hatte vergessen, »Mama und Papa« waren ja total out.

Vier Tage später saß ich bei Familie Guttermann-Brümmlich am Mittagstisch.

»Trink, Sonya, das ist Mondscheinwasser!«

Ich brauchte Edda-Swantje nur anzuschauen, und sie klärte mich auf: »Das Wasser wurde bei Vollmond abgefüllt.«

Aha. »Ja, das schmeckt man!«

Hallooooo? Ich hatte einen super Witz gerissen und keiner lachte! Gudrun lächelte mich zustimmend an: »Nicht wahr?«

Nein, nicht wahr!!! Aber meine Mama ..., Entschuldigung, »die Marlene« hatte mich wohlerzogen. Ich hielt die Klappe, nippte am Weihwasser und sehnte mich nach einem anständigen kohlensäureverseuchten Sprudel.

Keine Zeit für sündiges Verlangen, Gudrun packte meine Hand und sprach die »Tischworte der Weisheit«. Nicht zu verwechseln mit einem Tischgebet. Man war selbstverständlich konfessionslos. Nachdem Elementen und Geistern gedankt war, konnte die ultragesunde Bio-Sause losgehen.

»So, und jetzt greif zu.« Ole im Batikhemd mit rotem Vollbart, blonden schulterlangen Haaren und Halbglatze reichte mir eine Platte mit ...

»Buletten?!«

»Sonya, das sind Vollkorn-Grünkern-Burger. Ole hat auch noch Dinkelbrötchen gebacken«, belehrte mich Gudrun und warf ihre hennarote Mähne zurück.

»Selbst gebacken? Cool. Habt ihr auch Ketchup?«

Betretenes Schweigen. Hatte ich jetzt gerade 'ne tote Sau auf Toast verlangt? Oder wurde Ketchup vielleicht aus Tierblut gewonnen?

»Wir nehmen keine industriell gefertigten, konservierten Lebensmittel zu uns. Möchtest du vielleicht ein wenig Tofucreme mit indischem Curry?«

»Gern!« Ich war mittlerweile so hungrig, ich hätte auch kleine rosa Babys gefressen, was wohl mit den Traditionen dieses Haushalts nicht ganz konform gegangen wäre.

Die Tofucreme hatte leider nix mit meinem geliebten Ketchup gemeinsam, es war eher eine Paste und orange statt rot. Egal, ich schmierte das Zeug großzügig auf das Dinkel-Ding, hob den fleischlosen Ökoburger drauf und biss zu ... In diplomatischen Kreisen hätte man wohl »interessant« gesagt. Mir war allerdings mehr nach: »Scheiße, das schmeckt ja zum Kotzen! Wo geht's denn hier zum Klo?« Aber ich wollte doch so gerne höflich sein!

Die Tatsache, dass man an diesem furztrockenen Grünkern-Dinkel-Burger-Biss ungefähr fünf Minuten kauen musste, bis man Teile davon schlucken konnte, rettete mich aus der Misere.

»Schmeckt's?«, fragte mich Ole.

Kauend nickte ich euphorisch. »Mhhhmmm!«

Das hätte alles heißen können. Ich hatte mich also nicht eines Meineids schuldig gemacht. Weder die Elemente und Geister noch die Guttermann-Brümmlichs konnten sauer auf mich sein. Doch wie beim Autofahren musste man auch in dieser Situation vorausschauend denken: Wohin mit dem Rest des Burgers? Die hatten hier keinen Hund! Und selbst wenn, der hätte vermutlich die Nahrung verweigert.

Mir blieb nichts anderes übrig, als den steinharten Körnerklumpen in kleinen Stücken abzutragen und mit literweise Mondscheinwasser in meinen Magen zu befördern.

Dem Rest der Family schien es zu schmecken. Dass die überhaupt noch Abrieb auf der Kaufläche hatten, war ein Wunder. Nachdem ich etwa drei Viertel des Monsters verspeist hatte, revoltierte mein Magen. Nichts ging mehr!

»Boahhh, die machen aber auch ganz schön satt, die Dinger!«

»Ja, da ist alles drin, was du brauchst – eben Vollwert.«

Das war meine Chance: »Ich glaub, ich bin satt.«

»Och, du isst ja wie ein Vögelchen!«

Falsch, Gudrun! Vöglein fressen Körner, ich sehnte mich nach McDonald's.

»Na ja, lass liegen. Wenn die Kleinen aus dem Kinderladen kommen, dann freuen sie sich über was Leckeres!«

Ich blickte auf meinen Teller und dachte für Millisekunden daran, das Jugendamt einzuschalten. Dann fiel mir ein: Die kamen ja aus Afrika. Sofort hatte ich verweichlichtes Imperialisten-Kind ein schlechtes Gewissen.

»Es gibt aber noch Nachtisch: Ziegenmilch-Pudding!«

Ole präsentierte mir stolz eine glibberige Masse in der Glasschale.

»Ähm, das ist sehr freundlich. Ich muss ... noch Hausaufgaben machen.«

Sprach's und sprang auf. Et Edda sah mich an, als hätte sie gerade einen Vampir, der in eine Knoblauchknolle beißt, gesehen.

»Vielen Dank. Das Essen war köstlich!!!«

Tataaa, Applaus, Applaus! Ich war soeben fürs Showgeschäft geboren worden.

Noch ein schnelles »Tschüß!«, und ich war weg.

Achtzehn Stunden später, nachdem mein Magen sich beruhigt und mein Darm sich geleert hatte, machte ich mir ernsthafte Sorgen um meine Lakto-Ovo-Vegetarierin. Konnte es vielleicht sein, dass sie immer wie eine Leiche mit Mangelerscheinungen aussah, weil sie zu Hause nur dieses furchtbare Körnerfutter bekam? Dass sie immer so schmuddelig war, weil Ole und Co. ihr einredeten, Tenside in Seife, Shampoo und Waschmittel seien tödlich? Hier musste dringend Entwicklungshilfe betrieben werden – und zwar mitten in Deutschland! Das Mädel brauchte dringend ein bisschen Acrylamat, Glutamat und ein paar verpönte E's auf der Inhaltsstoffliste! Zuerst musste ich sie aber verführen, und ich wusste auch schon, wie: mit Genuss! Ob sie wohl schon mal den Geschmack eines gebutterten Weißmehl-Toasts mit einer soliden Schicht Nutella auf der

Zunge gehabt hatte? Liebevoll wickelte ich zwei dicke Toasts in Alufolie ein, bettete sie zärtlich in einen isolierenden Styroporkasten und rannte in die Schule.

»Du, Edda-Swantje? Gestern habt ihr ja für mich gekocht, heute hab ich dir was mitgebracht. Da, ...«, ich drückte ihr das noch warme (juhuu!) Sandwich in die Hand, »... ist auch garantiert ohne Fleisch!«

Misstrauisch wickelte meine Gaumenfreuden-Jungfrau die Alufolie ab.

»Was is'n das?«

»Hausgemachte Nussnugatcreme von meiner Oma auf selbst gebackener französischer Brioche!«

Lieber Gott, erhalte mir meine guten Notlügen ... Aber es funktionierte. Et Edda war sichtlich beeindruckt und biss in meine Ökofalle. »Mmmhhhhm!«

Ich wusste aus leidvoller Erfahrung, das konnte alles heißen.

Dann noch mal: »Mmmmhhhm!«

Also dieser Laut meines Fettköpfchens hörte sich geradezu unanständig an.

»Schmeckt's?«

»Oh, das ist so lecker! Und das ist gesund?«

»Völlig bio.«

Na ja, fast ... Ab diesem Moment fütterten wir uns gegenseitig: Ich Edda-Swantje mit normalem Essen und sie mich mit Chemie-, Physik- und Mathe-Informationen.

Meine Abneigung gegen Hardcore-Ökofraß war jedoch geboren und starb erst, als mich ein unglaublich gut gebautes, vor Gesundheit strotzendes männliches Model vom Gegenteil überzeugte. Jimmy war Vegetarier, Gesundheitsfreak und Hobbykoch und verwöhnte unsere WG in Miami täglich mit Köstlichkeiten. Das einzige Fleischliche, das ich bei seinen vegetarischen Kochkünsten vermisste, war sein nackter Adonisleib auf einer Silberplatte, dekoriert mit Puschkin-Kirsche im Sixpack-Bauchnabel. Aber diese Art von Nachtisch servierte Jimmy leider nur José, seinem Latin-Lover ...

Seit damals ist viel Wasser den Main runtergeflossen. Dank Jimmy lernte ich, dass Familie Guttermann-Brümmlich in punkto Kochkünste einfach nur verdammt untalentiert gewesen war und auch ökologisch einwandfreies Essen – von Könnern zubereitet – zum Niederknien schmecken kann. Aber ich habe seit den guten alten Achtzigern noch eine Menge mehr dazugelernt. Zum Beispiel, dass richtig zusammengestellte gesunde Ernährung auch echtes Beauty-Food ist. Nachdem ich viele schlaue Bücher gewälzt habe, kann ich außerdem guten Gewissens verkünden: Fleisch ist dabei erlaubt – wenn auch in Maßen und das richtige! Bei Guttermann-Brümmlichs hingegen kam jeglicher Fleischverzehr in der Evil-Liste gleich nach Atomkraftwerken im Naturschutzgebiet.

Wichtig ist, dass Sie wissen, welche Lebensmittel Schönheitspotenzial haben. Mit denen sorgen Sie nämlich für eine solide Bausubstanz, stabilen Halt sämtlicher verschönernder Maßnahmen und schützen sich wirksam vor vorzeitiger Baufälligkeit.

Richtig »spachteln« – besser aussehen mit den richtigen Zutaten

Obst und Gemüse sind gesund! Hurra, Applaus! Hey, die Kraus hat da wirklich brandheiße Infos ausgegraben. Gemüse, Obst – spitze für die Gesundheit? Wow! Doch nicht Hot Dogs im Labberbrötchen und Pommes mit Mayo? Breaking News!!! Ja, ja, ich weiß, was Sie denken. Und natürlich lernen wir diese »Weisheit« bereits, wenn Mami uns zwingen will, nicht nur die fetttriefenden Fischstäbchen, sondern auch die eklig grüne Spinatpansche auf dem Teller aufzuessen. Die Begründung, die Kinder seit gefühlten fünftausend Jahren zu hören kriegen: »Damit du groß und stark wirst!«

Diese Argumentation leuchtet allerdings gerade uns Mädels nicht immer ein. Groß – gut. Da kann man noch was mit anfangen. Model werden. Oder Filmstar. Aber stark? Wozu, bitteschön? Stark genug, um schwächlichen XY-Chromosom-Besitzern einer Grundschulklasse mit Schmackes zu zeigen, wo die Glocke hängt – dafür reicht es doch schon. Und falls das auf die fleischfarbene Mode für »starke Größen« anspielen sollte, die bei Omi auf der Wäscheleine flattert wie die internationale Erkennungsflagge für Tena-Lady-Trägerinnen – och nö, danke. Spinat? Brokkoli? Erst mal kein Interesse! Vielleicht sollten die Mamis und Papis dieser Welt ihren weiblichen Nachwuchs einfach etwas zielgruppenorientierter motivieren: »Damit du groß und umwerfend schön wirst!«

»Five a day« – fünf Portionen Obst oder Gemüse empfiehlt die Weltgesundheitsorganisation WHO, damit wir alle schön gesund bleiben. Und das »schön gesund« darf man wörtlich nehmen. Nicht nur, dass jemand, der gesund ist, im Allgemeinen auch besser aussieht. Es gibt auch immer mehr brandheiße Hinweise darauf, dass Grünzeug und Früchte auch super für unsere Optik sind!

Erst mal die klassischen Gründe: Pflanzliche Lebensmittel enthalten viel Wasser, füllen die Flüssigkeitsdepots und **schützen so die Haut von innen vor dem Austrocknen**. Obst und Gemüse haben jede Menge Ballaststoffe und machen so bei **wenig Kalorien** satt. In Grünzeug ist außerdem Biotin, das Haare und Nägel stabil und glänzend macht. Obst enthält viel **Vitamin C**, und das braucht der Körper für die **Kollagenbildung der Haut** – im Klartext: für eine straffe Hülle. Vitamin C verbessert außerdem die **Eisenverwertung**, damit wir immer rosige Apfelbäckchen haben. Apropos Apfel: Äpfel enthalten den quellenden Ballaststoff **Pektin**, der satt macht und den Darm **entgiftet** …

Aber nicht nur die Oldschool-Vitamine, -Mineralien und -Ballaststoffe sind wichtig für die Schönheit: Heute finden Wissenschaftler immer mehr

Substanzen in Grünzeug, die echte Beauty-Elixiere sind, weil sie den Alterungsprozess bremsen, die Haut glätten, das Immunsystem stärken und vor Krankheiten schützen. **Sekundäre Pflanzenstoffe** ist der Überbegriff für diesen Cocktail. Ein paar Beispiele? Bitte sehr!

▪ Flavonoide sind dunkle Farbstoffe, die Pflanzen rot, violett oder blau färben. Sie sind die Top-Besetzung für den Job als »Bodyguard« unserer Zellen und Spezialisten gegen Angriffe des Krawallkommandos »freie Radikale«, das Runzeln macht und Adern verstopft. Sie bremsen außerdem das Wachstum von Bakterien und Viren, wirken entzündungshemmend und beugen Krebs und Herzinfarkt vor. Essen!

▪ Carotinoide sind schon länger bekannt. Das sind Farbstoffe, die vorwiegend in roten, orangefarbenen und gelben Früchten und Gemüsesorten stecken – wie Möhren, Paprika und Kürbis –, aber auch in ein paar grünen Sorten wie Spinat, Brokkoli oder Grünkohl. Carotinoide bremsen freie Radikale, pushen die Abwehr, schützen vor schädlichen Einflüssen durch UV-Strahlung, unterstützen das Herz-Kreislauf-System und beugen Krebs vor.

▪ Phytosterine kommen in Nüssen, Sonnenblumenkernen, Sesam oder Sojabohnen vor. Sie schützen vor Dickdarmkrebs. Phytosterine sind chemisch dem Cholesterin ähnlich und konkurrieren deshalb mit diesem um die Aufnahme in den Körper. Heißt: Sie senken den Cholesterinspiegel, dadurch gibt's keinen Stau auf der Blutgefäß-Autobahn, und alle Nährstoffe und Vitamine kommen immer genau da an, wo sie hin sollen. Zum Beispiel an Haut und Haarwurzeln, wo sie uns auftragsgemäß schön machen.

▪ Saponine sind Geschmacksstoffe, die etwa in Hülsenfrüchten wie Bohnen und in Spinat vorkommen. Saponine stärken das Immunsystem und senken das Darmkrebsrisiko.

■ Glucosinolate stecken in allen Kohlsorten, Rettich, Senf und Kresse. Sie beugen Infektionen und Krebs vor.

Und das sind nur ein paar der sekundären Pflanzenstoffe. Forscher schätzen, dass es insgesamt unfassbare 30.000 von ihnen gibt! Aber auch, um die bisher bekannten 10.000 samt detaillierter Wirkung aufzuzählen, müsste ich vermutlich doch eben ein Ökotro... Ökopo..., also ein Ernährungswissenschaftsstudium absolvieren und noch ein paar Bücher mehr schreiben. Festzuhalten ist: Die Obst- und Gemüseabteilung ist eine Art Öko-Beauty-Depot, das insbesondere Ihrer Haut zugutekommt. (Zum Weiterbilden: »Skin Food« von Dr. Michaela Axt-Gadermann und Prof. Dr. Peter Axt, Herbig.) Aber auch andere Lebensmittel können schön machen! Und damit kommen wir zur ultimativen ...

Hitliste der Beauty-Lebensmittel

Platz 1: Dunkle Beeren

Ist Ihnen schon aufgefallen, dass dunkle und rote Beeren wie Heidelbeeren, Brombeeren, Cranberries oder schwarze Johannisbeeren auf dem Lebensmittelsektor sozusagen der letzte Schrei sind? Die isst man jetzt als Food-Trendsetter! In Müslimischungen, als Riegel, am Obststand, als Fruchtsaft – überall gibt es plötzlich geballte Beerenkraft, wo früher höchstens mal Erdbeeren angeboten wurden. Detective Kraus folgert messerscharf: Hier gibt es einen Zusammenhang mit den neuesten Erkenntnissen der Wissenschaft. Seit Forscher herausgefunden haben, dass dunkle Beeren neben massenhaft Vitamin C auch mit massenhaft Flavonoiden die Zellen schützen – und hier speziell die Hautzellen –, hat sich die Lebensmittelindustrie an die steigende Nachfrage angepasst. Greifen Sie zu, das ist ausnahmsweise kein Werbegag! Es gilt die Regel: **Je dunkler das Beerchen, desto besser für Ihre Pelle!**

Platz 2: Fetter Fisch

Richtig, Fett macht dick. Wie alles, von dem man zu viel isst. Gut aufgepasst, zehn Gummipunkte dafür! Aber ganz auf Fett zu verzichten ist ungesund und absolut schädlich für unseren Teint! Wir sollten aber darauf achten, welches Fett wir zu uns nehmen. Fetter Fisch wie Makrele, Lachs, Thunfisch oder Hering schmeckt nicht nur super, sondern ist eine bessere Wahl als paniertes Schweineschnitzel, das in altem Frittieröl vor sich hin gedümpelt ist. Fischeiweiß hat sich in Studien obendrein als Fatburner herausgestellt – das gleicht den höheren Fettgehalt wieder aus. Die in Fisch enthaltenen **Omega-3-Fettsäuren** hemmen Entzündungen, schützen das Herz – und halten die Haut mit speziellen Substanzen glatt. Außerdem neutralisieren die ungesättigten Omega-3-Fette schädliche andere Fette, die sich in den Arterien anlagern können und ebenfalls die Haut belasten.

SONYAS DO-IT-YOURSELF-TIPP NR. 1

Beeren: Eine Aufforderung zum »Mundraub«!

Beeren im Supermarkt sind leider oft teuer, darum machen Sie es wie ich: Halten Sie im Sommer Ausschau nach Brombeerhecken, denn die gibt es selbst in der Stadt in Parks und Grünanlagen – wild wuchernd! Meistens traut sich niemand an die stacheligen Hecken heran, so dass die Früchte vergammeln – ein Unding! Bewaffnen Sie sich mit Tupperware und ernten Sie! Wenn Sie auf dem Land wohnen, finden Sie vielleicht auch noch andere Schönheitsbömbchen in der Natur: Erdbeeren, Heidelbeeren, Stachelbeeren ... Aber immer Finger weg von Beeren auf Wadenhöhe – auch in der Stadt: Hier könnte ein Fuchs entlanggeschlichen sein – und es besteht die Gefahr, sich mit dem gefährlichen Fuchsbandwurm anzustecken. In jedem Fall gilt: Die Beeren vorsichtig und mehrfach in stehendem (!) Wasser waschen und auf Küchenkrepp abtropfen lassen. Möglichst sofort verbrauchen – Beeren schimmeln schnell, und mit jeder Sekunde gehen Vitamine flöten.

Platz 3: Die richtigen Pflanzenöle

Zum Kochen und Braten sollten wir unbedingt gesunde Fette ins Töpfchen kippen. Gutes **Olivenöl** – am gesündesten ist »Natives Olivenöl Extra« –

schützt das Herz und außerdem Körper und Haut vor freien Radikalen, die Falten machen und – schlimmer – Krebs verursachen können. Wichtig ist, dass Olivenöl nicht zu stark erhitzt wird: Dabei entstehen wiederum krebserregende Stoffe. Faustregel: Es darf nie anfangen zu rauchen! Auch sehr gesund, da extrem reich an Vitamin E: **Avocadoöl**. Avocado können Sie genauso gut auch direkt aus der Frucht als Butterersatz aufs Brot schmieren oder als Guacamole-Dip verwenden. Zum Kochen und Braten ist Alleskönner **Rapsöl** am besten: Es enthält Omega-3-Fettsäuren, schmeckt prima und verträgt dabei auch sehr hohe Temperaturen. Unschlagbar!

Platz 4: Grüner Tee

Das Highlight unter den Muntermachern! Grüner Tee enthält viele sekundäre Pflanzenwirkstoffe, die gut für die Schönheit sind – und dabei hat das Zeug überhaupt keine Kalorien! Grüner Tee darf allerdings nur mit heißem, nicht aber kochendem Wasser aufgebrüht werden und nicht länger als drei Minuten ziehen, sonst wird er bitter. Mit diesem Öko-Doping schlägt einem so schnell nichts auf den Magen! Wer das enthaltene Teein (also das Tee-Koffein) nicht verträgt oder einen wamen Schlummertrunk sucht, der kann auf koffeinfreien grünen Rooibos-Tee ausweichen, der ist (mindestens) genauso gut. Nicht zu heiß trinken. Wer eher Kaffee-Junkie ist, wird sich über Platz 5 freuen:

Platz 5: Espresso

In Espresso befinden sich jede Menge Flavonoide, die die Haut schützen. Allerdings sind die in sämtlichen Kaffeegetränken, die Milch, Sahne oder auch Sojamilch enthalten, leider unlöslich mit dem sündig-cremigen Schäumchen verbunden. Tja Mädels, unser heiß geliebter Latte Macchiato und Cappuccino schmecken zwar super, aber **wer Espresso als wirkliches Beauty-Elixier kippen will, trinkt das Zeug pur**. Und zwar auch *ohne* Zucker, denn gerade der blütenweiße Kristallzucker ist leider, da musste ich Süßmaul mich belehren lassen, ein fast so schlimmer Feind unserer zarten Pelle wie

UV-Licht, Rauchen und zu viel Alkohol. Wie alle Kaffeegetränke bindet Espresso Mineralien wie Eisen oder Zink – darum gilt insbesondere für Vegetarier: Den kleinen Braunen bitte nicht zu oft.

Platz 6: Tomaten

Viva Italia! Viva Pomodori! Ciao Bella! Die Italiener wissen schon, warum sie in beinahe jedem Gericht das rote Gemüse verarbeiten. Tomaten enthalten nämlich jede Menge **Lycopin**. Dieser Stoff, der zu den Carotinoiden gehört, gibt ihnen die rote Farbe und schützt sie vor UV-Licht. Wenn wir Tomaten essen, werden wir gleich mitgeschützt – allerdings ersetzt dieser Schutz nicht die Sonnencreme. Am meisten Lycopin ist in Tomatenpüree enthalten, aber auch Tomatensaucen und -suppen versorgen uns reichlich damit. In rohen Tomaten ist der prozentuale Lycopin-Gehalt durch ihren hohen Wassergehalt nicht ganz so hoch.

Platz 7: Wasser

Einige Models schwören darauf, direkt nach dem Aufstehen eine Tasse warmes Wasser zu sich zu nehmen. Dieser Tipp kommt aus der ayurvedischen Ernährungslehre und ist angeblich der optimale Kick-off für den Tag. Fakt ist: Trinken ist wichtig für Schönheit und Gesundheit. Der menschliche Körper besteht zu siebzig Prozent aus Wasser. Dehydration lässt unser größtes Organ, die Haut, schnell trocken aussehen. Außerdem müssen wir genug trinken, damit das Blut nicht eindickt und seinen Job erledigen kann, zu dem unter anderem gehört, alle Beauty-Nährstoffe an ihren Bestimmungsort zu bringen. Also: Trinken, trinken, trinken. Etwa zwei Liter Wasser oder Kräutertee pro Tag. Wenn es heiß ist, Sie Sport treiben oder in der Sauna schwitzen, auch gern das Doppelte. Wer ein Trinkmuffel ist, spritzt sein Wässerchen mit einem Schuss rotem Fruchtsaft, damit's nicht so wässrig aussieht. Vergessen können Sie übrigens teuren Schnickschnack wie Sauerstoffwasser – bringt rein gar nix.

Platz 8: Rotwein

Und noch ein Getränk! In Rotwein sind jede Menge der Flavonoide aus den roten Trauben enthalten. Aber das ist noch nicht alles. Das einzigartige Extra in Rotwein sind die Oligomere Procyanidine, kurz: **OPC**, das ist **eine die Zellalterung extrem bremsende Substanz aus Traubenkernen**. OPC ist ein so genanntes Polyphenol, das die Zellen achtzehnmal stärker als Vitamin C und vierzigmal stärker als Vitamin E schützt. **Das sensationelle Zeug stoppt dazu noch den Kollagenabbau!** Darum bleiben Franzosen, die täglich Rotwein trinken, meistens länger fit und lange schön glatt im Gesicht – gut, Monsieur Sarkozy ist dann vermutlich eher Biertrinker. Aber immerhin kennen Sie jetzt Catherine Deneuves Beauty-Geheimnis. Hätten Sie gedacht, dass die Gute Jahrgang 1943 ist? Aber nur der rote Wein wirkt, denn bei ihm werden die wertvollen Kerne mitgekeltert, die beim Weißwein vorher entfernt werden. Und: Ein Glas reicht! Anti-Alkoholiker aufgepasst: Roter Traubensaft ist auch sehr gesund, da hier die Kerne bei der Herstellung zurückbleiben, fehlt allerdings weitgehend das OPC. Übrigens wurde in Studien nachgewiesen, dass Leute, die täglich ein bisschen (!) Alkohol trinken, seltener Herzinfarkte und Schlaganfälle bekommen, insbesondere die Rotwein Fans bleiben verschont. Santé!

»Gott erhalte mir meinen Magen, durch den der Wein und die Liebe geht.«
Katharina von Medici, Königin von Frankreich (1519-1589)

Platz 9: Dunkle Schokolade

Liebe Schokoholics, Ihr dürft endlich mit gutem Gewissen die Hauer in Eure Droge schlagen! Die einzige Süßigkeit, die wirklich schön macht! In dunkler Schokolade sind viele

Entwarnung: Keine Akne durch Schokolade

Dass der Verzehr von Schokolade oder anderer Lebensmittel negative Auswirkungen auf Hautunreinheiten und Akne hat, ist ein altes Ammenmärchen. Nach aktuellem Stand der Wissenschaft kann theoretisch nur der übermäßige Genuss von Haselnüssen oder manchen Multivitaminsäften mit besonders hohem Vitamin-B12-Gehalt das Hautbild negativ beeinflussen. Übrigens: Vitamin B12 ist in rauen Mengen ausgerechnet in Hefepillen enthalten, die früher gerne gegen Pickel empfohlen wurden.

pflanzliche Schutzstoffe aus den Kakaobohnen enthalten, die Balsam für unsere Haut und unseren Körper sind. Wichtig: Hier darf's gerne hochprozentig sein – mindestens siebzig Prozent Kakaogehalt werden empfohlen. Und ein Stück reicht schon, damit das Blut für viele Stunden weniger verklumpt, weil die Polyphenole das schädliche LDL-Cholesterin senken und dazu freie Radikale fangen, die ansonsten in unseren Zellen randalieren. Milchschokolade wirkt allerdings nicht – leider! Denn die enthaltene Milch bindet die schönmachenden Inhaltsstoffe und enthält obendrein noch viel mehr Zucker – und der ist leider ein echter Schönheitsfeind.

Platz 10: Die Protein-Clique

Für glatte und gesunde Haut braucht der Körper in Maßen Aminosäuren – auch unter den Begriffen »Eiweiße« oder »Proteine« bekannt. Die Dinger sind nämlich die Bausteine unserer Haut. Besonders gesunde Eiweiße stecken zum Beispiel in Huhn, Soja, Nüssen, Meeresfrüchten und Lamm. Und natürlich in Fisch! In den Omega-3-Bömbchen wie Lachs, die ich oben erwähnt habe, genauso wie in fettarmem Fisch. Milch, Milchprodukte und Eier als Ergänzung sind auch gute Eiweiß- und Vitaminquellen. Und lassen Sie sich nicht in die Irre führen: Im »Eiweiß« des Hühnereis ist gar nicht so viel Protein, wie der Name vermuten lässt. Das meiste Eiweiß steckt im Eigelb. Übrigens: **Wer abends nicht zu spät solch eine proteinreiche Mahlzeit mit hochwertigem Eiweiß isst, fördert die Produktion von hautglättenden Wachstumshormonen über Nacht – eine Top-Anti-Aging-Kur.**

Platz 11: Die richtige Würze

Getrocknete Gewürze sind konzentrierte Kräuter oder Pflanzen. Das heißt, sie enthalten **sekundäre Pflanzenstoffe in Hochpotenz**, fangen freie Radikale und killen sogar Bakterien oder Viren. Allerdings konzentrieren sich hier auch Pestizide und Schadstoffe, darum ist es sehr sinnvoll, Bio-Gewürze zu kaufen. Als besonders gesund, da entzündungshemmend, haben

H2O

sich asiatische Gewürze wie Currymischungen oder Ingwer erwiesen. Mini-Entzündungen in den Zellen sind nach neuesten Erkenntnissen der Grund für eine schnelle Alterung von Haut und Organen und für etliche Krankheiten. Ingwer ist auch roh ein echtes Talent und besonders in Kombi mit Knoblauch ein Sondereinsatzkommando gegen freie Radikale.

Ich weiß schon, was jetzt einige denken: Gibt's den ganzen Kram nicht auch zum Einnehmen? Das wäre ja sooo schön. Einfach weitermampfen wie gehabt und die ganzen Beauty-Stöffchen bequem dazu einpfeifen. Das ist einfach verdammt verlockend, für bequeme und schnelle Lösungen bin ich immer dankbar und zu haben. Darum nun ein paar Worte zum Thema:

Renovierung per Pille – Schluck dich schön?

Vitamin- und Mineralpillen und Kapseln mit allen möglichen anderen Substanzen im Stil der guten alten Merz Spezial Dragees haben Hochkonjunktur. In Drogerien, Apotheken und sogar im Supermarkt werden bunte Kapseln und Kügelchen verkauft, garniert mit gigantischen Versprechungen: Die kleinen Dinger sollen die Haut prall, die Haare dick und die Krallen kräftig machen. Sicher ist: Der Placebo-Effekt kann bekanntlich riesig sein – und noch größer ist das Geschäft der Nahrungsergänzungsmittel-Industrie. Aber ich geb's zu, ich habe selbst eine Weile Biotin genommen. Für die Haare und die Fingernägel. Aber Sie können mich jetzt foltern, ich kann nicht mit Sicherheit beschwören, ob die Pillchen irgendeinen Effekt hatten. Wahrscheinlich hatten Sie keinen:

Die meisten Forscher sind inzwischen der Meinung, dass »Nahrungsergänzungsmittel« – sprich: all die teuren Pillchen – den Körper unverarbeitet wieder verlassen! Jedenfalls, wenn man sie separat von einer Mahlzeit schluckt.

Schadet dann zwar nix (außer dem Portemonnaie), nützt aber auch nix. Der menschliche Körper braucht zur Verwertung nämlich die sekundären Pflanzenstoffe, die die Vitamine und Mineralstoffe als Mitfahrzentrale benutzen, um in unseren Stoffwechsel zu kommen. Manche Substanzen sind auch auf bestimmte »Mitspieler« angewiesen, um optimal aufgenommen zu werden; Eisen benötigt zum Beispiel seinen Kumpel Vitamin C. Deshalb ist die Einnahme von Vitamin- und Mineraltabletten nur dann sinnvoll, wenn man gleichzeitig auch Grünes und Fruchtiges isst. Fettlösliche Vitamine (A, E, D, K) brauchen außerdem ein Tröpfchen Öl, um vom Körper aufgenommen zu werden. Manche Flavonoide gibt's auch selbst als Pillen – zum Beispiel aus Soja oder Rotklee gegen Wechseljahresprobleme. Aber bevor Sie jetzt auf die Idee kommen, diese einfach zusätzlich zu den anderen Tabletten zu schlucken: Die Dinger stehen neuerdings im Verdacht, Krebs auszulösen, so eine kürzlich veröffentlichte Stellungnahme des Bundesinstituts für Risikobewertung. Heißt: Auch diese Stoffe gabeln Sie besser in Menüform vom Teller.

Tja, ich als Kochmuffel und Fan von schnellen praktischen Lösungen sage es ungern: Um eine ausgewogene Ernährung kommen Sie mit oder ohne Pillen leider nicht herum!

Doch keine Regel ohne Ausnahme! Ein paar Stöffchen in Kapseln gibt es tatsächlich, die nach neuesten Erkenntnissen auch als Pillen wirklich was bringen, weil sie den Runzelproduzenten – den freien Radikalen – auch in gepresster Form ordentlich eins auf die Mütze geben. Freie Radikale entstehen vermehrt beim Rauchen oder Brutzeln in der Sonne, aber – Achtung – in geringeren Mengen auch schon beim ganz normalen Atmen – und da lässt sich ja nun wirklich schlecht drauf verzichten. Erzfeinde der hinterhältigen Biester sind:

- **Vitamin C und E** Aber bitte zum Essen einnehmen!
- **Oligomere Procyanidine (kurz: OPC oder Vitamin P)** Der Wunderstoff aus dem Rotwein.
- **Lycopin** Die Tomatenessenz.
- **Leinöl** Das Öl aus Leinsamen enthält wie die fetten Fischsorten Omega-3-Fettsäuren und neutralisiert die Arachidonsäure, die zum Beispiel beim Verdauen von Schweinefleisch entsteht und die Zellen angreift.

Alles andere können Sie sich getrost sparen. Ausnahme: Wenn Sie das Gefühl haben, an irgendeinem massiven Mangel zu leiden – weil Ihnen zum Beispiel nachts die Beine einschlafen, was für Magnesiummangel sprechen kann –, melden Sie sich beim Arzt für ein großes Blutbild an. Wenn in Ihrem Blut ein Vitamin oder Mineralstoff zu wenig schwimmt, wird der das ganz schnell rausfinden und kann Ihnen gleich das beste Präparat verschreiben. So sparen Sie Geld, weil Sie nur kaufen, was Sie auch wirklich brauchen.

Übrigens: Beauty-Katastrophen wie Rauchen, (sonnen)schutzlos als menschliches Grillwürstchen am Strand zu garen oder zu viel Alkohol lassen sich weder mit dem Schlucken von ein paar Tablettchen noch mit einer Ernährung, die ein Supergesund-Siegel von der Stiftung Warentest bekommen könnte, wiedergutmachen. All das beruhigt höchstens das schlechte Gewissen. Das Qualmen an den Nagel zu hängen und Sonnencreme zu benutzen bringt mehr als alle Cremes und Pillen zusammen.

»Fitfood« für Faule

Okay, es ist leider so: Weil die Wirkstoffsysteme in Früchten und Grünzeug komplex sind und meistens wie Zahnräder ineinandergreifen, wirken die ganzen großartigen Stöffchen nur richtig, wenn sie »im Original« gegessen werden: als echtes Nahrungsmittel. Nicht als Pille. Ähnliches gilt für Fisch und Co. Außerdem sind noch längst nicht alle Stoffe entschlüsselt, die gut für Gesundheit und Schönheit sind – schon allein deswegen kann in Pillen gar nicht alles stecken.

Hier haben wir: Ein Problem für Frau Kraus! Denn jeden Tag Obstsalat schnippeln, riesige Salatschüsseln befüllen und drei Stunden lang Wagenladungen Gemüse waschen, putzen, raspeln und liebevoll mit einem optimal durchgegarten Thunfischsteak zu einem supergesunden Mahl zubereiten? Sorry Leute, ab und zu mach ich so was gerne – aber ich habe hin und wieder auch noch anderes zu tun. Einen makrobiotischen Privatkoch wie Madonna kann ich mir immer noch nicht leisten, ständig in Ökorestaurants essen zu gehen auch nicht. Aber gesund essen muss nicht unbedingt mit hohem Zeitaufwand verbunden sein. Um trotz chronischen Zeitmangels auf meine Gesund-und-Schön-Ration zu kommen, hab ich ein paar Tricks:

- **Das »Ich esse, was auf dem Tisch steht«-Prinzip** Ob da jetzt eine Schale mit Flips, Schokobons oder Chips rumsteht: Ich greife rein, ganz automatisch! Ich liebe Knabberzeug. Dieses Prinzip überliste ich und stelle eine Obstschale mit gewaschenem »Convenience Obst« in Greifnähe, in das man nur noch reinbeißen muss – **Äpfel, Birnen, Trauben oder ein Teller mit Beeren**.

  Alternative (wenn ich mal die Geduld aufbringe, zehn Minuten in der Küche zu stehen): Gemüsestifte mit einem Dip aus Crème fraîche, die ich mit Pfeffer, Salz und Kräutern verfeinere.

- **Smoothies:** Ganz hervorragende Erfindung, könnte von mir sein! **Obstsalat zum Trinken** mit allem, was der Körper braucht. Kaufen Sie am besten solche Smoothies, die auch wirklich ganze Früchte und damit alle Ballaststoffe enthalten. Aufgepasst: Einige Mogel-Smoothies sind aus Fruchtsäften zusammengemixt! Ist auch schon gut, geht aber besser. Ein Blick auf die Zutatenliste schafft Klarheit. Am besten sind die dunklen Sorten – in denen stecken die meisten Flavonoide. Achtung: Ein Smoothie ist *kein* Getränk für nebenbei, hat nicht gerade wenig Kalorien und ersetzt eine Zwischenmahlzeit!

■ **Pimp your Wasser: Gemüse- und Obstsaftschorlen** Ich finde pures Wasser furchtbar langweilig. Darum kippe ich immer ein bisschen Saft rein. Das ist gut für den Geschmack und für die Gesundheit. Achtung: Kaufen Sie **echte Fruchtsäfte ohne Zuckerzusatz**. Finger weg von sogenannten »Fruchtsaftgetränken«. Die enthalten meistens sehr wenig Saft, wahnsinnig viel Zucker, Farb-, Aroma- und Konservierungsstoffe und künstliche Vitamine, die vom Körper schlechter aufgenommen werden als natürliche.

■ **Nüsse und Trockenobst als Knabberzeug** Zugegeben, hier haben wir es mit viel Zucker und Fett zu tun – allerdings mit gesundem Fruchtzucker und gesunden ungesättigten Fettsäuren. Dazu **Ballaststoffe** aus den Pflanzenfasern und sättigendes pflanzliches **Eiweiß** für die Zellbausteine. Eine Handvoll zwischendurch ist die beste Alternative zu Snickers, Mars, Chips und Co. In verschiedenen Mischungen in jedem Supermarkt erhältlich.

■ **Fertige Gemüsemischungen aus der Tiefkühltruhe** Tiefkühlzeug hat zu Unrecht einen schlechten Ruf. Dabei sind die Beutel aus der Schockfrostabteilung meistens viel besser als das, was uns in der Gemüseabteilung appetitlich arrangiert anlacht: In Wahrheit gammelt das Zeug manchmal schon Tage vor sich hin und sieht nur dank ausgeklügelter Lichtdramaturgie und automatischer Bestäubung mit Wassersprühnebel so prall aus. Tiefkühlgemüse wird dagegen nach der Ernte schnell eingefroren, und damit sind alle Inhaltsstoffe top konserviert. Aber das Allerbeste: **Der Kram ist gewaschen, geputzt und geschnipselt!** Also rein in die Pfanne, ein bisschen Kokosmilch oder Crème fraîche dazu, nach Geschmack würzen – fertig. Dazu gibt's Reis oder ein Stück Brot.

Fischbrötchen statt Burger So ein Makrelen- oder Matjesbrötchen ist lecker, macht satt – und so komme ich in fünf Minuten an meine **Omega-3-Dosis** für zwischendurch.

Tetrapack- oder Dosengemüse Auch abgepackte und passierte Tomaten enthalten – siehe oben – jede Menge Lycopin, das die Haut vor UV-Strahlung abschirmt. Und dieser Stoff kann vom Körper noch besser aufgenommen werden, wenn er erhitzt wird. Ich pansche mir gern ein leckeres **Tomatensüppchen** draus: Neben Salz und Pfeffer werfe ich Gewürze wie Thymian und Oregano in die Mischung, verfeinere geschickt mit einem Schuss Sahne oder Olivenöl – und vielleicht noch einer klein geschnittenen Mozzarellakugel. Dann nur noch heiß machen – fertig. Lecker! Funktioniert auch super als **Sößchen für Pasta**! Nebeneffekt: Billiger kann man sich kaum gesund ernähren.

Tomatensaft Komischerweise scheinen die meisten Leute Tomatensaft nur im Flugzeug zu mögen – oder als Bloody Mary. Pur getrunken ist er ein **Top-Radikalenfänger** mit extrem wenig Kalorien, viel Vitamin C und dem Schutzstoff Lycopin.

Mix it, Baby! So ein leistungsstarker Entsafter ist eine Investition. Einfach alles reinschmeißen, entsaften, trinken.

Der Italiener an der Ecke Das Lokal ist gemeint, nicht dessen Inhaber Luigi, Andrea oder Salvatore (auch wenn der vielleicht ganz lecker aussieht). Italienische Restaurants sind eine super Alternative zur Stippvisite bei der Fastfood-Kette: Die italienische Küche ist gesund, und Restaurants oder Bringdienste sind relativ preiswert. Wenn Sie mich fragen: Eine super Kombi! Machen Sie aber einen Bogen um Pizza. Die ist zwar lecker, aber gesundheitstechnisch nicht die beste Wahl. Bei **Nudeln mit**

Tomatensauce, Antipasti-Tellern oder Salat dürfen Sie zugreifen. Dazu passt perfekt:

- **Ein Glas Rotwein** Ich trinke in der Regel sehr wenig Alkohol. Ein einziges Glas Rotwein reicht allerdings schon, um den Schönheitseffekt sicherzustellen und mich selbst nach einer vierstündigen Live-Moderation mit zehn Kilo Adrenalin im Blut sofort einschlafen zu lassen – was auch das folgende Anekdötchen beweist:

Flüssigkeitsaustausch über den Wolken

Schlecht gelaunt lümmelte ich am Gate meines Heimfluges von L.A. nach good old Frankfurt herum. Ich Volltrottel hatte mal wieder nicht darauf bestanden, dass der Kunde, für den ich gerade sechs Tage lang den lebenden Kleiderständer gespielt hatte, im Flieger einen vernünftigen Sitzplatz für mich reserviert. Schöne Scheiße, jetzt hatte ich einen Platz zwei Reihen hinterm Klo, gesandwiched auf einem Mittelplatz. Toll, waren ja nur zwölf Stunden, wenn alles gut ging. Wenn meine Glückssträhne anhielt, dann saß ich wahrscheinlich mitten im Kegelclub Offenbach Ost, dessen durchweg männliche Mitglieder sich gerade in Las Vegas amüsiert und zwei Tage nicht geduscht hatten und zum Ausklingen des lustigen Trips gesellige Volkslieder anstimmen würden.

Ach, wurscht! Es ging ja immerhin endlich mal heim.

Gerade wollte ich zum Trost meine Beißerchen in einen Hersheys-Schokoriegel versenken, als meine Augen etwas noch Leckereres erspähten: Na hoppla, aus welchem Frauenporno war der denn entsprungen?! Zwei Meter bestens proportioniertes Männerfleisch schritten federnden Ganges an mir vorbei Richtung Frankfurt-Gate. Wenn mich an einem Mann eins heißmacht – außer Selbstironie und einem IQ von 140 –, dann ein Breitenverhältnis

Schulter zu Po von zwei zu eins. Dieser Knabe kam gut auf einen Wert von drei zu eins, hatte wundervolles haselnussbraunes »Wuschel-mich-durch«-Haar und ein James Dean-Lächeln, das er gerade dem Bodenpersonal schenkte.

Ja, Frau Kraus, schön zugucken und lernen: So ergattert man ein Upgrade in die Business Class!

Ein halbes Stündchen später war Boarding angesagt. Nach einigen Drängeleien mit vollem Körpereinsatz hatte ich mich direkt hinter den California Dreamboy gekämpft. Ich wollte das Prachtexemplar wenigstens mal kurz von Nahem beschnuppern. Er roch nach ... Weichspüler! Ohhh ja ... Sogar aus der Nähe hielt der Kerl meinem Beuteschema stand. Wie in Trance dackelte ich seinem Popöchen hinterher, bis das Knackding plötzlich bremste.

Reihe 43? Moment, das kam mir irgendwie bekannt vor ... Da saß ich ja auch!

Das Schnuckelchen warf seine Tasche in die Gepäckablage über der Mittelreihe, klappte sich geschmeidig wie ein Taschenmesser zusammen und schwang seinen Luxuskörper auf Sitz D. Bingo! Ich hatte den Jackpot geknackt: Auf meiner Bordkarte befand sich der wundervolle Buchstabe E.

Irgendwie musste ich jetzt auf mein Plätzchen kommen, was mir zwei Möglichkeiten der Kontaktaufnahme bescherte: Brav fragen, ob er mich reinlässt, oder kurzentschlossen über mein Opfer drüberklettern, sozusagen als »Touch Base«-Aktion. James Dean lächelte mich an und beraubte mich damit meines Mutes. »Sorry ...«, flötete ich und zeigte auf den Platz neben ihm.

»Oh, ja ... Ähh, sure!« Aha! Nix California Dream-Boy, Mr. Dean war »Made in Germany«. Fein, gegen 'ne deutsche Eiche war ja nix einzuwenden. Der Baum sprang auf und half mir, mein Gepäck zu verstauen – ach, ich liebe Männer mit Manieren! Dann ein Highlight. Ich drückte mich an ihm vorbei und feuerte dabei meine Geheimwaffe ab, den Blick: »Peng! Du bist erledigt!« Wieder artig zu Boden blickend, ließ ich mich nieder. Neben mir quetschte Mann sich zurück in den Gangsitz. So Junge, jetzt bist du dran ... Nix!

Zehn Minuten später: Nix! Vielleicht dachte er, ich sei aus Kalifornien, und er war des Englischen nicht mächtig? Na gut.

»Entschuldigung, könnte ich bitte eine Decke haben?« fragte ich die Stewardess.

»Sie sitzen auf einer drauf.«

Na danke, jetzt wusste er nicht nur, dass ich deutsch, sondern auch dämlich war. Ich hatte beim Einparken einfach nur Augen für Herrn Taubstumm gehabt und das doofe Laken völlig übersehen.

Egal, jetzt würde er bestimmt loslegen und mich ansprechen. Er legte los. Mit einem gezielten Griff in seine Jacke zog er ein Taschenbuch heraus. Und was für eins! »Algen, Quallen, Wasserfloh: Die Welt des Planktons«. Wie, jemand beschäftigte sich lieber mit Quallen und Flöhen anstatt mit mir? Entweder der Typ war Surfer mit Panik vor Parasiten oder ein genialer Meeresbiologe mit stark autistischen Zügen.

Langsam wurde ich sauer. Okay, ich sah so ungeschminkt vielleicht nicht gerade zum Anbeißen aus, aber meine Sneakers waren cool, die Jeans von der richtigen Marke und die Haare frisch gewaschen. Hallo? Mit 'ner Qualle konnte ich es noch allemal aufnehmen.

In den nächsten neunzig aufregenden Minuten passierte Folgendes: Wir hoben ab – leider nicht gemeinsam. Er ging aufs Klo – ich schminkte mich. Er kam zurück und ... las. War er vielleicht schwul? Scheiß auf die Aircondition, die gerade eiskalte Nebelschwaden ausspuckte! Mit den sinnigen Worten »Uhhh, heiß!« riss ich mir mein Sweatshirt vom Leib. Seine Reaktion war umwerfend: Er schaute kurz auf meine schockgefrosteten Nippelchen, studierte dann meine Gänsehaut an den Armen eingehend, zog die Augenbrauen hoch und warf mir einen Blick zu, den ich nur mit den Worten: »Die ist aus der Psychiatrie entflohen!« deuten konnte. Der Mistkerl war also nicht schwul. Genau! Irgendein Pamela-Anderson-Double hatte wohl meinem Surfer in L.A. das Hirn rausgeturnt. Der Kerl war frisch verliebt, was sonst? Aber ihn ansprechen und ihm die Geschichte aus der Nase ziehen? Nö, das war unter meiner Würde.

Da kam mir die Saftschubse mit den Flüssigkeiten gerade recht. Was Hochprozentiges würde meine Würde schon durch den Notausgang ins Weltall schießen.

..»Einen Rotwein bitte!« Na hoppla, was war denn jetzt los? Der Maulfaule konnte plötzlich sprechen! Das war meine Chance:

»Ich hätte gerne auch einen.«

Möglicherweise war so ein Rotweinchen doch ein tolles Thema zum Fachsimpeln? Nicht, dass ich die leiseste Ahnung von Rotwein hätte, aber Improvisieren war doch meine Stärke.

Weltgewandt prostete ich meinem Sunnyboy zu. »Santé!« Und ein Wunder geschah. Er lächelte nicht nur, nein, er sprach: »Prost!«

Männer, so berechenbar! Die alte Saufnummer zog einfach immer wieder. Na dann, runter mit dem Traubensaft. Der war übrigens meine Rettung vor dem sicheren Erfrierungstod. Drei Schlückchen und mir war warm, einer mehr und mir war heiß, vier weitere und ... ich war eingepennt.

Irgendwo über dem Atlantik unweit des europäischen Festlandes wurde ich unsanft von einer männlichen Stimme aus meinem Vino-Tinto-Koma gerissen:

»Entschuldigung, ich glaube, wir haben hier ein Problem.«

Turbulenzen? Das Flugzeug wackelte. Nein, es war anscheinend nur mein Kopfkissen. Gähn! Dann könnte man ja getrost noch ein Nickerchen ...

»Hallo?«

Mann, der Pilot nervte aber gehörig. Ich versuchte ein Auge zu öffnen und meine Umgebung zu fixieren. Kein Glück, irgendwie hatte ich vergessen, meine Kontaktlinsen rauszunehmen. Jetzt klebten die Dinger festgesaugt auf meinen Augäpfeln. Auch mein Mund fühlte sich an, als hätte mir jemand einen Swiffer-Staubwedel in den Rachen gestopft. Grunzlaute waren aber machbar: »Ahhhrrrr.«

»Könntest du deinen Kopf von meiner Schulter nehmen?«

Schulter??? Welche Schulter? Ich dachte gar nicht daran, mich zu rühren und döste weiter.

»Haaalloooo, du …!«

Mein Gehirn forschte nach Erinnerungen. Rotwein, Algen und Quallen, Schultern?

»… du hast ein Sabberproblem!«

Sabber – da machte es Klick: Der ultrascharfe Märchenprinz!

Mein Kopf schnellte hoch, gewaltsam riss ich die Augen auf. Da war er, James Dean II., und da war seine Schulter – mit einem handtellergroßen Speichelfleck!!!

»Du hast da was!«

Grinsend deutete er auf meine Backe. Ohne ihn aus den Augen zu lassen, befühlte ich meine Wange: Nass!

»Da, bitte schön.« Er hielt mir ein Taschentuch hin.

Ich nahm's, drehte mich zurück in meinen Sitz und starrte auf den Sitzrücken meines Vordermannes. Lieber Gott, lass mich bitte sofort verschwinden, versinken, abstürzen!

»Das muss dir doch nicht peinlich sein!«

Konnte der Typ nicht einfach sein Algenbuch lesen, die Fresse halten und so tun, als ob nichts wäre?

»Brauchst du noch ein Tempo?«

»Nein!« Was ich brauchte, war noch ein Glas Rotwein …

»Tut mir leid, dass ich dich geweckt habe.« … Und Ohropax!

Wenige Minuten später exte ich unter den besorgten Blicken meines ehemaligen Traummannes einen Kelch Chianti, schob mir einen Satz Stöpsel in den Gehörgang und knallte dem schnarchenden Opi zu meiner Rechten ein Kissen auf die Schulter. Reife Männer sind eben doch was Feines, die wissen wenigstens, wann man sich gefälligst tot zu stellen hat!

Das geht an die Bausubstanz – Feinde der Schönheit

So! Wir wissen jetzt also, was bei uns am besten häufiger auf den Tisch kommt, damit unser anspruchsvoller Body alles bekommt, was er braucht, um taufrisch und knackig auszusehen. Aber Sie kennen das aus der Boulevardpresse: An einem Tag werden die Top-Beautys gekürt, aber darauf folgt so sicher wie der Cliffhanger am Ende der Daily Soap garantiert die Lästerliste. Nur, dass es sich in diesem Fall um Lebens- beziehungsweise Genussmittel handelt, die unserem Aussehen schaden *können* – falls wir *regelmäßig* zu viel davon zu uns nehmen.

Darum kommt die Entwarnung auch bereits vorab: Egal, was es ist, mit kleinen »Sünden« zwischendurch wird ein grundsätzlich gesunder Körper locker fertig.

Platz 1: Zu viel Alkohol

Dazu muss ich wohl nicht allzu viel sagen, oder? Während ein Gläschen Rotwein pro Tag ein echtes Beauty-Leckerchen für Haut und Körper ist, kippt die Bilanz – zumindest, was uns Mädels angeht – schon ab dem zweiten ins Neutrale. Wir vertragen ja bekanntlich nicht so viel wie die glücklichen Kerle. Allerspätestens, wenn wir uns die dritte Portion hinter die Binde kippen, heißt es: Aufpassen (auch wenn das jetzt zunehmend schwererfällt)! Zu viel Alkohol schadet der Leber und allen anderen Organen, inklusive der Haut. Außerdem hat Alkohol **pro Gramm satte sieben Kalorien** (nur Fett hat mehr, nämlich neun) und regt dabei sogar noch ordentlich den Appetit auf Fettiges wie Pommes und Chips an (dazu bitte den nächsten Punkt lesen). Mit anderen Worten: Alkohol macht doppelt dick.

Was zu viel Alkohol anrichten kann, zeigt ein extremes Experiment der 39-jährigen Reporterin Nicky Taylor des britischen Senders BBC. Die normalerweise eher vorbildlich lebende Mrs. Taylor hat sich einen Monat lang mit ein paar Mädels an den in englischen Pubs üblichen täglichen Saufereien beteiligt. Das Ergebnis: **Dramatische Gewichtszunahme**, **Depressionen** und durch massiven Wasserentzug die **runzlige Haut** einer mindestens Fünfzigjährigen! Wir reden hier von einem Zeitraum von vier Wochen! Also, Mädels: Auch im Namen der Schönheit bitte »Alohol« in Maßen. Und wenn es auf der Wahnsinnsparty am Wochenende doch mal ein bisschen mehr wird: Erst mal 'ne Detox-Pause einlegen!

Platz 2: Zu viele fiese Fette

Es gibt supergesunde Fette – und es gibt die ultraschädlichen Transfettsäuren. Diese Fettsäuren entstehen vor allem beim Härten pflanzlicher Fette und stecken hauptsächlich in industriell verarbeiteten Lebensmitteln. Heißt, in Gebäck und fettigen Snacks wie Chips, Flips und Pommes – eine Horrormeldung für mich, denn ich bin süchtig nach Knabberkram! Aber mittlerweile denke ich nicht nur wegen der Figur zweimal darüber nach, ob ich herzhaft in die Tüte greifen soll. **Transfette verändern unseren Stoffwechsel**, und das schädliche LDL-Cholesterin im Blut steigt, das schützende HDL-Cholesterin sinkt. **Blutgefäße werden demoliert**, auf Dauer drohen Herzinfarkt, Schlaganfall und Zuckerkrankheit. Die Zellen werden empfindlicher für Insulin, und wir bekommen schneller Entzündungen – was wiederum den Alterungsprozess rapide beschleunigt. Eine Packung Chips reicht nach einer Studie der Uni Jena, um die Gefahrenzone zu entern! Alternative: Ökoknabberzeug aus dem Bioregal. Damit sind Sie auf der sicheren Seite, weil hier nur gesundes, ungehärtetes Pflanzenöl verwendet wird. Aber Achtung: mörderisch viele Kalorien hat das Zeug immer noch.

Platz 3: Zu viel Schwein

Zunächst mal: *Zu viel* Fleisch ist nie gesund. 150 Gramm ein- bis maximal dreimal die Woche reichen völlig aus, um von den Vorteilen, zum Beispiel von den enthaltenen Mineralstoffen wie Eisen, Zink, Selen und B-Vitaminen, zu profitieren. Dabei sollten Sie möglichst Ökofleisch nehmen. Nicht nur, weil die Viecher ein glückliches Leben hatten, sondern auch, weil ihr Fleisch durch das pflanzliche Futter noch mehr Vitamine und gesunde Fettsäuren und weniger Rückstände enthält. Aber egal, ob öko oder konventionell, machen Sie möglichst einen Bogen um Schweinefleisch! Nicht nur um Koteletts, auch um Schinken, Wurst oder Würstchen. **Beim Verdauen von Schweinefleisch entsteht** nämlich die berüchtigte **Arachidonsäure** – und die ist ganz schlecht für die Haut. Falls Sie zur Grillparty eingeladen sind: Eine Kapsel mit Omega-3-Leinöl steuert den schädlichen Auswirkungen entgegen.

Platz 4: Zu viel Kaffee oder schwarzer Tee

Ich weiß, eben noch kam Espresso in der Beauty-Hitliste vor, und da gehört er auch hin. Doch auch hier kommt's auf die richtige Menge an. In einem Punkt kann man jetzt Entwarnung geben: Kaffee ist doch nicht so ein Wasserräuber wie früher angenommen. Keine zusätzliche Wässerung vonnöten. Soweit die guten Nachrichten. Die schlechte: *Zu viel* Kaffee ist ein Feind Ihrer Schönheit. Was »zu viel« bedeutet?

Kleiner Test:

- *Ist es bei Ihnen im Büro üblich, die Bohnenbrühe quasi intravenös und pausenlos zu konsumieren?*
- *Haben Sie sich schon mal gefragt, warum Sie immer so blass sind und zu dunklen Augenringen neigen?*
- *Sind Sie außerdem noch Vegetarierin und essen jede Menge Tofu und anderes Soja-Zeug?*

Haben Sie hier mindestens eine Frage mit »Ja« beantwortet? Dann sollten Sie unbedingt beim Arzt Ihren Eisenspiegel checken lassen. Eisenmangel ist die häufigste Mangelerscheinung bei Frauen. **Kaffee blockiert – wie auch schwarzer Tee – die Eisenaufnahme aus pflanzlichen Lebensmitteln bombensicher**. Und zwar bis zu zwei Stunden nach dem letzten Tässchen.

Liebe Vegetarier, das ist jetzt ganz hart für euch: Rigorose Eisenblocker sind auch Soja und Vollkornprodukte. Die enthalten zwar eigentlich selbst jede Menge Eisen – aber das ist durch die ebenfalls enthaltene Phytinsäure fast unlöslich gebunden.

Das für den Körper am besten verwertbare sogenannte **Häm-Eisen** steckt leider in Fleisch oder, in kleinerer Menge, in Fisch. Häm-Eisen hat einen eigenen Rezeptor im Darm, der sich im Laufe der Evolution entwickelt hat, und Häm-Eisen lässt sich auch nicht durch Kaffee oder Tee stören. Aus diesen Gründen kommen die, die komplett auf Fleisch verzichten, manchmal nicht um ein Eisenpräparat herum. Aber weil zu viel Eisen wiederum giftig ist, sollte das Mineral unbedingt nur nach einem Blutcheck vom Arzt verschrieben werden!

Noch ein Grund, nicht zu viel Kaffee zu trinken: Die schwedische Krebsforscherin Helena Jernstroem von der Universität Lund hat herausgefunden, dass schon das Trinken von drei Tassen Kaffee am Tag den Östrogenlevel so herunterfahren kann, dass die Brüste – bitte festhalten! – schrumpfen! Insbesondere Mädels mit von Natur aus eigentlich größerer Ausstattung sind betroffen (andererseits schützt genau dieser Effekt wiederum bis zu einem gewissen Grad vor Brustkrebs).

Platz 5: Zu viel Süßkram

Damit wir uns da nicht missverstehen: Kohlenhydrate (und aus denen besteht Zucker nun mal) sind einer der wichtigsten Energielieferanten unseres Körpers. Ohne sie sind unsere Muskeln zu nichts zu gebrauchen, und unsere Birne würde auch ziemlich bald in Hungerstreik treten! Nicht umsonst hat uns die Evolution darauf programmiert, Süßes heiß zu lieben. Kuchen und Weingummis schmecken so verdammt verführerisch, weil unser Körper will, dass wir Energie für Notzeiten bunkern – als Fett auf den Rippen.

Die fiese Falle dabei: Dieses Programm bräuchte dringend ein Update. Denn es stammt aus einer Zeit, als wir ohne Thermoschlafsack in frostigen

Höhlen überwintert haben und unser Abendessen energiezehrend selber jagen und sammeln mussten, statt einfach nur den Pizzadienst anzurufen. In Zeiten von Zentralheizung und Supermarkt kommen wir mit weniger Kohlenhydraten aus. Ich korrigiere: Mit *sehr* viel weniger!

Und das sollten wir auch. Denn zu viel davon führt nicht nur zu Fettpölsterchen. Neueste Forschungen haben ergeben, dass unsere Zellen im Zeitraffer altern, wenn wir uns im Übermaß leicht verwertbare Kohlenhydrate – wie Süßigkeiten und Brot aus Weißmehl – einverleiben. **Solche »kurzkettigen« Kohlenhydrate randalieren in unserem Bindegewebe**, wenn sie nicht sehr schnell aufgebraucht werden. Und sie hinterlassen echte Spuren der Verwüstung: verklebte kollagene Fasern, brüchige Haut, Falten, verstärkte Cellulite ... Nachschlag aus dem Horrorkabinett: Schäden an Herzmuskel, Nieren und Nerven, Trübung der Augenlinse ... Ich soll aufhören? Sie haben schon verstanden? Gut.

Aber wie immer haben wir es mit einer Sache von Dosis, Timing und Qualität zu tun. Wer versucht, völlig ohne Kohlenhydrate auszukommen, bezahlt das mit dem Verlust der körperlichen und geistigen Leistungsfähigkeit. Und oft auch mit der guten Laune – nehmen Sie mal einem Schokoholic die Droge weg (dazu später mehr). Also, was tun?

Ganz einfach:

- Achten Sie darauf, dass Sie Ihre **Kohlenhydrat-Ration hauptsächlich aus** Lebensmitteln bekommen, die wenig industriell verarbeitet sind: aus **Obst, Kartoffeln, Hülsenfrüchten und Vollkornprodukten**. Die machen dank der Ballaststoffe erstens länger satt. Zweitens muss sich der Körper beim Vollkorn ein bisschen anstrengen, um an die Energie darin zu kommen. Das macht diese Kohlenhydrate von Gesundheits-Rowdys zu Gesundheits-Gentlemen. Essen Sie also Sauerteig-Vollkornbrot statt Baguette, Wildreis statt poliertem Langkorn-Reis oder Vollkornspaghetti statt herkömmlicher Pasta. Und wenn es aus Geschmacksgründen doch die »echte«, helle Pasta sein soll: Nicht weich, sondern nur kurz »al dente« gekocht, sind auch hier die Kohlenhydrate schwerer zu knacken – Ihre Haut dankt's Ihnen.

■ **Essen Sie Obst und Müsli sowie Pasta, Reis und Co. morgens oder mittags.** Dann passiert das, wofür Kohlenhydrate vorgesehen sind: Sie bekommen Energie für Birne und Body und haben genügend Zeit, diese auch zu verbrauchen, bevor die Jungs anfangen, Unsinn zu veranstalten. Abends behindert das ausgeschüttete Insulin den Körper bei den Reparaturarbeiten, tagsüber sorgt es aber dafür, dass die Aminosäure Tryptophan ins Gehirn transportiert wird. Und dort wird daraus das **Gute-Laune-Hormon Serotonin** gebastelt!

Hinweise zur Schmalbauweise oder: Wahnsinn Diät

Wenn wir uns im Großen und Ganzen an die Tipps des letzten Abschnitts halten und uns weitgehend von den Familienpackungen im Süßwarenregal fernhalten, darf es zwischendurch auch mal ein Stück Kuchen sein. Oder ein Nutella-Toast. Auch schon mal als Betthupferl. Denn manchmal braucht der Körper einfach was Süßes. Was nämlich dabei rauskommt, wenn man sich jegliche Leckerei völlig versagt, lesen Sie jetzt …

Geisterstunde für Krümelmonster

Mädels, hasst mich! Es ist Zeit für ein Geständnis: Ich gehöre zu den ekelhaften Weibern, die klapperdünn sind und trotzdem einen ganzen Ochsen wegputzen können. Alles, was an mir maximal hängen bleibt, ist ein leichtes Völlegefühl. Das ist widerlich, das ist unfair, einfach mies.

Eine, die mich dafür ganz besonders hasst, ist meine sonst so liebe Mama. Seit ich denken kann, ist Mutter Kraus auf Dauer-Diät und hat sich dabei erfolgreich von Kleidergröße 34 auf eine stattliche 42/44 raufgehungert. Somit war es kein Wunder, dass auch an diesem denkwürdigen Abend mein Betthupferl mal wieder für schlechte Laune sorgte.

Es war kurz vor Mitternacht, Mutti pennte auf der Couch vor dem laufenden Fernseher, und der Toaster spuckte gerade seine heiße Ware aus. Ich kramte nach dem Schlüssel für unseren Tresor, einem abschließbaren Süßigkeitenschrank.

»Was machst du in der Küche?«

Diesen Unterton kannte ich. Das hungrige Raubtier namens Mama witterte Zucker! Eine durchaus gefährliche Situation.

»Essen?!«

»Was denn?«

Mist! Jetzt steckte ich in der Klemme. Sollte ich zugeben, dass ich gerade dabei war, das Nutellaglas aus dem Kalorienknast zu befreien? Lieber verschweigen und eine Halbwahrheit erzählen: »Ach, ich mach mir gerade 'nen Toast.«

»Mit was drauf?« Und schwupps – schon stand sie neben mir. Keine Chance zu leugnen, ich hielt das Corpus Delicti geöffnet in der Hand.

»… mit Nutella.«

»Mhhm …« 21 … 22 … 23 … – nanu? Jetzt musste sie doch langsam loslegen?

»Na warte mal, bis du dreißig bist! Da ist's mit der Fresserei auch vorbei!«

»Ach Mama, das sagst du doch schon immer: Blablabla! Warte mal, bis du zwanzig bist …, warte mal, bis du 25 bist … Ich bin jetzt bald dreißig und immer noch schlank!«

Mir gingen die ewigen Diäten und ihr Futterneid echt auf die Nerven.

»Bevor ich dich bekommen habe, war ich auch noch dünn. Warte nur mal, bis du Kinder kriegst, dann ist das auch bei dir vorbei. Und jetzt gib mir sofort das Messer!«

Ein wirres Flackern loderte in ihren Augen. Auf Schokoladenentzug war meiner Mutter alles zuzutrauen. Ich sah mich nach verlorenem Kampf um den Brotaufstrich schon blutüberströmt am Boden liegen.

»Was willst du mit dem Messer?«

»Es ablecken!!!«

Ja, das machte Sinn. Auf der Schneide war genug Nutella, um einem Schoko-Junkie einen Kick zu bescheren.

»Mama! Du säufst seit zehn Tagen nur Kohlsuppe, bei uns riecht's nach Abgasen, ich muss alles Süße wegsperren und deine miese Laune ertragen, und jetzt willst du mal eben so 500 Kalorien ablecken? Nur über meine Leiche!«

Demonstrativ leckte ich das Messer ab, schloss das Nutellaglas weg, schnappte mir meinen Toast und verließ die Küche.

»Verdammt, gib den Schlüssel her! Ich will jetzt was Süßes!«

Das waren eindeutig über 120 Dezibel – Zeit, sich aus dem Staub zu machen.

»Gute Nacht, Mama!« Schnell floh ich auf die Treppe nach oben, Richtung Schlafzimmer.

Von unten tönte es: »Dann fahr ich eben an die Scheiß-Tanke und hol mir da was.«

Die Nummer kannte ich zur Genüge und war vorbereitet. Der Abstand zwischen uns war groß genug, also konnte ich es wagen:

»Kannste nicht, ich hab den Autoschlüssel!«

Triumphierend wedelte ich mit dem Autoschlüssel, streckte ihr waghalsig die Zunge raus, huschte dann in mein Schlafzimmer und lauschte hinter der Tür.

Schritte ...

Gegen Vampire helfen Silberkugeln, aber wie verteidigt man sich gegen eine hungrige Mutter?

Kohlsuppe! Schade, leider hatte ich es versäumt, meine Wasserpistole damit zu füllen.

Die Schritte stoppten. Die Tür wurde aufgedrückt, und ein hungriges Häufchen Elend stand vor mir: »Du bist sooo gemein. Ich geh jetzt schlafen.«

Man konnte wirklich Mitleid mit ihr haben.

»Gute Idee, Mama. Träum was Schönes!« Autsch! Man musste nicht Uri Geller sein, um zu wissen, wovon Marlene Kraus wohl träumen würde.

Zehn Minuten später lag auch ich im Bettchen, das mein vierbeiniger Freund Tutu schon fleißig vorgewärmt hatte. Ich träumte zwar nicht von essbaren, aber von anderen sehr leckeren Dingen …

Mein Leuchtziffernwecker zeigte 3:17 Uhr. Warum war ich wach?

Da war es wieder! Ich hatte definitiv ein seltsames Geräusch gehört. Ich starrte in die Dunkelheit. Nichts. Neben mir schnarchte mein Dobermann friedlich leise vor sich hin.

Da!? Da war doch was. Mein Puls raste, aber Tutu zeigte keine Reaktion. Typisch, überall wurde ich wegen meines »Kampfhundes« blöd angemacht – und jetzt pennte das Mistvieh.

Langsam zog ich die Decke weg und schlich auf Zehenspitzen zur Tür. Im Flur zu Mamas Schlafzimmer herrschte völlige Dunkelheit. Das Geräusch kam von unten.

»Pst, Tutu! Hier, bei Fuß.«

Im Zeitlupentempo gesellte sich mein »Wachhund« gähnend zu mir. Das machte doch Mut! Ein Einbrecher irgendwo im Haus und ein müder Höllenhund, der so gefährlich wirkte wie ein pink gefärbter Zwergpudel. Da konnte mir ja nichts passieren, oder?

Geräuschlos schlich ich die Treppe hinab. Im Erdgeschoss stoppte ich. Alles war stockfinster. Trotzdem merkte ich, wie Tutu die Ohren spitzte, denn da war es wieder: Ein Rascheln, ein Kratzen – zu laut für eine Maus.

Und was ich jetzt sah, ließ mir die Nackenhaare zu Berge stehen: Der dünne Lichtstrahl einer Taschenlampe drang aus dem Kellergeschoss!!!

Mein Herz blieb stehen. Mit rechts packte ich Tutu, meinen Terminator, am Halsband. Mit links griff ich in den Schirmständer und grapschte nach etwas, das mit hoher Wahrscheinlichkeit ein Schirm war.

Einsatzbereit und schwer bewaffnet schlich ich die Kellertreppe hinab.

Da! Ganz klar, da unten machte sich jemand zu schaffen! Ich war panisch und wollte mich Richtung Telefon verdrücken, aber Tutu war jetzt nicht mehr zu halten. Mit einem Satz riss er sich los und schoss die letzten Stufen hinab in den ersten Kellerraum.

Dann brach das Chaos los: »Ahhhhh!«

Ein Schrei, gefolgt von einem dumpfen Schlag und einem lauten metallenen Scheppern. Das Licht der Taschenlampe war erloschen.

Todesmutig entschied ich: Erst mal abwarten!

In der nächtlichen Schwärze des Kellers hörte ich Tutu, der bis jetzt brav keinen Mucks von sich gegeben hatte, freudig seine erlegte Beute verbellen.

Gott sei Dank, der Hund war okay! Wir hatten den Dieb gestellt.

Ich glitt die letzten Stufen der Kellertreppe hinab, während meine Hand zitternd nach dem Lichtschalter tastete.

»Klick!« Das grelle Licht der Hundert-Watt-Birne blendete mich und ließ mich kurz an dem Bild, das mein geschockter Sehnerv ans Stammhirn sendete, zweifeln: War ich wirklich wach? Vielleicht war das nur einer meiner abgefahrenen prämenstruellen Träume?

Im Vorratskeller auf dem Boden lag ein weißer Geist unter einer Aluleiter begraben. Es war völlig unfassbar.

Und das Alien hatte meinen schwarzen Hund verhext: Der war jetzt auch weiß!!! Hatte ich vor dem Schlafengehen harte Drogen konsumiert? Ich war mir sicher: Nein.

Während mein weißer Wolf kläffend herumsprang und kleine Staubwolken aufwirbelte, fing das Wesen plötzlich an zu schimpfen:

»Verdammt noch mal! Müsst ihr mich so erschrecken?!«

Stopp! Der Tonfall war irgendwie vertraut. Das war unverwechselbar Mamas Meckern!

»Mamaaaa?«

»Nee, der Bäckermeister!«

Ja, dieser Mehlwurm war eindeutig meine Mama.

»Was machst du denn mit dem ganzen Mehl?«

»Das ist kein Mehl. Das ist eine Backmischung.«

»Okaaaay ..., und was machst du mit der Backmischung?«

Zwei grüne Augen mit weißen Wimpern fixierten mich.

»Das ...« – Es zeigte auf den Boden neben sich – »... das ist eine Backmischung mit Schokostückchen!!! Kapiert?«

Und mit diesen Worten setzte sich das Mehlmonster auf und fing an, wie Aschenputtel in der auf dem Boden verteilten Backmischung rumzuwühlen.

Mamas Motto: Die Schokostückchen ins Kröpfchen, den langweiligen Rest ins Töpfchen.

Was lernen wir aus dieser Geschichte?

Erstens: Schoki macht glücklich.

Zweitens: Abnehmen ist der Horror.

Und drittens: Mütter haben leider immer recht!

Denn mit knapp 31 Jahren wurde auch ich aus dem Garten Eden vertrieben. Es geschah etwas Unfassbares: Ich nahm zu!

Seitdem weiß ich, welche Triebe Heißhunger entfacht und habe tiefsten Respekt vor allen ewigen Kämpferinnen gegen die Kilos.

Mädels, die Macht sei mit uns!!!

Das lustige Spiel mit dem Jo-Jo: Rauf, runter, rauf, runter …

Meine Damen, es ist leider so! Zumindest, wenn man schnell zu viel abnehmen will, zeigt früher oder später einer seine widerliche Fratze: der berüchtigte Jo-Jo-Effekt.

Zur Erinnerung: Das ist der Steinzeit-Mechanismus, der einsetzt, wenn wir unsere Nahrungsaufnahme drastisch runterfahren – sprich, eine Ananas-, Atkins-, Kartoffel-, Trennkost- oder von mir aus auch Dr. Müller-Lüdenscheid-Diät machen. Und das, um in möglichst kurzer Zeit in diesem rattenscharfen Riemchen-Leo-Bikini in Größe 34 die Supermodelfigur des Jahrhunderts zu präsentieren, der im Moment noch zwischen unseren normalen Klamotten (Größe 40) verstaubt. Und was passiert?

Unser ignoranter und an der Bikinifigur offenbar komplett uninteressierter Körper hat nichts Besseres zu tun, als die Alarmglocken anzuschmeißen:

Hungersnot! Achtung! Achtung! Alle mal herhören! Energieverbrauch auf Minimum reduzieren! Und zwar pronto! Alles, was reinkommt, sofort bunkern und in die Fettdepots bringen! Ich wiederhole: Hungersnot …

»Das Erste, was man bei einer Abmagerungskur verliert, ist die gute Laune.«
Liz Taylor

Das Ergebnis: Wir nehmen zwar zunächst ab. Aber sobald wir wieder essen wie vorher, nehmen wir im Warp-Tempo wieder zu. Als wäre das nicht schon schlimm genug, haben wir nicht nur in null Komma nix unser Ausgangsgewicht wieder erreicht. Nein! Fast immer wiegen wir plötzlich sogar mehr als vorher, weil unser auf Höhle programmierter Body in »weiser« Voraussicht kommender Nahrungsverknappung weiter auf Sparflamme kocht. Und ebenso schlimm: Der Körper zapft die Muskelmasse als Energiequelle an. Und weil Muskeln auch im Ruhezustand Energie verbrauchen, verbrennen wir danach noch weniger Kalorien. Die nächste Diät ist programmiert …

Was lernen wir daraus?

Exakt: Diäten machen dick, und wir nehmen am besten gar nicht erst zu! Haha, guter Witz? Die spiddelige Kraus hat gut reden? Und zwischen Ihnen und dem Bikini liegen einfach zwanzig Kilo und ein paar Zerquetschte – und die müssen weg?!

Dann mal zunächst: Zugegeben, ich fühle mich wohl mit meinem Gewicht. Trotzdem wiege ich heute locker gesunde zehn Kilo mehr als vor zehn Jahren, von meinen Modelzeiten mal ganz zu schweigen. Und darüber bin ich wirklich sehr froh! Ich muss hoffentlich nicht extra betonen, dass die meisten Models untergewichtig sind und ständig an der Grenze zur Magersucht entlangschrammen. Und das nur, um bei ihrem Job als Kleiderständer nicht den Klamotten die Schau zu stehlen, weil sie auch ein paar eigene Formen haben.

»Abnehmen ist ganz einfach: Man darf nur Appetit auf Sachen bekommen, die man nicht mag.«
Jane Russell

Sie sollten sich unbedingt fragen, ob Sie wirklich »zu dick« sind und auch im medizinischen Sinne zu viel Ballast mit sich herumschleppen. Das kann Ihnen Ihr Arzt ziemlich genau sagen. Wenn Sie bloß Gewicht verlieren wollen, um dem derzeitigen Mager-Ideal zu entsprechen, ist Vorsicht angesagt – mit Magersucht ist nicht zu spaßen.

Dennoch: Wenn auch ich nicht manchmal mit ein paar Tricks auf die Kalorienbremse treten würde, bevor es kiloweise Ballast abzuwerfen gibt, wäre die Situation berufsgefährdend. Ich esse nämlich für mein Leben gern! Sie würden auf der Mattscheibe in Kürze die Studio-Deko hinter dem Fleischberg nicht mehr erkennen. Doch sobald ich auf irgendwelchen Zeitschriftentiteln sehe, wie Diäten angepriesen werden, die »vier Kilo weniger in drei Tagen« oder Ähnliches versprechen, muss ich lachen.

Wenn ich eins aus den tausendundeinen Diäten meiner lieben Mama und meiner figurbewussten Umgebung gelernt habe, dann ist es: Nur wer langsam abnimmt, kann dauerhaft abnehmen. Darum lautet die goldene erste Regel beim Abnehmen: **Vorsicht bei wundersamen Versprechungen!**

Mädels, Birne anschalten! Wunder à la »Fünf Kilo in zwei Tagen loswerden« gibt's nicht! Weder mit Ananas noch mit Kohlsuppe. Es sei denn, Sie wollen sich ein Bein abhacken, da könnten Sie's schaffen ...

Ernsthaft: Schließlich haben wir auch nicht von heute auf morgen zugenommen. Nur, wenn wir langsam Gewicht verlieren, umgehen wir das Risiko,

dass unser Stoffwechsel Haken schlägt und unser mühsames Hungern noch mit einer stattlichen Rubensfigur »belohnt«. Erschwerend kommt hinzu, dass das undankbare Miststück namens »menschliche Psyche« nun mal so angelegt ist, dass wir immer genau das unbedingt haben wollen, was wir uns verbieten. Das beweist die »Schokogate«-Affäre meiner Mama deutlich!

Okay, okay ... Verstehe. Sie wollen also immer noch dünner werden? Dann sollten Sie sich Unterstützung holen, sonst findet Sie am Ende noch jemand im Vorratskeller bei den Backmischungen. Viele Krankenkassen subventionieren Abnehmprogramme – vorausgesetzt, Ihr Arzt ist auch der Ansicht, dass Sie abnehmen sollten. Den sollten Sie sowieso vorher konsultieren – und erkundigen Sie sich in punkto Kostenübernahme bei Ihrer Kasse, bevor Sie sich anmelden! Ich habe für Sie ein paar Programme gesucht und gefunden:

- M.O.B.I.L.I.S. Dieser Kurs, der eine Gewichtsreduktion durch Ernährungsumstellung und ein individuelles Sportprogramm zum Ziel hat, dauert ein ganzes Jahr. Dafür ist der Erfolg wissenschaftlich belegt und Teilnehmer werden von Ärzten, Ernährungswissenschaftlern, Psychologen und Sportpädagogen betreut. Kostet ca. 800 Euro. (www.mobilis-programm.de)

- Weight Watchers Weltweit die bekannteste Methode. Die Teilnehmer werden von erfolgreichen »Abnehmern« betreut und dabei unterstützt, sich gesund und figurfreundlich zu ernähren. Dazu gibt's ein Online-Angebot. Kostet ca. vierzig Euro im Monat. (www.weightwatchers.de)

- Abnehmen mit Genuss Der Kurs per E-Mail und Brief wurde von einem Ernährungswissenschaftler für eine Krankenkasse entwickelt. Die Teilnehmer bekommen individuelle Empfehlungen und können eine persönliche Telefonbetreuung in Anspruch nehmen. Dauer: acht bis zwölf Monate. Kostet einmalig ca. fünfzig Euro. (www.abnehmen-mit-genuss.de)

■ Lean and healthy Psychologische Online-Betreuung beim Abnehmen. Schlanke fünfzig Euro für ein ganzes Jahr. (www.lean-and-healthy.de)

Und immer dran denken: **In der Ruhe liegt die Kraft!** Ernährungspsychologen empfehlen, **nicht mehr als fünfhundert Gramm** pro Woche abzunehmen und auch **höchstens einmal pro Woche auf die Waage** zu steigen. Alles andere setzt zu sehr unter Druck – das Gewicht schwankt schon im Laufe eines Tages ständig, je nach Verdauung, Wassereinlagerung und Flüssigkeitsverlust durch Schwitzen. Und es klingt leider unbequem, aber es ist wichtig, die Ernährung vom täglichen Döner Spezial mit Pommes auf einigermaßen gesundes Fitfood umzustellen – sonst nehmen wir selbst ohne Jo-Jo nach dem Abspecken schneller wieder zu, als der nächste »deutsche Superstar« wieder in der Versenkung verschwunden ist. Für alle anderen gilt: Wehret den Anfängen! Wenn sich noch nicht allzu viel angesammelt hat, ist es noch ziemlich einfach, gegenzusteuern.

»Man sagt, in jeder dicken Frau stecke eine dünnere, die heraus will. Dazu kann ich nur sagen: Ich habe das Luder gefressen!« *Thea Vidale*

Depots entrümpeln: Die Kilo-Notbremse

Weihnachten, Silvester oder Ostern haben wir schlemmend und schlürfend hinter uns gebracht, doch all das Gaumengold hat sich auf direktem Weg in Hüftgold verwandelt.

Damit es sich der Speck erst gar nicht gemütlich macht, gilt jetzt: Notbremse ziehen – das geht jetzt auch noch komplett ohne Diät! Die folgenden Tipps eignen sich auch super, um das Traumgewicht zu halten:

■ **Ablenkung ist das A und O!** Mit Sport, Ausflügen, Galeriebesuchen, Sex, Kino – was auch immer Ihnen einfällt, was Ihnen Spaß macht und keine Kalorien hat. Oder sogar noch welche verbraucht. Die große Gefahr beim Abnehmen oder Gewichthalten ist nämlich, dass wir immer mehr Hunger bekommen, weil wir uns ständig – gedanklich – mit den Leckereien dieser Welt, verführerischen Kochrezepten und heiß begehrten Tabu-Nahrungsmitteln beschäftigen. Glauben Sie nicht? Kleiner Test: Denken Sie jetzt bitte *nicht* an den Eiffelturm! An was denken Sie? Noch einer? Okay, Sie dürfen auf *gar keinen Fall* an eine herrlich saftige Schokotorte denken, sonst fällt Ihnen der Himmel auf den Kopf. Und? Tut's sehr weh?

■ **Models hängen an der Flasche!** Sie trinken täglich mindestens zwei Liter Wasser, was nicht nur gesund ist, sondern auch den Hunger im Zaum hält. Wem das zu langweilig ist: Skandinavier peppen sogar simples Leitungswasser kalorienfrei auf! Das Wasser wird in Karaffen gefüllt, dazu kommen ein paar fein gehobelte **Limonen-, Gurken- oder Granatapfelscheiben**, die leichtes Aroma abgeben. Im Sommer

CLEVER TIPP NR. 1

Schön und schlank mit Dinner Cancelling

Der Hollywood-Trend Dinner Cancelling heißt nix anderes als »Abendessen ersatzlos streichen«. Aber keine Angst: Sie sollen auf keinen Fall täglich auf Ihre Leckerchen nach einem harten Arbeitstag verzichten! Wenn wir es allerdings ein- bis dreimal pro Woche schaffen, nach 18 Uhr nix mehr außer Wasser und ungesüßtem Kräutertee zu uns zu nehmen, werden wir dafür mehrfach belohnt:

- Sollen die anderen doch ab dreißig peu à peu zunehmen – Sie werden für immer Ihre Twen-Figur behalten. Denn es sind nicht die großen Schlemmereien, die für das fiese Hüftgold sorgen, sondern die regelmäßigen, scheinbar völlig harmlosen paar Kaloriechen zu viel. Das eine Snickers. Die zwei Pralinen. Die paar Chips. Genau denen machen Sie mit Dinner Cancelling den Garaus!
- Wenn wir unser Köpfchen zur Ruhe betten, fängt unser leicht unterforderter Körper aus Langeweile (gibt ja nix zu verdauen) mit der Produktion von Wachstumshormonen an. Statt »Verdauung« wird das Programm kurzerhand auf »Verjüngung« umgestellt. Hautstraffung, Räumungsarbeiten im Cellulite-Bereich ... Unterstützen können Sie Ihren Köper bei diesem netten Zeitvertreib, indem Ihre »Henkers-Mahlzeit« kurz vor 18 Uhr an diesem Tag möglichst wenig Kohlenhydrate und möglichst viel Eiweiß enthält: Tofu, Nüsse, Fisch oder Fleisch zu Salat oder Gemüse sind optimal. Viel Spaß beim Blick in den Spiegel am nächsten Morgen!

kann man die fertig geschnipselten Scheiben auch in Beuteln im Tiefkühlfach aufbewahren – als aromatischen Eiswürfelersatz. Dekorativ wie in »Schöner Wohnen«, dabei unschlagbar preiswert. Und es schmeckt super – trotz null Kalorien!

■ **Finger weg von Süßstoff!** (Ausnahme: Sie saufen am Tag zwei Liter Cola, dann ist der Umstieg auf »Zero« ein echter Fortschritt!) In der Schweinemast wird das Zeug als **Appetitanreger** zugefüttert. Dann lieber Zucker, Honig oder Ahornsirup in geringen Mengen. Der Körper wartet nämlich auf den Zucker, sobald die Zunge was Süßes schmeckt – und gibt keine Ruhe, bis er ihn bekommt. Darum:

■ **Heißhunger-Attacken auf Süßes clever bekämpfen!** Alles, was verboten ist, übt einen enormen Reiz aus. Sie sollten sich Süßes darum erst gar nicht komplett versagen. Viel besser ist es, den kleinen Süßhunger mit den richtigen Waffen zu bekämpfen:

- Wenn es unbedingt Schoki sein muss, nehmen Sie **dunkle Schokolade**! Möglichst mit 85, mindestens aber mit 70 Prozent Kakaoanteil. Hier ist nicht viel, aber genug Zucker drin, um die Süßgier zu bekämpfen. Außerdem **Theobromin**, das ist der Hauptwirkstoff im Kakao, der dafür verantwortlich ist, dass Schokolade glücklich macht, weil er auf direktem Weg das Gehirn dazu bringt, **Endorphine** zu bilden. Macht viel glücklicher als Alpenmilch und Co.!
- Wenn ich in meiner Modelzeit Schmacht auf Süßes hatte, habe ich mir ein kalorienarmes **Eiklar mit ein bisschen Honig** aufgeschlagen. Ist herrlich süß und cremig – übrigens auch ein super Sahneersatz!!! Aber bitte nicht zu oft: In rohem Eiweiß ist ein Stoff enthalten, der die Biotinaufnahme blockiert, und Biotin brauchen wir für starke Nägel und Haare.
- Ein Freund von mir mit Adonisbody schwört auf den **Hütten-Sweetie**. Das ist ein Becher fettreduzierter Hüttenkäse, der ebenfalls mit einem Teelöffel Honig gemixt wird. Der Hüttenkäse nimmt den süßen Geschmack super auf und macht obendrein satt. Optimal nach dem Sport: die Aminosäuren sind echtes Muskelfutter. Statt Hüttenkäse tut's auch Magerquark oder Joghurt.
- Gerade im Winter als Kuchenersatz toll: Der **Zimt-Apfel**. Einen Apfel mit ein bisschen (!)

Honig und Zimt obendrauf in den Backofen schieben. Dieser »Bratapfel« ist so lecker, dass es gar nicht auffällt, dass er total kalorienarm und vollkommen fettfrei ist.

- **Kaugummis sind tabu!** Wer kaut, will auch was beißen. Der Magen fängt an zu arbeiten, Hunger ist programmiert. **Besser:** Stellen Sie sich irgendwas zum Knabbern hin! Natürlich keine Chips. Die »süße« Alternative mit wenig Kalorien: **Wasser- oder Honigmelone!**

Ruhe bewahren! Wir alle schlingen unsere Mahlzeiten, statt sie zu kauen! Wer abnehmen will, sollte **jeden Bissen etwa fünfzigmal kauen**, auch weiche Nahrungsmittel wie Kartoffelbrei, Laugenbrezel oder Rahmspinat. Die verführen nämlich sonst zum einfachen Runterschlucken. Das dauert den Bruchteil einer Sekunde, und wir haben ratzfatz mehr gegessen, als wir wollten. Was mit Suppe ist? Die kann man zwar schlecht kauen – aber dafür auf der Zunge zergehen lassen, ebenso wie Schokolade. Ist besser für die Verdauung, und Sie verpassen nicht das Signal Ihres Magens, dass Sie bereits satt sind. Also, beißen Sie sich durch!

Mindestens zwanzig Minuten für jede Mahlzeit einplanen und Ihre Mahlzeiten bewusst genießen. **Tischdeko, eine Kerze, Servietten** – solche Sachen tragen dazu bei, dass es auch in unser Unterbewusstsein sinkt: Aah, es wird gegessen! Schnell zwischendurch verschlungene Snacks bekommen wir manchmal gar nicht richtig mit, die Befriedigung, etwas Leckeres gegessen zu haben, bleibt aus: Aus lauter Frust kriegen wir ganz schnell wieder Hunger.

Nicht anecken! Zu viele Ecken machen rund! Damit sind nicht nur Guildo Horns Nussecken gemeint, sondern alles, was Ecken hat: **Tortilla-Chips, Kekse, Zimtsterne, Kuchenstückchen, Brownies** ... Denn die meisten Dinge, die in eine unnatürliche Form gepresst werden, sind stark industriell verarbeitet und stecken oft voller hinterlistiger Dickmacher und anderer ungesunder Substanzen wie Transfettsäuren und Konservierungsmittel (Achtung: Das bedeutet im Umkehrschluss *nicht*, dass Schweineöhrchen, Flips oder Bonbons Schlankmacher sind!). Außerdem sollten Sie nie etwas essen, während Sie in oder durch etwas Viereckiges schauen: **Fernseher, Buch, Computer, Kinoleinwand, Windschutzscheibe, Schaufenster ...** Dabei bekommen wir nicht mit, was wir essen – und haben schneller wieder Appetit. Ausnahme: eckige Brillengläser!

- **Gut frühstücken!** Obst, Müsli oder Vollkornbrot: Leute, die morgens ordentlich reinhauen, werden seltener dick als die, die immer aufs Frühstück verzichten. Sonst kommt nämlich der Heißhunger spätestens vormittags. Und wenn dann die einzige »Nahrungsquelle« der Kiosk gegenüber vom Büro ist, wo jede Menge Ecken (siehe oben) Sie verführen wollen ... Ganz böse Falle!

- **Schlank mit Mozart!** Studien haben ergeben, dass wir schneller satt sind, wenn wir zum Essen klassische Musik hören. Prima Anlass, Ihre CD-Sammlung mal mit seriösem Material aufzustocken ...

- **Kein Alkohol!** Der mehrfach erwähnte gesunde Rotwein hin oder her, wer gerade auf sein Gewicht achten will, sollte vorübergehend die Finger auch von dem einen Glas lassen. Alkohol hat einfach zu viele Extrakalorien und kurbelt den Appetit an.

- **Buffet-Strategie!** Sie sind eingeladen, und schon von Weitem lässt das Buffet Ihnen das Wasser im Mund zusammenlaufen. Jetzt heißt es Ruhe bewahren, Sie schweben in höchster Gefahr! Okay, Sie schaffen das. **Schritt 1:** Erst mal ohne Teller einen Überblick verschaffen. **Schritt 2:** Ihre vier Lieblingsleckereien bestimmen – heute ist die sonst gültige Buffet-Regel »Von allem etwas« außer Kraft gesetzt. **Schritt 3:** Kleinen (!) Teller besorgen und erst mal nicht so viel aufladen. Nachfassen können Sie immer noch. **Schritt 4:** Vor dem nächsten Gang die folgende Regel beachten:

Durchatmen und Wasser trinken! Bevor Sie etwas essen, immer dreimal ganz tief in den Bauch atmen. Fragen Sie sich: Habe ich gerade wirklich Hunger? Oder ist mir nur langweilig? Wenn Sie sich nicht sicher sind, trinken Sie erst mal langsam ein Glas Wasser. Dann stellen Sie sich die Frage noch einmal ... So schalten Sie den berüchtigten »IndenMund-stopf«-Automatismus aus.

Stress reduzieren und Sport machen! Stress macht nicht nur alt, sondern auch dick, weil er den Stoffwechsel so umprogrammiert, dass vermehrt Fett eingelagert wird. Dagegen hilft wiederum: Sport. Lenkt ab, macht Muskeln und schüttet dieselben **Wohlfühlhormone** aus wie eine süße »Belohnung«.

Buch führen! Kaufen Sie sich eine **kleine Kladde** und schreiben Sie jedes Mal rein, was Sie gerade gegessen haben. So entgeht Ihnen nichts, und Sie essen bewusster. Alternative: Knipsen Sie mit Ihrem **Handy** jede Mahlzeit, jedes Bonbon, jeden Caffè Latte, jede Salzstange. Sie werden sich wundern, was da so alles zusammenkommt.

Nur satt und mit Einkaufszettel in den Supermarkt! Und sich strikt daran halten. Wenn Sie nämlich Samstagnacht um drei keine Nutella im Haus haben, können Sie auch nicht das ganze Glas leer löffeln. Gut, es sei denn, Sie besorgen sich den Stoff an der Tanke. Oder im Keller ...

An apple a day keeps the *Übergewicht* away! Zumindest, wenn Sie jeweils eine Hälfte davon eine halbe Stunde vor Mittag- und Abendessen zu sich nehmen. Der Apfel-Ballaststoff Pektin quillt auf und füllt den Magen kalorienarm. Alternativen für ausgemachte Apfelfeinde: Eine Tasse **Miso-suppe oder klare Gemüsebrühe** vor dem Essen schlürfen. Füllt den Magen quasi kalorienfrei, und wir essen automatisch weniger.

■ **Genug schlafen!** Wer schläft, sündigt nicht, heißt es ja so schön! Das ist aber nur das eine. Denn auch, wenn wir im Schlaf eigentlich weniger Energie verbrauchen, ist es für den Stoffwechsel wichtig, eine Regenerationspause von mindestens sechs Stunden zu haben. Schlafentzug ist für den Körper Stress, und der führt zu vermehrter Fetteinlagerung. Gute Nacht!

Für mehr Spaß auf der Baustelle: Trips ohne Drogen

Optimisten haben's leichter – und nichts ist anziehender als ein Lächeln und gute Laune! Das Leben ist aber leider nun mal nicht ständig ein Kitschroman, und selbst da bleibt die Tragik ja nicht immer aus. Da helfen die richtige Perspektive auf die positiven Aspekte – und die richtigen Lebensmittel, die nebst anderen »Substanzen« in Supermarkt, Drogerie, Reformhaus oder Apotheke zu erwerben sind. Die unterstützen uns – mit dem richtigen Timing – dabei, immer schön unsere rosa Brille auf das Leben aufzubehalten. Es kommt schließlich fast immer auf die Perspektive an. Und wenn wir statt als »Miesepetra« ausgeglichen durch unser Leben spazieren, werden wir für unsere Umwelt nämlich geradezu magnetisch anziehend. Jawohl, Leute: Attraktivität geht durch den Magen!

Grundsätzlich: Die folgenden Sachen helfen zwar zum Teil als echte Notfallmedizin – einige auch mit erfreulich wenig Kalorien. Aber die Notfälle werden Sie häufiger erleben, wenn Sie sich von Chips und »Frikandel Spezial« ernähren. Ja, Leute: Wir sollten uns auch im Sinne unseres sensiblen Seelchens an eine möglichst abwechslungsreiche und tendenziell gesunde Ernährung halten. Weil im Stoffwechsel alles ineinandergreift, kann zum Beispiel schon ein Vitamin zu wenig dazu führen, dass irgendein wichtiges Stimmungshormon nicht mehr zusammengebaut werden kann. Auch wenn dieses Vitamin vielleicht nur den Lieferservice-Job hat und gar nicht selbst mit von der Partie ist. Anders gesagt: Wenn der Truck mit dem Buffet in der Vollsperrung auf der Autobahn hängen bleibt, geht der tollsten Party bald die Luft aus.

Ein paar echte Stimmungskanonen, die mit fast jeder Situation fertig werden, gibt's aber trotzdem. Et voilà:

- **Scharfe Sachen machen glücklich!** Das gilt nicht nur für unseren Lieblingssport im heimischen Schlafzimmer, sondern auch für Peperoni, Chili und ihre Verwandten. Wissenschaftler nennen das Phänomen den **»Pepper High Effekt«**. Der Wirkstoff Capsaicin brennt extrem auf der Zunge, und während uns die Tränen in die Augen schießen, empfängt das Gehirn den gleichen Reiz wie bei Schmerzen. Sofortmaßnahme: Ausschüttung von Endorphinen. Macht in Sekundenschnelle euphorisch!

- **Liebeskummermedizin Schokolade** Sie wurde bereits zur Genüge erwähnt, darum hier nur der Vollständigkeit halber und wieder mit dem Hinweis, dass es möglichst die dunkle sein sollte. Sie enthält massenhaft Theobromin, das unser Gehirn zur Produktion von Glückshormonen anregt – ein Stückchen reicht schon!

- **Nicht ohne meine Nudel!** Die guten alten **Eiernudeln** enthalten die Aminosäure Tryptophan (aus den Eiern) und Kohlenhydrate (aus dem Getreide) in idealer Kombination. Tryptophan ist ein wichtiger Baustein des Gute-Laune-Hormons Serotonin, von dem Depressive zu wenig haben. Wer zu mieser Laune neigt, kann mit einem Teller **Spätzle zum Mittagessen** am Nachmittag wie ausgewechselt sein. Ähnlichen Effekt hat ein **Frühstücksei auf Vollkornbrot**.

Mal wieder nominiert: Fetter Fisch In Ländern wie Japan, wo wesentlich mehr fetter Fisch gegessen wird als bei uns, gibt es etwa sechzigmal weniger Depressive als in Deutschland. Der Grund: Die freien Fettsäuren aus dem Omega-3-Fett karren im Blut wie Mini-Transporter die Aminosäure Tryptophan ins Gehirn. Dort kann sie in das Happy-Hormon Serotonin umgewandelt werden. Seefisch enthält außerdem die Spurenelemente Jod und Selen, die wichtig für die Produktion stimmungsaufhellender Schilddrüsenhormone sind, sowie Eiweiß zur Serotonin- und Endorphin-Herstellung. Besonders gut für Laune (und Linie!): **Sushi!** Die Kohlenhydrate im Reis setzen in Kombi mit dem Eiweiß eine Kettenreaktion in Gang: Moderat ausgeschüttetes Insulin kommandiert nämlich fast alle Aminosäuren dazu ab, sich schnurstracks Richtung Muskeln zu bewegen – alle bis auf den Happy-Baustein Tryptophan. Der hat nämlich jetzt in den besagten Omega-3-»Taxis« freie Fahrt Richtung Gehirn – und kann dort ungehindert in Serotonin umgebaut werden.

»Für das Lächeln einer Frau fallen Städte, für ein zweites Lächeln ganze Reiche.« *Chinesisches Sprichwort*

Fröhlichmedizin Sojabohnen Geröstet zum Knabbern oder eingeweicht und gekocht als Gemüse: Sojabohnen sind ebenfalls wahre Tryptophanbömbchen für die Serotoninfabrik im Kopf. Damit auch Deutschland zum »Land des Lächelns« wird!

Und nun noch ein paar »Happy-Pillen«

Und zwar alle völlig legal, preiswert und rezeptfrei.

Jubeln mit Johanniskraut Kein Placebo-Effekt: Johanniskraut macht glücklich! Aber Flossen weg von Johanniskraut-Tee und Billigpräparaten aus dem Supermarkt. Da ist viel zu wenig Wirkstoff drin – damit Johanniskraut seinen Job erledigen kann, brauchen Sie die volle Dröhnung mit 500 bis 800 Milligramm Trockenextrakt – und die gibt's nur in der Apotheke! Bis Sie von der Wirkung etwas merken, können locker zehn Tage ins Land ziehen, und sein volles Potenzial entfaltet Johanniskraut erst nach sechs bis acht Wochen. Also dranbleiben! *Achtung:* Johanniskraut steigert die UV-Empfindlichkeit der Haut, Sonnenbäder sind darum zu vermeiden. **Johanniskraut kann ebenfalls die Wirkung der Anti-Baby-Pille und anderer hormoneller Verhütungsmittel beeinträchtigen**. Benutzen Sie in der Einnahmezeit darum zusätzlich Kondome oder ein Diaphragma.

▪ **Glücklich mit Ginseng** Alles andere als bloß eine Seniorenmedizin! Ginseng ist eine der wenigen Substanzen, die der natürlichen Dopaminproduktion unseres Körpers einen Kick gibt. Das Hormon Dopamin ist dafür verantwortlich, dass wir uns so richtig freuen können, macht neugierig und spornt uns zu neuen Leistungen an. Dopamin ist auch eines der zentralen Hormone, das bei Frischverliebten in rauen Mengen ausgeschüttet wird. Wer zu wenig davon produziert, wird schnell lust- und antriebslos. Dopamin sorgt dazu im Team mit Vitamin C dafür, dass der Körper bei Belastung das positive Stresshormon Noradrenalin bilden kann, das in aufregend-schönen Situationen ausgeschüttet wird (im Gegensatz zum altmachenden Adrenalin, das hauptsächlich bei belastendem Stress gebildet wird). Ginseng-Präparate gibt es in Apotheken und Reformhäusern.

▪ **Nie mehr PMS: Wild Yams** Eine Freundin von mir schwört drauf – gegen PMS, die miesepetrigen Tage vor den Tagen. Also die Zeit, in der PMS-geplagte Mädels am liebsten ihre gesamte Umgebung massakrieren würden. Die (wahrscheinliche) Erklärung, warum Wild Yams dagegen wirkt: In Yams ist Diosgenin enthalten, das eine Vorstufe für das Hormon Progesteron ist. Und genau von Letzterem haben wir Damen zu wenig, wenn wir uns so richtig fies aufgequollen und angriffslustig fühlen. Yams soll auch wie ein Anti-Aging-Wundermittelchen wirken und die Ausschüttung des

Wachstumshormons D.H.E.A. anregen. Ob das stimmt, darüber streiten sich die Experten. Viele zweifeln auch an, dass Diosgenin vom Körper tatsächlich in Progesteron umgewandelt werden kann. Fest steht, dass die Wurzel, die in Südamerika zu den Grundnahrungsmitteln gehört, entspannend und entkrampfend wirkt und depressive Stimmungen vertreiben kann. Die ganze Knolle gibt's bei uns nur in sehr gut sortierten Gemüseläden zu kaufen, und die Diosgenin-Konzentration ist darin sowieso viel zu niedrig – aber Yams-Präparate in der pulverisierten Version kriegen Sie in jeder Apotheke. Meiner Freundin hilft's – einen Versuch ist es wert.

Gut drauf mit natürlichem Progesteron Auch das wird aus Yams gewonnen – allerdings wurde das Diosgenin hier bereits im Labor in Progesteron umgebaut. Progesteron gehört zu den Gestagenen und hilft brandneuen Studien zufolge super gegen PMS, Wechseljahresbeschwerden, hormonbedingte Depressionen, verringerte Knochendichte und Kollagenabbau in der Haut! All das wird meistens von einem Missverhältnis zwischen Östrogen (zu viel) und Progesteron (zu wenig) verursacht. Natürliches Progesteron sollte aber vorsichtig dosiert werden, weil es sich nach und nach im Körper anreichert – ein Überschuss davon wird in Östrogen umgewandelt, und das verschiebt die Östrogen-Progesteron-Balance wieder Richtung »ungünstig«. Sie sehen, es ist kompliziert. Darum: Auch wenn Sie das Zeug rezeptfrei in Apotheke oder Internet bestellen können, sollten Sie Ihren Gynäkologen um Rat bitten. In einer siebenjährigen Studie mit fast 70.000 wechseljahresgeplagten Frauen in Frankreich, die entweder natürliches Progesteron oder künstliche Gestagene gegen ihre Beschwerden bekamen, kam außerdem raus: Natürliches Progesteron bewirkte auch bei längerfristiger Anwendung kein gesteigertes Brustkrebsrisiko – nur die Frauen, die künstliche Gestagene bekamen, waren gefährdet. Eine echte Alternative! (Buchtipp: »Natürliches Progesteron« von Anna Rushton und Shirley A. Bond, Goldmann)

Temperaturausgleich fürs Wohlgefühl

Auch der Jahreszeitenwechsel, zu heißes oder nasskaltes Wetter, aufziehende Erkältungen oder Überhitzung können aufs Gemüt schlagen. Doch hier gibt's ebenfalls einfache Mittelchen, um Temperaturempfinden und Laune wieder Richtung »happy« zu polen.

Die Heizung von innen Alle Jahre wieder leide ich, wenn im Herbst das Thermometer drastisch fällt, denn der Temperaturwechsel vom heißen Sommer auf kühle Herbsttemperaturen stellt hohe Ansprüche an unser Immunsystem. Wir Frauen haben durchschnittlich ein um 3°C niedrigeres Wärmeempfinden als unsere männlichen Mitmenschen im kuscheligen Eigenpelz.

Mitten im nasskalten deutschen Schmuddelwinter fühlt man sich außerdem oft kraftlos und kränkelt leidend vor sich hin. Trotz Dopings in Form von Vitaminpillen oder chemischen Wundermittelchen, die angeblich unsere Abwehrkräfte stärken sollen, fühlen wir uns absolut kraft- und lustlos. Blasenentzündungen, Erkältungen und andere Krankheiten werden durch Unterkühlung begünstigt – und unter verschnupftem Näschen und glasigen Augen leidet auch die optische Erscheinung. Um dem vorzubeugen …

- **ist mit feuchten Haaren schlafen zu gehen verboten,**
- **ist ein großer Schal als ständiger Begleiter Pflicht,**
- **sind Strumpfhosen und Thermoeinlagen in den Schuhen ein notwendiges Übel.**

Außer diesen Basis-Maßnahmen und einer allzeit griffbereiten Wärmflasche habe ich ein paar heiße Rezepte, die das Immunsystem pushen, bereits im Anflug befindliche Erkältungen stoppen und Sie wieder fit machen:

■ Nana-Tee Frische Minzblätter mit kochendem Wasser übergießen, gut ziehen lassen, dazu eine halbe Zitrone auspressen und großzügig mit Honig süßen. Diese Mischung wärmt richtig auf und schmeckt köstlich!

■ Der Immunkick Eine Freundin hat den Tipp von ihrer Apothekerin bekommen, und sie schwört drauf: Contramutan. Das pflanzliche Immunstimulans gegen »grippale Infekte« gibt's in Tropfenform und kann sogar bereits aufblühende Erkältungen effektiv bekämpfen. Wenn Sie bereits schniefen und husten, nehmen Sie stündlich zehn Tropfen. Haben Sie nur das dumpfe Gefühl, dass da was im Anflug ist, reichen morgens, mittags und abends je zehn.

■ Sauna für gute Laune Zugegeben, in eine öffentliche Sauna bekommt mich niemand – ich habe keine Lust, mich später nackt in YouTube-Filmchen wiederzufinden. Aber Sie sollten sich keinesfalls abschrecken lassen, denn Sauna ist gut für Körper und Seele! Dass regelmäßiges Saunieren vor Erkältungen schützt und das Immunsystem kickt, ist bekannt. Aber wussten Sie, dass beim Saunabaden Endorphine ausgeschüttet werden? Ganz ohne Schokolade!

■ Der UV-Kick Ab Spätherbst gehe ich morgens im Dunkeln ins Studio und verlasse es abends, ohne ein einziges Mal ein Fitzelchen Tageslicht gesehen zu haben. In solchen Zeiten gönne ich mir und meiner Psyche gelegentlich einen Kurzurlaub im Solarium meines Vertrauens. Maximale Besonnungszeit unterm Schnell-Toaster: Zehn Minuten!

■ Hitzefrei mit dem Limetten-Wunder Zum Abi hat mir meine Mama eine Kulturrundreise durch Ägypten geschenkt – großartig! Aber nach ein paar Tagen lag ich mit »Kulturschock«-Migräne im Bett. Ein Leiden, das sonst in erster Linie amerikanische Touristen auf »Ganz-Europa-

in-zehn-Tagen«-Reise befällt: Ich hatte rasende Kopfschmerzen, mir war übel ... Kurz: Es ging mir beschissen. Da tauchte plötzlich ein Boy vom Roomservice mit **gekühlten aufgeschnittenen Limetten** auf – ich konnte meine Mama gerade noch davon abhalten, ihn umzubringen, weil sie dachte, ich solle in den Harem eines Scheichs entführt werden. Und dieser Junge fing an, mir die Kniekehlen, die Armbeugen, den Hals, die Handgelenke, die Schläfen – alle Stellen, wo die Haut ganz dünn und zart ist – mit den kalten Limetten abzureiben. Innerhalb von zehn Minuten hatte ich das Gefühl, eine Infusion gegen mein Leiden bekommen zu haben. Die Kopfschmerzen waren wie weggeblasen! Wirkt auch Wunder bei genereller Überhitzung und Neigung zu Schweißausbrüchen. Ähnlichen Effekt haben ein paar Tropfen Pfefferminzöl auf den Schläfen!

Heimwerken und Modellieren: Baumaterial Muskelmasse

Wie bitte: Muskeln? Sport? Bewegung? Hilfe!!! Falls gerade Panik in Ihnen aufsteigt: Ruhig, Brauner, ruhig! Alles halb so schlimm. Ich werde Ihnen jetzt kein Jane-Fonda-Super-Power-Workout aufschwatzen und Sie überreden, Ihr Wohnzimmer mit Spiegeln zur Fitness-Location umzugestalten. Ich oute mich hiermit: Ich bin faul! Stinkfaul! Lange war ich sogar der festen Überzeugung: Sport ist Mord! Dafür habe ich seit meiner frühkindlichen Ballett-»Karriere« auch Beweise ... (Vielleicht wird daraus mein nächstes Buch, diesmal dann ein Krimi: »Arsen und Spitzenschühchen«!) Ich mache einen Riesenbogen um Muckibuden, Sportvereine, Turnhallen und Aerobic-Hüpftempel, denn mir fehlt die Lust, fünf Stunden täglich meine Gräten zu foltern. Wenn ich so viel Zeit hätte, würde ich die lieber mit meinen Menschen verbringen. Doch jetzt kommt das *Aber:* Um ein bisschen Bewegung kommt niemand herum. Zumindest, wenn wir nicht nur dauerhaft gesund bleiben, sondern auch das Beste aus unserer optischen Erscheinung herausholen möchten. Doch ich bin in punkto Bewegung wie auch bei allen anderen verschönernden Maßnahmen glühende Verfechterin des Pareo-Prinzips:

- Mit zwanzig Prozent des Aufwands erzielen Sie achtzig Prozent der Wirkung!

Übersetzt heißt das: Viel Sport muss gar nicht sein! Und den Plan, allein durch Sport an Gewicht zu verlieren, können Sie sowieso gleich in die Tonne kloppen, falls Sie nicht sofort mit dem Training für den nächsten Ironman anfangen wollen. Um ein einziges Kilo Fett zu verbrennen, muss man sich im Schnitt rund dreißig Stunden sportlich betätigen! Diese gemeine Tatsache sollte man bloß im Hinterköpfchen haben, wenn man das nächste Mal freudig in Kalorienbomben wie gerösteten Speck beißt. Außerdem haben Sie es vielleicht schon mal gehört: Muskeln wiegen mehr als Fett! Doch bevor Sie sich jetzt mit einem zufriedenen »Wusste ich's doch, Sport nützt eh nix!« das nächste Karamellplätzchen hinter die Kiemen schieben und sich vor die Glotze knallen, kommt das nächste große *Aber*. Denn erstens bewahren Sie bereits hundert zusätzlich verbrauchte Kalorien täglich auf Dauer vor Extra-Speckröllchen (durch Plätzchen etc.). Und zweitens: Auch wenn Muskeln mehr wiegen als Fett – sie nehmen weniger Platz in Anspruch. Mit nur ein paar von den Dingern an den richtigen Stellen sehen Sie auch gleich viel besser aus. Doch bevor wir weiter in die Materie einsteigen, zunächst der wichtigste Tipp, ehe Sie Ihrem Dasein als Sofakartoffel zumindest hin und wieder ein Ende bereiten:

- Bringen Sie jetzt Ihre Waage in den Keller! Begeben Sie sich direkt dorthin. Gehen Sie nicht über Los!

Denn selbst wenn Sie durch Training plötzlich drei Kilo mehr wiegen, kann es sein, dass Sie Ihre Jeans eine Nummer kleiner kaufen können! In Kombination mit einer – einigermaßen – vernünftigen Ernährung hilft schon ein bisschen Bewegung, Ihren jugendlichen Luxuskörper so lange wie möglich zu erhalten! Oder, falls der sich bereits leise verabschiedet (hat), zurückzugewinnen. Wohlgemerkt, wir reden hier *nicht* von Work-out-Wahnsinn und Marathonläufen, sondern von Basis-Fitness für Faule wie mich.

Und haben Sie die Muckis irgendwann im Leben einmal ordentlich aufgebaut, müssen Sie auch gar nicht mehr soooo viel tun, um sie später wieder zum Leben zu erwecken. Ich profitiere sogar heute noch vom Ballettdrill als Klein-Sonya! Wenn Sie also als Kind oder Jugendlicher mal irgendwas trainiert haben, egal, ob Judo, Jazz-Gymnastik oder ganz ordinären Schulsport an Medizinball und Reck:

Herzlichen Glückwunsch, Ihre Muskeln werden »sich erinnern«, wie Sportexperten das nennen!

Das ist aber – da muss ich Sie leider enttäuschen – keine Ausrede für Untrainierte, die sich mit raffinierten Attesten selbst um das Schulturnen gedrückt haben: Bisherige Komplett-Sportmuffel erzielen nämlich die schnellsten Trainingserfolge! Sie sollten also in jedem Fall Ihr Popöchen hochbekommen. Denn wer sich überhaupt nicht bewegt, der nimmt ab einem gewissen Alter zwangsläufig zu. Liegt daran, dass sich der sogenannte »Grundumsatz« des Körpers – also der Kalorienverbrauch – mit den Jahren kontinuierlich verringert. Das ist natürlich eine Frechheit! Aber leider auch eine Tatsache. Und dieser gemeine Mechanismus beginnt schon, sobald sie auch nur dreißig Jährchen auf dem Buckel haben. Aber wer sich bewegt, stoppt die Schwabbelspirale und tut seinem Körper und der Optik jede Menge Gutes. Ich hab mal ein paar Argumente gesammelt:

»Der einzige Grund, warum ich mit dem Joggen anfangen würde, wäre, um mich mal wieder keuchen zu hören.«
Erma Bombeck

Fett schmilzt von der ersten Minute an ... Vergessen Sie das Märchen, dass Körperfett erst nach einer halben Stunde Bewegung verbrannt wird. Sämtliche »Fatburner«-Fitnesskurse sind damit hoffnungslos out. Seit einer Weile haben Forscher diese angebliche Halbe-Stunden-Regel-Info als Mythos entlarvt, wir verbrennen Fett nämlich schon ab der ersten Bewegungsminute! Eine Wissenschaftlerin an der Uni Kopenhagen hat außerdem vor Kurzem eine Wundersubstanz entdeckt, die unser Körper schon bei moderater Bewegung in den Muskeln bildet: Interleukin-6 (IL-6) heißt der Superstoff, und der bringt unsere Fettpölsterchen dazu, Energie freizusetzen. Mit anderen Worten: Die Fettschmelze wird unverzüglich eingeleitet! Aber es kommt noch besser: IL-6 wirkt entzündungshemmend und setzt Botenstoffe schachmatt, die Diabetes, Herzkrankheiten und Arteriosklerose verursachen können.

... und sogar noch beim Faulenzen! Muckis fressen Kalorien – selbst dann noch, wenn wir es uns nach der Anstrengung schon wieder auf dem Sofa vor dem Fernseher gemütlich gemacht haben: Jedes einzelne Pfund Muskelmasse verbrennt täglich 35 bis 45 Kalorien für seinen eigenen Stoffwechsel. Klingt im ersten Moment nicht so viel – aber schon bei zwei Kilo zusätzlicher Muskelmasse läppert sich das. Dazu kommt der sogenannte »Nachbrenneffekt«: Ist der Energiestoffwechsel einmal angefeuert, schmelzen noch Stunden später mehr Kalorien. So was gleicht gerade die kleinen Naschereien zwischendurch aus.

Ein Körper wie aus Stein gemeißelt! Machen wir uns nix vor, Muskeln formen den Körper! Alle Konturen kommen besser zur Geltung. Und weil Sie sich mit Muskeln automatisch nicht halten wie ein Schluck Wasser in der Kurve, sondern selbstbewusst und dynamisch auftreten, bringt Ihnen das auch mehr Respekt Ihrer Umgebung ein (zum Thema Körpersprache komme ich noch!). *Achtung:* Wir reden hier nicht von Bodybuilding – wir wollen schließlich nicht aussehen, als trügen wir eine Daunenjacke unter der Haut –, sondern von einem gleichmäßig über den Körper verteilten Korsett aus ein paar schicken und nicht übertriebenen Muckis. Dafür müssen Sie nicht täglich Gewichte stemmen. Es sei denn, Sie wollen aussehen wie Arnie – in diesem Fall würde ich Ihnen eher ein Buch zum Thema »Anabolika – pro und contra« empfehlen.

Nie wieder schlecht drauf! Bewegung wirkt gegen Depressionen. Und das besser als alle Tabletten und komplett nebenwirkungsfrei. Sensationell: Spazierengehen reicht dafür schon! Das gilt ganz besonders, wenn Sie sich draußen bewegen, im Winter am besten um die Mittagszeit. Denn so bekommt Ihr Körper auch in der dunklen Jahreszeit genügend Tageslicht, um nicht eine Winterdepression zu entwickeln. Die haben Wissenschaftler sehr passend S. A. D. (Seasonal Affective Disorder) – das englische Wort für »traurig« – getauft. So eine fiese Sache entsteht durch einen Mangel am Gute-Laune-Hormon Serotonin, das unter anderem durch die Wirkung von Tageslicht gebildet wird. Doch wenn's nun mal tagsüber nicht klappt: Selbst Spazierengehen im Dunkeln oder Gehen auf dem Laufband wirkt gegen Miesepetrigkeit – zu dem Ergebnis kam eine Berliner Untersuchung.

Forever young! Es gibt kaum etwas, was uns schneller altern lässt als zu viel Stress. Die Forscherin Elizabeth H. Blackburn von der University of California hat erst kürzlich nachgewiesen, dass Stress die Autobahn zur Alterung unserer Körperzellen ist. Und was wirkt super gegen Stress, weil sie Stresshormone wie das Adrenalin neutralisiert? Riiiiichtig: Bewegung! Körperliche Betätigung beugt außerdem Demenzkrankheiten im Alter vor. Das belegen immer mehr Forschungsergebnisse. Bei der Bewegung feuern nämlich auch die Synapsen im Gehirn fleißig – und das hält die grauen Zellen fit! Da wir ja alle quietschfidel mindestens hundert werden wollen, kann man gar nicht früh genug damit anfangen, hier vorzubauen.

Meine persönliche Formel lautet: Mindestens dreißig Minuten Bewegung. Täglich. Aber am liebsten nebenbei. Und unbedingt mit dem größtmöglichen Effekt.

Doch genug der Theorie, jetzt kommen wir endlich zum Praxisteil!

Der Personal Trainer oder: Motivation ist alles

Tataa!!! Ich lüfte jetzt eins meiner Geheimnisse, wie ich es schaffe, trotz grundsätzlicher Bewegungsfaulheit auf mein Sportpensum zu kommen. Nicht nur aus gesundheitlichen Gründen – schließlich zieht die Mattscheibe selbst dürrste Klappergestelle optisch in die Breite. Sie würden erschrecken, wenn Sie sähen, wie zerbrechlich manch eine meiner Kolleginnen in natura ist. Und damit ich nicht aussehe wie Wuchtbrumme Waltraud, mache ich es, ich gebe es hiermit offiziell zu, wie Madonna, Heidi Klum und Uma Thurman: Ich bin eine von diesen Luxus-Ladys mit Personal Trainer!

Und nach der Devise »Klotzen, nicht kleckern« habe ich nicht nur einen, sondern gleich zwei: Romeo und Franky! Wie jeder gute Personal Trainer sind die Jungs groß, gut gebaut und nehmen mich richtig ran – eben echte heißblütige, dunkle Typen und dem aktuellen Trend folgend natürlich jünger als ich. Sie zwingen mich selbst bei echtem Dreckswetter an die frische Luft, da kennen die beiden einfach keine Gnade: Romeo, der Mix aus Dobermann und Labrador, sowie Franky, der Doggen-keine Ahnung-Mischling. Voller Energie erinnert mich mein Duo an meine täglichen Gassi-Geh-Pflichten und hat es dadurch geschafft, dass mich in den letzten Jahren nicht einmal eine klitzekleine Erkältung erwischt hat und mein Gewicht sich immer im Normalbereich bewegt. Wenn Sie Platz haben für einen Hund, Ihr Vermieter nichts dagegen hat, Sie Tiere lieben und nicht nur für lästige Kackwürstchen-Produzenten halten: Werden Sie Frauchen!

Auf die empfohlenen dreißig Minuten zügigen Spazierengehens kommen Sie so locker. Bevor jetzt die Supersportler anfangen zu nörgeln: Auf diese Weise bekommen Sie natürlich nicht die Kondition für den nächsten New-York-Marathon! Wer darauf scharf ist, kann aber auch joggen – in diesem Fall empfehlen sich größere Hunde. Besonders ehrgeizige Ausdauersportler werden mit Huskys, Windhunden oder – wenn's etwas kleiner sein soll – Jack Russell-Terriern als Personal Trainern besonders gefordert, denn diese Hunderassen lieben es, zu rennen.

Ergänzt wird das Ausdauertraining in jedem Fall um Disziplinen wie »Stöckchen werfen« (gut für Schulter- und Armmuskulatur, am besten immer mal abwechseln), nassen Hund trockenrubbeln (Lockerungsübung) und Leineziehen (stärkt den Rücken).

Im Ernst: Wissenschaftliche Studien haben ergeben, dass der Umgang mit Hunden, neben den schon erwähnten Vorzügen der täglichen Bewegung, auch Krankheiten wie hohen Blutdruck und Depressionen positiv beeinflusst und im Alter durchs Gassigehen fit und kontaktfreudig hält. Ihren persönlichen Personal Trainer bekommen Sie im nächsten Tierheim! Denn »dank« der Züchter, die ewig für Nachschub sorgen, und verantwortungsloser Hundehalter sind die Tierheime voll mit weggeworfenen Struppis, die auf ein neues Zuhause hoffen! Meine Tierheimköter zu streicheln macht so glücklich und entspannt mich mehr als alles andere.

Sie können sich keinen Hund anschaffen? Dann können Sie sich Ihren Personal Trainer fürs tägliche Outdoor-»Training« auch leihen! Und zwar im Tierheim, von der gebrechlichen Omi nebenan oder vom termingeplagten Yuppie, der dafür eventuell sogar noch ein paar Euro abdrückt. In allen Fällen wird man aber für eine Gassigeh-Aushilfe dankbar sein.

Falls es keine Hunde in Ihrer Umgebung gibt oder Sie unter unheilbarer Fiffi-Phobie leiden, müssen Sie leider ohne vierbeinige Unterstützung aktiv werden. Dabei ist die Motivation erst mal das Hauptproblem. Doch das lässt sich austricksen.

Bewegung hat Suchtpotenzial – nutzen wir's aus!

Es ist eine Tatsache: Sport macht abhängig! Aber bevor Sie mich falsch verstehen: Damit meine ich *nicht* krankhafte Geschichten wie Sport-Bulimie oder Sport-Magersucht. Das gehört in den Bereich der Essstörungen und bringt einige Mädels dazu, wie wahnsinnig geworden nichts anderes mehr zu tun, als rumzurennen und Kalorien zu verbrennen. Das ist weder gesund noch macht so was Spaß. Allerdings laufe *ich* bestimmt nicht Gefahr, in den brenzligen Trainingsbereich zu geraten ...

Was ich meine, ist: Ohne meinen täglichen langen Spaziergang mit den Jungs kriege ich schlechte Laune, fühle mich unwohl und bin gereizt. Das liegt einmal daran, dass bei Bewegung Endorphine ausgeschüttet werden. Außerdem merke ich, wie gut mir die frische Luft tut und wie viel besser ich mich nach dem Spaziergang fühle. Daran erinnere ich mich, wenn ich beim nächsten Mal irgendwie lieber auf dem Sofa sitzen bleiben würde. Aber natürlich habe ich sowieso keine Wahl, weil die Herren Personal Trainer nun mal raus müssen. Aber auch für Leute ohne Hund gilt:

Der Knackpunkt zur Erlangung eines Knackpos ist: Genau diesen vom Sofa hochzubekommen.

Und dazu bedarf es der richtigen Strategie! Doch erst mal: Verlangen Sie nichts Unmögliches von sich! Von heute auf morgen ganz mutterseelenallein mit dem Joggen oder einem anderen Fitness-Training anzufangen ist so utopisch, wie eine Ente in zehn Sekunden von null auf hundert zu beschleunigen. Die kriegt eher einen Motorschaden, bevor sie das schafft. Nein, Sie brauchen Unterstützung! Oder – nennen wir's ruhig beim Namen – einen Tritt in den Hintern! Statt sich aber jetzt in einem piefigen Fitness-Studio anzumelden und dort höchstens als Karteileiche aufzutauchen, ist es besser, sich ein bisschen unter Druck zu setzen. Und das funktioniert wie folgt:

Schritt 1: Die Einstiegsdroge!

Buchen Sie einen zeitlich begrenzten Kurs! Wie bitte? Die Kraus hat doch eben erst ... Ja, ich weiß, ich habe eben was davon gefaselt, dass ich Muckibuden hasse – aber es geht hier eben nicht um ein Knebel-Fitness-Abo für die nächsten fünfzig Jahre, sondern um die Einstiegsdroge! Ein Mittel zum Zweck. Zeitlich begrenzt deshalb, weil Sie sich dann immer sagen können: In zwei, drei oder fünf Wochen ist es ja vorbei. (Und bis dahin sind Sie längst angefixt, vertrauen Sie da Ihrer Bewegungsberaterin Frau Prof. Dr. Dr. Kraus!) Was Sie genau machen sollen? Das ist erst mal total schnuppe. Nur auf eins müssen Sie achten:

Ein bisschen Spaß muss sein! Die simple Formel lautet: Ohne Spaß nix Durchhaltevermögen. Auch wenn Yoga total hip ist und jede Hollywooddiva sich vor dem makrobiotischen Sparfrühstück zu »Sonnengruß« und »Kobra« verknotet – wenn *Sie* dabei vor Langeweile einschlafen: Finger weg! Suchen Sie sich etwas, von dem Sie sich sicher sind, dass es Ihnen Spaß macht! Sie kennen sich selbst am besten. Ein paar Ideen:

- Vielleicht kaufen Sie sich statt des nächsten Handtäschchens einfach ein neues **Fahrrad**. Nicht irgendein Rad natürlich: Das Super-Mega-Rad, von dem Sie schon immer geträumt haben. Viel zu sexy, um im Keller zu versauern, und mit dem Sie mit stolzgeschwellter Brust jeden Tag zur Arbeit düsen. Fahrrad fahren ist übrigens momentan unheimlich angesagt, spätestens seit sogar Cameron Diaz durch ganz Hollywood strampelt. Noch ein Argument: Parkplatzsuche und Knöllchen ade!

- Sind eher **Bälle** Ihr Ding? Wollen Sie immer gewinnen? Volleyball, Tennis, Ping-Pong, Badminton oder Fußball – Kurse gibt es für alle Sportarten, und dadurch, dass Sie sich aufs Spiel und die Technik konzentrieren, merken

Sie gar nicht, wie Sie sich verausgaben. Nebeneffekt: Sie lernen nette Menschen kennen, das motiviert.

- Sie **tanzen** lieber? Salsa, Tango, Jazztanz oder ganz normaler Standardtanz fühlen sich dank Musik und Konzentration auf die Schritte gar nicht nach Fitness-Training an, sind aber sehr effektiv. Außerdem bewegen wir uns hier nebenbei auf optimalem Flirt-Territorium: Mann kommt Ihnen automatisch näher!

- Oder wie wäre es mit **Klettern**? Das ist extrem angesagt, und dazu müssen Sie nicht in den Bergen leben. Auch auf dem flachen Land gibt es Möglichkeiten – fast überall gibt es mittlerweile offizielle (also beaufsichtigte) Kletterwände in alten Industrieanlagen oder an Brückenpfeilern. Die Bewegungsabläufe sind so vielfältig, dass nebenbei die gesamte Muskulatur trainiert wird, ganz ohne Trainingspläne – den Effekt sieht man im Turbotempo! Und das, obwohl man sich nur drauf konzentriert, rauf beziehungsweise wieder runter zu kommen. Achtung: Unbedingt gesichert klettern, nicht auf eigene Faust.

- Vielleicht haben Sie ja auch Spaß an einer **Kampfsportart**? Karate, Judo, Jiu-Jitsu und Konsorten haben neben gesteigerter Fitness noch mehr positive Nebenwirkungen (mehr dazu lesen Sie später im Abschnitt zur Körpersprache).

Doch das sind nur ein paar Möglichkeiten. Sie können sich natürlich auch einer Anfänger-Laufgruppe anschließen oder die längst nicht mehr elitäre Sportart Golf ausprobieren – auch das ist Spazierengehen an der frischen Luft. Und fragen Sie eine Freundin, ob sie mitmacht. Falls die schon den Sport treibt, den Sie im Auge haben: Lassen Sie sich zu einem Probetraining mitnehmen. Zu zweit ist die Hemmschwelle niedriger. Nächster wichtiger Punkt:

■ **Melden Sie sich sofort an!** Bloß nicht lang überlegen! Wer aufschiebt, findet immer wieder Gründe dafür, warum Sport doch Mord, das alles eine Schnapsidee und das Bestellmenü von »Adria« mit der Calzone »doppelt Käse« eine viel bessere ist. Denken Sie an die Schwabbelspirale! Halten Sie sie *jetzt* auf! Wollen Sie, dass sich Ihre Körpermaße in zehn Jahren verdoppelt haben? *Nein, natürlich nicht!* Falls Sie einen Kurs machen, bezahlen Sie das Ganze am besten vorher, denn das erzeugt psychologischen Druck: Für etwas, für das sie schon was hingeblättert haben, wollen Sie auch eine Gegenleistung. Ergebnis: Sie gehen hin! Und das ist es, was Sie erst mal erreichen wollen. Vergessen Sie Höchstleistungen. Es geht um den ersten Schritt! Wenn Sie einmal angefangen haben, ist es viel einfacher, dranzubleiben. *Wichtig:* Ihr Treffpunkt mit dem »Endorphin-Dealer« darf nicht zu weit von Ihrer Wohnung weg liegen. Wenn Sie erst eine Stunde zu Ihrem Kurs oder Training fahren, vielleicht sogar noch umsteigen müssen und sich an zugigen Haltestellen eine Blasenentzündung holen, hat die Sofaecke plötzlich einen mindestens um den Faktor 1000 gesteigerten Anziehungswert. Am besten, Sie umgehen die Risiko-Rückfallzone, nehmen die Sportklamotten mit zur Arbeit und fahren direkt von dort hin.

Schritt 2: Draufbleiben

Hurra, Sie haben angefangen! Applaus! Jetzt müssen Sie nur noch durchhalten und sich auch nach Ende des Kurses regelmäßig Ihre Endorphindosis besorgen.

■ Das Tolle an Kursen und Sportvereinen ist, dass Sie da Leute kennenlernen, die sich auch bewegen wollen. Und genau die brauchen Sie! Hier finden Sie jetzt Ihren kostenlosen Personal Motivator, auch »**Trainingspartner**« genannt. Mit diesem wunderbaren Menschen verabreden Sie sich, auch wenn der Kurs längst vorbei ist. Nein, *nicht* zum Kuchenessen oder zum Monopoly-Spielen. Wenigstens nicht nur. Zum Walking, Jogging, Schwimmen oder zur Radtour. Oder was Sie eben sonst im Kurs gelernt oder gemacht haben. Aber vielleicht schaffen Sie es auch schon allein ...

■ Ein **Motivationstrick**, den professionelle (zweibeinige) Personal Trainer empfehlen: Konditionieren Sie sich! Hören Sie beim Sport immer eine bestimmte CD. Wenn Sie dann von der Arbeit nach Hause kommen, gehen Sie direkt zur Musikanlage und drehen genau diese Musik auf: **Dadurch kriegt Ihr Unterbewusstsein Lust auf den Endorphinkick** beim Sport wie der Pawlowsche Hund aufs Fresschen. Und dann nix wie los ...

■ Führen Sie ein **Trainingstagebuch**! Halten Sie fest, wenn Sie zum ersten Mal ohne Gehpause zehn Minuten gejoggt sind oder eine Übung, von der Sie bisher immer tierischen Muskelkater bekommen haben, plötzlich easy klappt. **Belohnen Sie sich!** Aber nicht mit einer feisten Tafel Trauben-Nuss, sondern mit was Kalorienfreiem: einer tollen Schnulz-DVD, einer neuen Klamotte ...

■ Damit Sie sich nicht entwöhnen und ihren **Körper immer schön auf Touren halten**: Nutzen Sie zusätzlich jede Gelegenheit zur Bewegung. Sie wissen schon: Aufzug statt Treppe, Spaziergang statt Bus, zu Fuß oder mit dem Rad zum Einkaufen, Wasserkästen stemmen, den schnuckeligen neuen Nachbarn flachlegen ...

Bis jetzt ging es ja hauptsächlich um Ausdauertraining im weitesten Sinne. Spazierengehen, Laufen und Radeln verbrennen Fett und sorgen dafür, dass wir nicht anfangen zu schwabbeln. Aber leider, ich hatte das ja vorhin schon angedeutet, sollte man für eine Figur zum Reinbeißen auch ein bisschen die Kraft trainieren – eben ein bisschen mit Muskelmasse modellieren. Dazu muss man kein Bodybuilding machen, ein paar gezielte Übungen reichen.

Oder Sie wählen eine Sportart, die neben Ausdauer auch die Muskeln aufbaut. Nur so formen wir unseren heiß begehrten Catwoman-Traumbody. Oder, wie es ja auch so schön in Frauenzeitschriften heißt: die Bikinifigur. Sie wollen auch eine haben? Wenn's weiter nichts ist. Ich habe da meine persönliche Lösung gefunden ...

Projekt »Pro Po« oder: Geschüttelt, nicht gerührt!

Irgendwann im Leben einer Frau kommt er, der Moment, in dem man begreift, man ist kein junges Knackgemüse mehr! Diese Erkenntnis erwischte mich mit 32 in einem überdurchschnittlich gut beleuchteten Hotel-Badezimmer. Der Inhalt meines Schminkbeutels hatte sich auf den Boden ergossen, und ich war dabei, vornübergebeugt den Kram wieder einzusammeln, als mein Blick durch meine Beine in den Türspiegel fiel. Der türkisfarbene Stringtanga kam mir bekannt vor, aber wem gehörte bitte dieser Blumenkohlhintern? Mir?!! Die Erkenntnis, dass die Zeiten im Mikro-Mini vorbei waren, traf mich hart. Von vorne war doch alles noch passabel, warum sah es von hinten nach alternder Elefantenkuh aus? Da musste was getan werden! Kampflos aufgeben und den welken Weiberarsch ins Altersheim abschieben? Kam nicht infrage! Ich grub das Kriegsbeil aus und blies zum Angriff auf meinen friedliebenden Körper. Codewort der Rektal-Offensive? »Sport!«

Nach intensiver Recherche hatte ich die Vernichtungswaffe im Kampf gegen wabbelnde Weichteile im Fitness-Studio gefunden: Power Plate! Ich bin – wie gesagt – die Frau für effektive Lösungen. Und kaum höre ich etwas von »Wenig Aufwand, große Wirkung!«, fahre ich meine possierlichen Segelöhrchen zu Dumbo-Lauschern aus. Wenn dann auch noch Aussagen wie: »Ganzkörper-Muskeltraining in null Komma nix«, »Super-Body in zwei Mal zehn Minuten pro

Woche« auf mein Trommelfell treffen, ist meine Neugier so groß wie Dieter Bohlens Ego. Getreu dem Motto »Versuch macht kluch« habe ich es ausprobiert.

Die Power Plate ist ein Fitnessgerät, das aussieht wie eine Waage für Michelin-Männchen und die vibriert wie eine Waschmaschine im Schleudergang. Genauer: Das Ding schwingt pro Sekunde fünfundzwanzig- bis fünfzigmal einen bis vier Millimeter auf und ab. Diese Vibrationen werden auf den Körper übertragen und bringen die Muskeln dazu, sich automatisch anzuspannen. Ursprünglich wurde das Wunderding für Astronauten entwickelt, heute wird die »Kraft-Platte« unter anderem regelmäßig von der deutschen Fußball- Nationalmannschaft bestiegen. Ich war der Meinung, was für unsere Jungs gut ist, kann für Frau Kraus nicht schlecht sein.

Dann las ich auch noch das ermutigende Statement eines Professors Dr. Felsenberg vom Zentrum für Muskel- und Knochenforschung an der Berliner Charité: »Das Training ist zehnmal so effektiv wie normaler Kraftsport.«

Und zweimal die Woche ein Viertelstündchen leiden im Gefecht mit dem Gerät? Das war durchaus zu überleben. Die Blicke der mit künstlichem Testosteron vollgepumpten Muskelmänner im Fitness-Studio allerdings nicht! Mann gaffte belustigt, Eiweiß-Shake schlürfend, wie »die Kraus« – bekannt aus Funk und Fernsehen – stöhnend einen Paarungstanz auf ihrem Foltergerät vollführte. Die Übungen, die man im Schüttelgang durchführt, sind zwar ganz einfach und dauern jeweils bloß dreißig Sekunden. Aber, hey, was so harmlos kurz klingt, ist mörderisch anstrengend! Schon auf einem Bein zu balancieren wird auf dem Giganto-Vibrator zur schweißtreibenden Herausforderung. Und sieht ein bisschen merkwürdig aus.

»Einfach ignorieren – nur noch vier Minuten!«, lautete also mein Befehl an mich. Beinchen und Popöchen keuchend in die Höh' gereckt lag ich wie ein Krabbelkäfer da, als ich sah, dass die Dreckskerle meine Anstrengungen jetzt auch noch per Handy filmten! In Millisekunden mutierte der Krabbelkäfer zum

Menschenfresser, schoss ein paar wohlplatzierte Salven zum Thema »Anabolika und ihre Auswirkungen auf das männliche Geschlechtsorgan« Richtung Spanner ab und floh in die Damenumkleide. Endlich Privatsphäre ... Und dann liefen sie auch schon, die Tränen. Es wurde hemmungslos losgeheult – vor Wut natürlich! Auf die Scheiß-Ärsche (Männer) und den Scheiß-Arsch (meinen)!

Drei Wochen später war der Kummer vergessen, denn in meiner Diele stand sie: die Privat-Power-Plate! Ich hatte meinen eigenen, sehr exklusiven Fitnessclub gegründet. Mitglieder waren: Mama, mein Freund, meine Mädels und mein bester, schwuler Kumpel. Denn die Kosten-Nutzen-Bilanz wird durch einen klitzekleinen Schönheitsfehler belastet: den Preis! Bereits die günstigste Power Plate kostet so viel wie ein kleiner Gebrauchtwagen! Ab ungefähr 3000 Euro ist das Fitnesswünderchen zu haben, dafür bekommen Sie dann aber – Applaus! – eine professionelle Trainer-Einweisung bei Ihnen zu Hause. Also investierten wir zusammen in unsere körperliche Straffheit und schafften das teure Teil gemeinsam an. Statt Clubkarten verteilte ich Schlüssel, so dass jeder immer Zugang zum Gerät hatte. Ich bin ja eh nie da, und wenn, dann freue ich mich tierisch über jeden Besuch.

Die Problemzone Po? Ja, die gibt's noch. Mein Sitzfleisch wird einfach nie wieder sechzehn sein – aber zumindest haben Oberschenkel und Po-Ebene nicht mehr die Konsistenz von Marshmallows. Mit freundlichen Grüßen an die Geschlechtsteile der gaffenden Bodybuilder kann ich stolz behaupten: Bei mir ist alles fest!

Für Fitnessstudio-Unerschrockene: Zwölferkarten für die Power Plate kosten etwa 140 Euro. Achtung, bei Gelenkproblemen erst den Arzt fragen. Und Schwangere sollten gar nicht auf der Power Plate trainieren. Mehr Infos und alle »Plattenläden« in Ihrer Nähe: www.powerplate.com

PS: Nein, ich habe keinen Werbevertrag mit dem Gerätehersteller!
(Das können wir aber gerne ändern! $ €!)

Wer hat an der Uhr gedreht? Fitness für Leute mit Zeitnot

Auch ohne Wunderplatten können wir schneller fit werden, als Sie vielleicht glauben. Man muss nur wissen, worauf es ankommt!

Sparen Sie sich das Stretching! Ja, richtig gelesen! Spätestens seit Turnväterchen Jahn wurde das Dehnen als ultimative Fitnessmaßnahme gepredigt, und da kann man nur sagen: Tja, Leute, Zeit verplempert! **Muskel-Stretching**, ob vor oder nach dem Training, ist pure Zeitverschwendung und **wirkungslos bis kontraproduktiv**. Der Beweis: Sportler, die vor einem Sprint dehnen, werden langsamer! Und Dehnen hilft auch kein bisschen gegen Muskelkater – im Gegenteil! Kürzlich hat das eine Studie an der Uni im australischen Sydney belegt. Bei einer Bewegung wird automatisch auch immer der Gegenspieler des Muskels gefordert. Und dadurch stretcht der Muskel sich sowieso selber. Heißt für uns: Mindestens zehn Minuten pro Training gespart!

Quickies vor dem Einschlafen! *Nein*, ich rede nicht von Sex – jedenfalls nicht nur. Aber wer nach der biologischen Uhr trainiert, **verdoppelt den Effekt von Kräftigungsübungen**! Und minimiert damit den Zeitaufwand. Der optimale Zeitpunkt: kurz vor dem Schlafengehen. Sie müssen sich dabei leider richtig anstrengen – aber wirklich **nur ganz kurz!** »Einen Trainingsreiz setzen« nennen Experten das. Also statt fünfzig Bauch-Crunches, die Sie locker wegturnen, lieber fünf heftige Pilates-Übungen, die (sorry, ich hab mir das nicht ausgedacht) so richtig wehtun. Oder statt drei zeitraubender Zwanziger-Sätze Bizeps-Beugen mit der rosa 300-Gramm-Jungmädchen-Hantel lieber zehn vollwertige Liegestütze. Auf den Füßen, die Damen, nicht die Easy-Variante auf den Knien. Denn dann regen die Muskeln den Körper zur nächtlichen Ausschüttung von **Wachstumshormonen**

an. Heißt: Die Muckis wachsen erstens schneller, und Sie bekommen zweitens als Extra eine straffere Haut. Für so eine kostenlose **Anti-Aging-Kur über Nacht** kann man schon mal kurz schwitzen! Spart die Faltencreme und ist sowieso viel wirkungsvoller. Und um doch noch mal kurz auf das Thema Sex zurückzukommen: Auch bei dieser Art von »Gymnastik« wird das Wachstumshormon angeregt! Und Sex ist mit einem Kalorienverbrauch von bis zu 350 Kalorien pro halbe Stunde durchaus als Training anzusehen!

Milch macht Muskeln! Ein kleines Glas Milch sofort nach dem Sport **erhöht** nach Ansicht der Kopenhagener Sportwissenschaftlerin Bente Pedersen **den Effekt eines Krafttrainings**. Milch enthält Eiweiße in leicht verdaulicher Form, aus denen unser fleißiger Körper nach dem Training an unseren Muckis baut. Vergessen können Sie dagegen nach neuesten Erkenntnissen die teuren Kohlenhydrat- und Eiweißdrinks, die Fitnessclubs zum »Muskelaufbau« anbieten. Bringt nix! Geld gespart!

Fitness zwischendurch – wenn Sie fünf bis zehn Minuten Zeit haben:

Für den sexy Hüftschwung Auch wenn Sie mich jetzt für völlig bekloppt halten: Gehen Sie in einen Spielwarenladen und kaufen Sie sich einen **Hula-Hoop-Reifen**! Nichts trainiert die Taillen-Muskulatur besser und spaßiger als dieses Spielzeug. Auch der Beckenboden wird gefordert. Zehn Minuten täglich, und da schwabbelt nix mehr. Versprochen!

Hüpf, Bunny, hüpf! Mit einem **Hüpfseil** aus dem gleichen Shop ergänzen Sie Ihr Hula-Training zum persönlichen Spaß-Duathlon. Seilspringen (wenn Sie hip sein wollen, können Sie auch »Rope-Skipping« sagen) ver-

braucht bereits in zehn Minuten 110 Kalorien. *Achtung:* Sport-BH nicht vergessen, das Gehoppel strapaziert sonst das empfindliche Brustgewebe. Wechseln Sie die Stile ab: Mal auf dem rechten Bein, mal auf dem linken, mal mit beiden.

Knack-Thera-pie! Mit dem **Thera-Band** haben Sie Ihr Fitnessstudio zu Hause und können es nach Gebrauch platzsparend zusammenfalten. Die Gummibänder gibt's im Sportgeschäft in verschiedenen Widerständen, von leicht bis superschwer. Damit lassen sich so ziemlich alle Muskelgruppen effektiv trainieren. Mitgeliefert wird oft ein Poster mit zig Übungen. Turnen Sie abends vor dem Matratzenhorchen täglich zwei andere, und Sie werden auf ewig knackig bleiben.

Für mehr Popo-Power Kürzlich traf ich eine alte Kollegin aus Modelzeiten, die mit fast vierzig noch immer den knackigsten Apfelhintern der nördlichen Hemisphäre besitzt. Ich hab sie gefragt, wie sie das macht. Ihr Rezept: Immer beim Gehen, ganz egal wo, spannt sie die Gesäßmuskeln an und stellt sich vor, sie müsste einen großen **Goldtaler** zwischen den Pobacken einkneifen. Probieren Sie's aus, es ist verdammt anstrengend. Mein Tipp: Machen Sie's immer beim Zähneputzen, dann denken Sie dran.

Hüpfburg für Erwachsene Wenn Bewegung richtig Spaß macht, bleiben wir eher dran. Und was könnte mehr Spaß machen, als wie wild auf einem **Trampolin** herumzuhüpfen? In Schweden, dessen Einwohner ja als besonders attraktiv und fit gelten, steht in vielen Gärten ein großes Trampolin. Es gibt aber auch kleine Exemplare für den Hausgebrauch, die man nach dem Hopsen einfach unter dem Bett verschwinden lassen kann.

Kommen wir nun zu einer ganz speziellen Muskelgruppe, die leider oft vernachlässigt wird – und damit entgeht uns jede Menge Spaß …

Nicht nur im Swimmingpool gut: Ein stabiler Beckenboden

Meiner frühen Balletterfahrung verdanke ich heute noch die figurative Grundausstattung. Und vor allem eine gut trainierte Beckenbodenmuskulatur. Wie bitte? Was? Sagen wir mal so, meine schwulen Freunde stellen sich das als »Schnappmuschi« vor. Will sagen: Sie kann kräftig zupacken. Wir Mädels kommen dadurch schneller und intensiver zum Orgasmus. Doch ein toll trainierter Beckenboden bringt nicht nur Spaß, sondern hilft bei allem, was da noch auf uns zukommt. Wir wollen schließlich alle fröhliche Omis werden – aber natürlich nur, wenn noch alles so funktioniert, wie es soll. Damit komme ich zum Stichwort »Inkontinenz«: Frauen, deren Beckenbodenmuskulatur nicht gut trainiert ist, bekommen mit den Jahren oft eine Blasenschwäche. Und nach Geburten kann vorübergehend auch einiges durchhängen. Dagegen kann man aber ganz einfach was tun.

- Die einfachste Methode: **Spannen Sie den Muskel an, den Sie benutzen, um den Pipistrahl abzukneifen**. Um genau den geht's. Immer wieder ein paar Sekunden. Im Stau, beim Friseur, beim Abwaschen, beim Zähneputzen. Fünfzigmal am Tag sind ein Anfang. Mehr sind besser.

- Es gibt **Trainingsgeräte für den Beckenboden**. In Apotheken gibt's ein Ding, das getarnt ist als Kauknochen für Hunde (wenn Sie das Gerät sehen, wissen Sie, was ich meine) und trägt den vielversprechenden Namen **C.O.M.E.** Falls Sie High-Tech bevorzugen und Ihrem Beckenboden zuliebe auch gern ein bisschen mehr hinblättern: Für die anspruchsvolle Pussy gibt es Geräte, die aussehen wie ein Dildo, an dem ein Minicomputer hängt. Der »Dildo« wird eingeführt und man muss den Anweisungen auf dem Display folgen: Immer schön anspannen und wieder locker lassen ... Die Intimhantel misst sogar die mit der Zeit größer werdende Muskelkraft, speichert den aktuellen »Trainingsstand«, und der Widerstand wird automatisch angepasst – bis Sie dann irgendwann die Top-Besetzung für den erotischen Thriller »Die Power-Pussy« sind … (www.myself-info.de)

- In Drogerien gibt es in der Baby- und Mütterabteilung **Vaginal-Trainingskugeln**, die für die Rückbildungsgymnastik nach der Schwangerschaft gedacht sind. Heißer Tipp: Frauen ohne Babys dürfen die Teile auch benutzen! Ähnliche Kugeln finden Sie auch in Sex-Shops, die heißen dann zum Beispiel »asiatische Liebeskugeln«, sehen etwas weniger medizinisch fleischfarben aus, erfüllen aber am Ende den gleichen Zweck. Sie haben die Wahl!

- Und nicht zu vergessen das **»Training am Objekt«: Sex**. Versuchen Sie mal, Ihre Muskeln anzuspannen, während sein Schwänzchen in Ihnen ist … Nur so viel: Mann samt Anhang werden Sie dafür lieben!

Turnen für die Visage? Ein paar Worte zum Trend Gesichtsgymnastik

Eine meiner Freundinnen schwört drauf, ihr Gesicht mit Gymnastik glatt zu halten: »Botox? Brauch ich nicht – ich trainiere lieber.« Und tatsächlich hat die betreffende Dame neben sportlichem Ehrgeiz für eine Enddreißigerin ein erstaunlich glattes Gesicht.

Doch bevor Sie jetzt anfangen, fleißig Grimassen zu schneiden: Damit ist es nicht getan! Wer die Stirn ständig in Dackelfalten legt und die Mundwinkel hundertmal hintereinander an den Ohren aufhängt, bekommt von Gesichtsgymnastik nur eins: mehr statt weniger Runzeln.

Das Geheimnis: Man muss die Muskeln anspannen, während man sie festhält! (Vorher Finger waschen!) So werden die Muskeln gestärkt und polstern Falten und Gesichtskonturen von innen auf. Gleichzeitig wird vermieden, dass sich durch übertriebene Mimik ein tiefes Relief eingräbt. (Buchtipp: »Fitnesstraining fürs Gesicht: Gymnastik statt Lifting« von Heike Höfler)

Quick-Check des Baugeländes: unsere Körpersprache

Okay, unser Body ist also schon mal ganz gut in Form oder auf dem Weg dahin. Jetzt müssen wir ihn aber auch richtig nutzen. Denn der Gang und die Körpersprache sind wahnsinnig wichtig für die Attraktivität! Damit verraten die Leute in Sekundenbruchteilen zwar nicht alles – aber es reicht, um manchmal nicht zweimal hinschauen zu wollen ... Man sieht ja oft Männer, die betont »männlich« laufen, so, als hätten sie zwei Bierkästen zwischen den Beinen hängen. Dass das nicht echt ist, erkennt man auf einen Blick. Die einzige Schlussfolgerung, die wir Mädels da ziehen können: Aha, hier hat also einer ein Männlichkeitsproblem!

So was festzustellen wird uns Frauen nicht beigebracht, das wird uns in die Wiege gelegt. Ein Wissenschaftler von der Uni Bochum hat kürzlich festgestellt, dass schon Vierjährige Männer und Frauen allein am Gang unterscheiden können! Wir erkennen so etwas an mikroskopisch kleinen Bewegungen – und dabei stellen wir auch gleich fest, ob etwas den Tatsachen entspricht oder ob der unwiderstehliche Supermann nur so tut, als ob.

- Man kann mit Körpersprache nur ganz schlecht betrügen.

Aber Ladys, freut Euch nicht zu früh, leider gilt das auch umgekehrt: Männer und andere Frauen sehen genauso, wenn wir mit übertriebenem Arschgewackel probieren, wahnsinnig sexy zu wirken, ohne davon im tiefsten Inneren überzeugt zu sein. Klappt nicht.

- Was lernen wir daraus? Genau! Wir müssen einfach selbstbewusst und sexy sein. Dann wirkt auch unsere Körpersprache überzeugend.

Und um sich wirklich wie eine Gewinnerin zu fühlen, gibt es ein paar Tricks:

Souverän und sexy – let your body talk

Einen selbstbewussten Gang erlangt man durch **Souveränität**. Und die bekommen wir Frauen in null Komma nix, wenn wir uns verteidigen können. Die Lösung: Machen Sie einen **Selbstverteidigungskurs**! Damit schlagen Sie mehrere Fliegen mit einer Klappe: Es ist nachts um drei auf dem Nachhauseweg im Dunkeln durchaus beruhigend, den dreifachen Handkantenschlag und den gemeinen Eierkick zu beherrschen. So ein Training ist außerdem sehr effektiv für den ganzen Körper. Und wenn Sie wissen, wie Sie einem fiesen Angreifer mit einem Roundhousekick *theoretisch* die Fresse polieren *könnten* wie Uma Thurman in »Kill Bill«, kriegen Sie wirklich ganz automatisch einen überlegenen Gang – das ist die Grundvoraussetzung für eine anziehende Körpersprache.

So ein Hau-den-Lukas-Kurs dauert oft nur ein, zwei Tage, manchmal läuft er über mehrere Wochen und wird in Fitnesscentern, bei der **VHS** oder von der Krankenkasse angeboten. Danach fühlen Sie sich wie Superwoman! Und wenn Sie nicht so faul sind wie ich und über längere Zeit was machen wollen, können Sie sich auch beim **Karate** oder beim **Taekwondo** anmelden. Allerdings sollten Sie bei aller Souveränität natürlich nicht aussehen wie die Klitschkos auf dem Weg zum Ring. Und es ist auch nicht attraktiv, wenn Sie die Schultern hängen lassen, als würden sie Zwanzig-Kilo-Hanteln auf jeder Körperhälfte runterziehen. Aber auch dagegen kann man was tun:

Grundkurs in Statik – Brust raus, Kinn hoch!

Immer wieder sehe ich Schönheiten, die wie eine Schildkröte mit eingezogenem Kopf rumlaufen. Und da kann ich nur sagen: Schluss! Aus! Stopp! Pfui! Eine Freundin von mir ist ein unheimlich hübsches Mädchen. Doch sie buckelt, als wäre sie mindestens neunzig und trüge das Elend dieser Erde auf den Schultern. Genau diese Glöckner-von-Notre-Dame-Haltung habe ich auch immer eingenommen, als ich mich im »zarten« Alter von dreizehn fühlte wie Godzilla, weil ich alle anderen Mädchen (und die mickrigen Jungs sowieso) um mindestens anderthalb Köpfe überragte. Ich war damals schon fast so groß wie heute. Aber egal wie groß, man übersieht Leute, die sich kleiner machen, als sie sind. Denn das strahlt in etwa so viel Selbstbewusstsein aus wie ein Kaninchen im Pitbull-Gehege. Mit der richtigen Einstellung kann man da eine Menge tun. Immer dran denken:

- Wir sind stolz! Wir sind schön! Es gibt keinen Grund, sich klein zu machen!

Klappt nicht? Falls Sie zu den Leuten gehören, die trotz größter Willensanstrengung immer in sich zusammensacken, fehlt es Ihnen an **Körperspannung**. Dann geht kein Weg an einem klitzekleinen Extratraining für die Stütze Ihres Körpers vorbei: den **Rücken**. Sie können zum Beispiel auch einen Ballettkurs für Erwachsene machen – ja, die gibt's. Dann werden Sie zwar, da müssen Sie jetzt durch, wahrscheinlich keine Primaballerina am Moskauer Staatstheater mehr. Möglicherweise nicht mal mehr im Gemeindezentrum von Erwitte-Anröchte. Aber dafür kriegen Sie nach einer Weile eine Spitzenhaltung und sparen sich die Zehnerkarte in der Bauch-Beine-Po-Folter (die übrigens eine gute Alternative ist, wenn Sie so was mögen – ich mag's nicht). Wenn sie mit Ballett nix anfangen können: Suchen Sie sich irgendwas anderes, was den Rücken trainiert, denn der ist so was wie das Grundgerüst Ihrer Baustelle Body.

Wir merken uns: Nur ein starker Rücken kann entzücken!

Außer Ballett ist Schwimmen extrem gut für den Rücken. Oder Yoga. Und natürlich die von der Krankenkasse subventionierte Rückenschule. Einmal die Woche schaffen Sie das! Ein aufrechter Gang ist wichtig. Man muss ja nicht gleich »schweben« wie Bruce Darnell. Aber wenn Sie drauf achten, dass Sie sich nicht durchhängen lassen, wird Ihnen das auch jeder Orthopäde danken. Und der souveräne Auftritt hilft einem in gewissen Situationen unvorstellbar viel. Bei den Stichworten »Orthopäde«, »Auftritt« und »Bruce Darnell« fällt mir natürlich automatisch das Thema Schuhe ein, doch da müssen Sie sich noch ein paar Seiten gedulden ...

II.
Basis-Bauarbeiten: Glätten, Kürzen und Versiegeln

So, das Richtfest auf unserer Baustelle ist gefeiert, man kann die Bude schon mal als Haus erkennen – unser zukünftiger, ganz persönlicher Stammsitz. Aber bevor unsere zarte Seele glücklich und gemütlich darin hausen kann, braucht unser Body-Rohbau noch viel mehr als nur Putz oder Grundfarbe. Die Fußböden sind noch nicht geölt, der Busen-Balkon hat noch statische Probleme und das Unkraut auf der Dachterrasse ist noch unfrisiert. Bevor wir zu Pinsel und Farbe greifen und uns in die Malerarbeiten stürzen, gibt's bei der Fassadensanierung noch einiges zu tun ...

Der Untergrund muss stimmen: Hauptsache Haut

Unsere Haut ist eine Visitenkarte. An ihrem Zustand kann man einiges ablesen: Ob wir genug schlafen, ob Gyros unser »Gemüse« ist, ob wir gerne mal ein Stündchen zu viel in der Sonne schmoren oder ob wir schon seit zwanzig Jahren am Glimmstängel hängen. Doch auch ganz unabhängig vom Lebenswandel schlagen sich die meisten von uns mit irgendwelchen Problemchen rum – von Akne bis Pigmentflecken. Die meisten probieren ein teures Produkt nach dem anderen aus, um der garstigen Schönheitsmakel Herrin zu werden. Aber nicht selten ist sogar die falsche oder zu viel Pflege gerade schuld an den Problemen. Weniger wäre da mehr. Umso wichtiger, zu wissen, worauf es ankommt. Alles beginnt jedenfalls mit der richtigen Reinigung!

Hochdruckreinigung vs. Schonwaschgang oder: Baden oder Duschen?

Als Badenixe blutet mir das Herz, es sagen zu müssen: Duschen ist gesünder! Denn beim Baden quillt die Hornschicht der Haut auf und die in Waschlotions enthaltenen Tenside haben leichtes Spiel und viel mehr Zeit, feuchtigkeitsbindende Stoffe aus der Haut herauszuwaschen. Das unerwünschte Ergebnis: Die Haut trocknet aus und wird empfindlich. Beim Duschen werden Waschprodukte viel schneller wieder abgespült. Heißes Badewasser verstärkt den Austrocknungseffekt drastisch. Denken Sie an Fein- und Kochwäsche! Wenn Sie aber in einer kalten Winternacht einem heißen Bad nicht widerstehen können, dann tun Sie's für die Seele und beachten Sie ...

... die zwei goldenen Baderegeln:

1. Verzichten Sie auf Badesalze!

Salze entziehen der Haut drastisch Feuchtigkeit. Der einzige Ort, an dem Baden in Salzlake Hautwunder bewirkt, ist das Tote Meer. In dieser Wunderbrühe schwimmt aber noch beachtlich mehr rum als nur »Salz«. Diese Suppe können wir in der heimischen Wohlfühlwanne leider nicht zusammenbrauen – auch nicht, wenn auf dem Tütchen was von »Totes-Meer-Salz« steht.

2. Genießen Sie das heiße Wasser pur ...

... und verwenden Sie erst am Ende Ihrer Badeorgie sehr sparsam Duschgel oder Ähnliches.

Dusch das Y!

Auch beim Duschen kann man's übertreiben. Am schonendsten für die Haut ist ein Duschbad, bei dem nur diejenigen Körperregionen eingeschäumt werden, die es auch wirklich nötig haben. Wenn Sie nicht gerade im Schlamm gecatcht haben, sind das fast immer nur die üblichen Verdächtigen: **Achseln**, **Intimbereich** und **Füße**. Dafür benutzen Sie am besten eine **pH-neutrale, seifenfreie Waschlotion** aus der Drogerie oder Apotheke. Falls Sie zu Pilzinfektionen im Intimbereich neigen, die fast immer durch eine aus dem Gleichgewicht geratene Scheidenflora entstehen, empfiehlt sich zusätzlich der Erwerb einer ausgewiesenen **Intimwaschlotion** in der Apotheke. Solche Produkte sind speziell für den weiblichen Intimbereich konzipiert, werden auf Basis von Milchsäurebakterien hergestellt und haben einen sauren pH-Wert von 3,5, der der natürlichen Intimflora entspricht.

Winterfeste Isolierung oder Luft ans Bauwerk? Die richtige Creme

Tragen Sie im Sommer Stiefel? Oder im Winter Flipflops? Nein? Eben! Genauso sollten Sie, unabhängig vom Hauttyp, als Erstes Ihre Hautcreme auf die Jahreszeit abstimmen.

■ **Luftig Leichtes** Im Sommer produziert die Haut mehr eigenes Hautfett, der Stoffwechsel läuft auf Hochtouren und die Luftfeuchtigkeit ist hoch. Verwenden Sie also eine leichte Creme und eine Bodylotion mit **Urea**: Das ist einer der wenigen Stoffe, der tatsächlich Feuchtigkeit in die Haut bugsiert, ohne sie zu belasten. Auch Cremes mit **Milchsäure** oder **Glycerin** unterstützen das Binden von Feuchtigkeit in der Oberhaut, ohne sie komplett »abzudichten«.

■ **Stichwort UV-Schutz: Gehen Sie auch mal oben ohne!** Sobald die Sonne scheint, ein Thema: *Sonnenschutz* in der Tagescreme. Wie wir alle inzwischen runterbeten können, ist zu viel UV-Strahlung nicht nur einer der Hauptfaktoren für vorzeitiges Plissee in der Visage, sondern auch für Hautkrebs. Darum gibt es heutzutage kaum noch eine stinknormale Tagescreme ohne Lichtschutzfaktor – meistens ab Faktor 15 aufwärts. *Aber:* Sie sollten sich trotzdem zusätzlich eine Creme »ohne« gönnen. Denn *auch Lichtschutzfaktoren enthalten Chemikalien,* die Ihre Haut belasten, wenn Sie sich täglich damit einreiben. An Tagen, an denen sie nur im Büro rumhocken oder es aus Kübeln schüttet, brauchen Sie keinen Lichtschutz. Gönnen Sie Ihrer Haut hin und wieder eine Pause! Außerdem kann der Körper allein mit Hilfe von UV-Strahlung Vitamin D bilden, das wichtig für den Knochenbau ist. **Umgekehrt ersetzt der Lichtschutz in der Tagescreme keine echte Sonnencreme.** Im Urlaub am Strand oder im Hochgebirge brauchen Sie Extraschutz – je nach Hauttyp mindestens mit Schutzfaktor 20, hellhäutige Frauen sollten noch höheren Schutz wählen.

Schlechtwetterisolierung: In der dunklen Zeit des Jahres braucht unsere Haut bei kaltem, wechselhaftem Wetter ausnahmsweise mehr fettige Unterstützung: Die Arme muss sich mit trockener, warmer Heizungsluft und dann wieder mit Kälte herumplagen, speziell unsere Gesichtshaut und die der Hände. Jetzt darf Ihre Pflege ruhig etwas reichhaltiger ausfallen. Hautärzte empfehlen Cremes mit höchstens sieben Prozent Fett. Verwenden Sie aber fettige Lotionen und Cremes wirklich nur dann, wenn's draußen richtig ungemütlich ist. Auch und gerade, wenn Sie eher trockene Haut haben! Ansonsten züchten Sie sich sozusagen Ihre Probleme selbst:

Vorsicht vor Produktabhängigkeit! Ständige Einbalsamierung mit öligen Cremes führt irgendwann zu einer schutzlosen Haut. Die stellt nämlich die eigene Talgproduktion ein und wird immer trockener. Sie kennen das vielleicht, wenn Sie ständig einen Pflegestift für die Lippen benutzen. Irgendwann geht's nicht mehr ohne, und die Haut hängt in trockenen Fetzen, wenn Sie den Stift mal zu Hause vergessen haben. Den gleichen Effekt gibt es bei fettiger Haut: Wenn Sie Ihre Haut aus Angst vor Hautunreinheiten permanent mit alkoholhaltigen Gesichtswassern und aggressiven Reinigungsmitteln von jedem bisschen Fett befreien, ist die Reaktion der Haut programmiert: Sie fettet zum Ausgleich wie verrückt. Klarer Fall von *Selffulfilling Prophecy*! Einzige Gegenmaßnahme: Vier bis sechs Wochen nix benutzen, dann hat sich die Haut wieder normalisiert. Woran Sie die »gefährlichen« Cremes erkennen? Ganz einfach:

Vorsicht bei Cremes mit folgenden Inhaltsstoffen: Die »Codewörter« Lanolin, Cera, Stearyl, Cetearyl, Triglyceride, Oleum, Palmitat und Paraffinum in der Ingredienzien-Liste bedeuten vor allem eins: *Fett-Alarm!* Aber was die Haut in aller Regel braucht, ist Feuchtigkeit. Fett glättet kurzfristig, dichtet aber auch ab, hindert die Haut am Atmen und blockiert die natürlichen Regenerationsprozesse.

Abteilung Denkmalpflege: Faltencremes und Co.

Thermo-Hydrant, Algen, Kaviar, Phytohormone, Ceramide, Oligo- und Polypeptide ... Mir wird regelmäßig schwindlig, wenn ich mir anschaue, was so alles in Cremes verarbeitet wird. Und natürlich kostet das ganze wohlklingende Zeug ein Schweinegeld, schließlich müssen Hochglanzkampagnen und die Werbeverträge von Keira Knightley, Andy McDowell und Konsorten bezahlt werden. Mit meinem Geiz-Instinkt, mir nicht die halbe Monatsmiete ins Gesicht schmieren zu wollen, liege ich offensichtlich ganz richtig.

Viele Ärzte sind nämlich der Meinung, dass die Hauptwirkung von Faltencremes auf einem einfachen Mechanismus beruht: **Wenn man fleißig cremt, wird die Haut massiert. Und Massage regt die Kollagenbildung an!** Und das tut sie sogar in tieferen Hautschichten, da, wo die teuren Wirkstoffe sowieso nicht hinkommen. Für diesen Effekt reicht dann aber auch Muttis Allzweckcreme für zwei Euro. Der

CLEVER-TIPP NR. 2

Augen auf bei der Baukosten-Kalkulation: Augencreme ist unnötig!

Das sagt Paula Begoun, die mit 55 nicht nur super aussieht, sondern auch den US-Bestseller »Don't go to the Cosmetics Counter without me!« (Ohne mich sollten Sie keine Kosmetik kaufen!) geschrieben hat. Demzufolge gibt es nicht den kleinsten Beweis dafür, warum man um die Augen rum was anderes benutzen sollte als im Rest des Gesichts, auch wenn die Fachkräfte in Parfümerien ja immer gern behaupten, normale Cremes würden wie Schmidtchen Schleicher ins Auge »kriechen«. Passiert aber nur, wenn die Creme ohnehin zu viel Fett und damit »Filmbildner« enthält, was sowieso nicht gut ist. Wenn Sie eine leichte Gesichtscreme auf Wasserbasis benutzen, können Sie diese ohne Probleme auch um die Augen herum auftragen. Die größte Frechheit: In Augencremes ist meistens genau das Gleiche wie in »normalen« Cremes, sie kosten aber für einen Bruchteil der Menge der großen »Schwestercreme« fürs Gesicht oft mehr als das Doppelte! Seit ich das weiß, spare ich an dieser Stelle mit Freude und habe ein Tübchen weniger im Kulturbeutel!

Umkehrschluss, dass alle Wirkstoffe für die Katz' sind, stimmt aber auch wieder nicht. Ein paar Creme-Zutaten gibt es, die – wissenschaftlich verbürgt – was bringen. Ich habe mich für Sie mal bei meiner Hautärztin erkundigt:

- Urea Der Feuchtigkeitsbinder heißt etwas weniger hübsch ausgedrückt auch »Harnstoff«, bindet Wasser in der Haut und polstert sie dadurch effektiv auf. Am besten ist eine Konzentration von mindestens vier Prozent Urea, wenn die Creme auf Wasserbasis hergestellt ist. Bei ölhaltigen Cremes muss die Dosis höher sein, weil die Fette den Harnstoff blockieren und auch sonst nicht ganz unproblematisch sind.

- Vitamin A (Retinol) Dieser Wirkstoff regt die Zellteilung an. Das hat man festgestellt, als Aknepatienten, die gegen ihre Pusteln mit der Hardcore-Version Vitamin-A-Säure behandelt wurden, plötzlich babyzarte Haut bekamen. Problem: Vitamin A ist extrem sauerstoff- und hitzeempfindlich und nur unter größten Schwierigkeiten zu verpacken. Vitamin-A-Cremes in Tiegeln oder luftansaugenden Tuben können Sie darum sofort vergessen – sobald Sie die öffnen, war's das mit dem teuren Vitamin. Kaufen Sie nur Tuben oder Spender, die sich wieder luftdicht verschließen lassen.

Vom Umgang mit empfindlichen Baumaterialien oder: Warum »Eis-Creme« gut für Ihre Haut ist

Der dreißigste Geburtstag soll angeblich ein einschneidendes Ereignis im Leben einer Frau sein, weshalb sich meine beste Freundin dazu berufen fühlte, mir ein luxuriöses Töpfchen Turbo-Tinktur als gut gemeintes Geschenk zu überreichen. Damals residierte also die Creme, die mir auf ewig den Teint eines Twens verleihen sollte, auf meinem Nachttischchen und wurde allabendlich auf meiner Pelle verteilt. Doch der Sommer war heiß, und mein Geiz im Umgang mit dem wertvollen Stoff wurde nicht belohnt: Nach kurzer Zeit roch der teure Tiegel ranzig. Was war da »schlecht« gelaufen? Ganz einfach:

Beauty-Experten benutzen immer einen Spatel! So werden in Tiegeln und ähnlichen Gefäßen Verunreinigungen durch Bakterien, die wir nun mal immer an den Fingern haben, vermieden. Spatel nach jeder (!) Anwendung unter fließendem warmen Wasser reinigen!

SONYAS LIEBLING NR. 1

StriVectin-SD (Stradil)

Diese Schmiere mit dem ziemlich medizinisch klingenden Namen war ursprünglich als Mittelchen gegen Dehnungsstreifen in der Schwangerschaft gedacht. Dass das Zeug dann unter dem Slogan »Better than Botox« einen zweiten Siegeszug angetreten hat, liegt der Legende nach daran, dass sich eine der amerikanischen Verwenderinnen nach Behandlung des Babybauches Reste der Creme im Gesicht abgewischt hat. Überrascht stellte die Gute fest, dass sie nach der Geburt jünger aussah als vorher. Das kann man glauben oder nicht – ich gebe zu, ich tu's. Und wenn es nur der Placebo-Effekt ist, der bei mir seine Wirkung entfaltet. Gibt's in Apotheken und in Parfümerien, mittlerweile hat die Firma reagiert und bietet auch Produkte für Augen und Gesicht an – finde ich allerdings unnötig. Ich lasse mir meinen Vorrat übrigens immer aus den USA mitbringen, da das Zeug dort deutlich günstiger ist.

Kostspielige Kosmetika jeder Art gehören nicht nur im Hochsommer in den Kühlschrank, denn dort hält die wohltemperierte Pflege viel länger. Aber nicht nur die Wirkstoffe bleiben frisch: Die Kühle sorgt für einen erfrischenden Effekt beim Auftragen, der quasi nebenbei gegen Augenringe und Schwellungen hilft. Und bei diesem Thema fällt mir auch ein:

Augenbrauen-, Lippenkonturen- und Kajalstifte lassen sich nach einer Stunde im Kühlschrank wunderbar spitzen, ohne abzubrechen. Cool, oder?

»Kosmetik aus dem Kühlschrank« ist ja ein ganz großer Trend. Frauenzeitschriften, sogar ganze Bücher beschäftigen sich mit der Verarbeitung von exklusiven Lebensmitteln zu tollen Bio-Selfmade-Masken und Co. Unser größtes Organ, die Haut, hat aber vor allem eine Funktion: Die Körpertemperatur zu regulieren und das Körperinnere vor Eindringlingen zu schützen. Daher gibt es nur ganz wenige Stoffe, die die Schutzbarriere Haut tatsächlich überwinden. Bevor Sie also das nächste Mal teure exotische Früchte und Biogemüse püriert auf die Visage schmieren, spachteln Sie sich's lieber in den Rachen! Das ist der beste Weg, die Haut zu verwöhnen.

Multi-Tools und tragende Konstruktionen: Pflege für Hand und Fuß

Brauchen wir Extrapflege für Hände und Füße? Antwort: Kommt drauf an. Wenn wir in unserer Luxusvilla den ganzen Tag die Beine hochlegen und uns von unserem fleißig herumwieselnden Personal den Allerwertesten hinterhertragen lassen: nein. Dann ist die Haut auch an den Außenposten unseres Körpers in der Lage, sich selbst ohne spezielle Hilfsmaßnahmen zu regenerieren. Aber bei allen Leuten, die nicht Jennifer Lopez heißen, sind gerade Hände und Füße Schwerstarbeiter und extremen Belastungen ausgesetzt! Die Hände sind bei Wind und Wetter immer an der frischen Luft, sie »baden« in Spülwasser, buddeln in Blumenbeeten, kleistern Tapeten an die Wand, schnippeln Kochzutaten oder schleppen schwere Einkaufstüten ... Unsere Füßchen quetschen sich in enge Schuhe aus Leder oder Kunststoff, balancieren auf High Heels und tragen jeden Tag ein bis zwei Zentner Gewicht (je nachdem) durch die Gegend. Es besteht also Handlungsbedarf – und natürlich brauchen auch strapazierte Nägel hin und wieder ein bisschen Aufmerksamkeit.

Schutztruppe für die Hände

Weil unsere manchmal gar nicht so zarten Flossen inklusive der Nägel Temperaturschwankungen, UV-Strahlung und andere äußere Einflüsse ungefiltert abbekommen, steht der Schutz bei der Pflege an erster Stelle. Als da wären:

CLEVER-TIPP NR. 3

Renovierungskit auf Reisen: Pröbchen

Mit Ausnahme der StriVectin-Creme bin ich bei Cremes ein untreues Biest und gehe ständig fremd! Damit sich die Haut nicht zu sehr an ein Produkt und seine Zusammensetzung gewöhnt, wechsle ich die Produkte immer mal und habe damit gute Erfahrungen gemacht. Das empfehlen übrigens auch eine ganze Reihe Fachleute. Darum habe ich auch kein Problem damit, immer wieder neue Pröbchen zu benutzen. Die kosten nix, sind schön platzsparend im Gepäck und darum wirklich ganz nach meinem Geschmack. Ich sammle Pröbchen aus Zeitschriften, aus der Apotheke, aus der Parfümerie – selbstverständlich werden die auch immer schön bis zum Ende aufgebraucht.

- **Handcreme mit UV-Schutz** Deponieren Sie eine Tube Handcreme in der Nähe der Eingangstür und machen Sie es sich zur Gewohnheit, einen kleinen (!) Klecks in die Hände einzumassieren, bevor Sie das Haus verlassen. Im Haus brauchen Sie keinen UV-Schutz, das belastet nur unnötig. Auch hier ist eine leichte Creme mit Urea am besten. Nur wenn es bitterkalt ist, sollte es ein leicht öliges Produkt sein.

- **Die Audrey-Hepburn-Alternative** Nicht nur etwas für die kälteren Jahreszeiten: Handschuhe. Schont die Hände und ist extrem sexy! Insbesondere lange schmale Handschuhe geben dem Outfit oft den letzten Schliff und schützen völlig chemikalienfrei vor Umwelteinflüssen. Im Winter dürfen's natürlich auch dicke Fäustlinge oder wollene Fingerhandschuhe sein.

SONYAS DO-IT-YOURSELF-TIPP NR. 2

Nägel reparieren statt abschneiden
Eingerissene Fingernägel lassen sich am besten mit **Nagelkleber** wieder reparieren, wenn man ein kleines Stückchen **Teebeutel zum Stabilisieren** mit einklebt. Das Teebeutelmaterial ist extrem reißfest, sehr dünn und elastisch.

Haushaltshandschuhe aus Latex Nicht jeder nennt eine Geschirrspülmaschine sein Eigen, es gibt aber wenig Strapaziöseres für die Haut, als täglich in Spülbrühe herumzupanschen. Die löst nämlich Fett nicht nur von den Tellern, sondern auch aus der zarten Haut an unseren Tatzen. Doch selbst mit angeblich »extra pflegendem« Spülmittel wird der Säureschutzmantel unserer Hände auf Dauer zerstört, die Nägel quellen durch den ständigen Wasserkontakt auf. Simples Gegenmittel: Handschuhe anziehen! Ähnliches gilt für die Gartenarbeit: Robuste Gartenhandschuhe schützen vor Infektionen bei kleinen Schrammen – und bieten natürlich auch Schutz für Haut und Krallen. Falls Letztere bereits in Mitleidenschaft gezogen wurden:

Geständnis einer Frau vom Bau

Mit meiner Heimwerkersendung habe ich über 650 Fernsehbaustellen verschönert und mich dabei immer strikt geweigert, Handschuhe anzuziehen. Egal ob beim Putzen oder Verputzen – wenn meine Profi-Handwerker schimpften: »Sonya, zieh dir Handschuhe an!«, schnauzte ich zurück: »Mit so Tussiteilen kann ich nicht arbeiten. Und du trägst ja auch keine!«

Schlau, Frau Kraus! Denn jetzt sitz' ich da mit den Fingern eines Fliesenlegers. Ich hab alles probiert, um wieder natürlich schöne Nägel zu bekommen. Biotin gefuttert, allabendlich Nagelcreme einmassiert und mir Formaldehyd-Härter aufgepinselt – es hat alles nix geholfen. Bei Fotoshootings konnte ich mir mit temporären Ersatzteilen helfen, privat war einfach nur

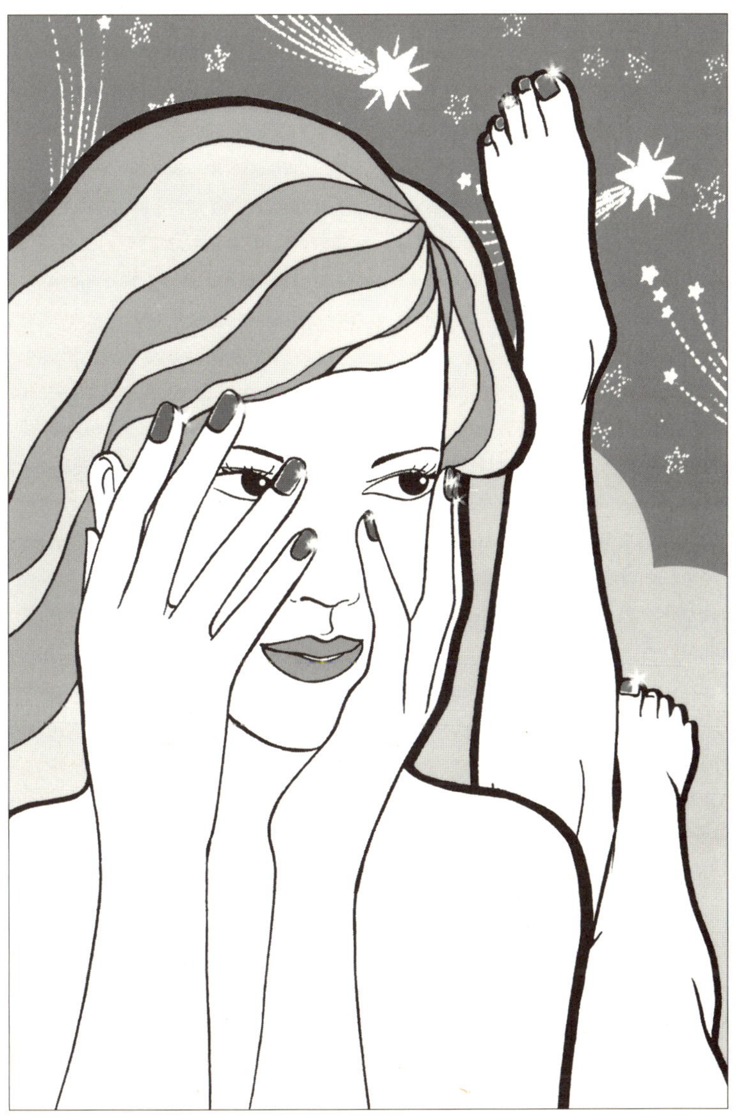

SONYAS LIEBLING NR. 2

Mango Nagelserum von Alessandro

Ein stark pflegendes Serum, das man mit einer Pipette auf und unter die Nägel träufelt. So verteilt sich alles wunderbar entlang der Nagelhaut, ohne dass man schmierige Finger oder Hände bekommt. Und ist das Zeug leer, bitte nicht voreilig wegwerfen: Der leere Glasbehälter plus Pipette eignet sich großartig zum Abfüllen anderer Pflegemittelchen.

Schämen angesagt. Meine Mini-Nägel sahen auch immer fürchterlich verdreckt und die Nagelhaut zerfetzt aus. Lange falsche angeklebte Fingernägel kamen für mich aber nicht infrage. Ich steh auf kurz und edel!

Meine Gassigeh-Freundin Radost (jaaaa, es ist die Momo), selbst zweifache Hundemama, hat mich dann doch wieder ins Nagelstudio gelockt: »Lass dir die eigenen Nägel einfach ganz dünn mit Gel überziehen und die Spitzen zart weißen. Dann sieht man auch den Dreck drunter nicht mehr.«

Was soll ich sagen? Seit einigen Monaten habe ich diesen hauchzarten Überzug und gleichmäßig an allen Fingern zwei Millimeter lange saubere Nagelspitzen, die ich mir für 35 Euro alle sechs Wochen im Nagelstudio um die Ecke renovieren lasse. Das dauert zwar über eine Stunde, aber dafür kann ich meine Nägel sechs Wochen lang völlig ignorieren. Okay, stutzen muss natürlich sein, denn Krallen sind einfach nix für Heimwerkerinnen.

Gegen Pigmentflecken Die sogenannten »Altersflecken« sind entweder das Ergebnis einer zu hohen UV-Belastung über lange Zeit oder von Hormonumstellungen durch Schwangerschaft oder die Pille. Die Fleckchen auf dem Handrücken können sich also auch schon deutlich vor dem Rentenalter zeigen. Alte »Hausmittel« wie Zitronensaft wirken zwar wie ein leichtes Fruchtsäurepeeling, bringen aber gegen die Flecken wenig. Doch in der Apotheke gibt es Mittelchen, die die Haut schonend aufhellen. Wenn das nicht ausreicht, bleiben noch die Möglichkeiten des Weglaserns und chemischer Peelings – mehr zu diesen radikaleren Methoden im Kapitel »Anbau und Umbau«.

Erholungskur für Schwerstarbeiter: Pflege für die Füße

Im Sommer in Sandalen oder Flipflops wird sie spätestens sichtbar: dicke gelbe Hornhaut. Ich gebe zu, das sieht nicht schön aus – aber bevor Sie jetzt mit den im Handel erhältlichen martialischen Raspel- und Hobelinstrumenten radikal zur Tat schreiten, kann ich Ihnen nur ein lautes »Stopp!!!« entgegenbrüllen. Für eine massive Hornhautbildung gibt es nämlich zwei Ursachen:

Zu enge Schuhe oder Treter mit einem fehlenden oder zu harten Fußbett – besonders bei sehr großen und übergewichtigen Menschen sollte der Schuh gepolstert sein. Und bitte Schuhe immer in der richtigen Größe kaufen!

Ewiges Hobeln und Raspeln! Denn liegt die zarte Haut erst mal blank, funken die gestressten Nervenenden ein lautes *»Aua!«* an die Zentrale und schon geht der Auftrag für eine neue, stärkere Hornschicht raus. Was also tun? Ganz einfach:

- Nach einem langen, heißen Bad (Winter) oder einem Freibadbesuch (Sommer) lässt sich die Horn- und Nagelhaut an den Füßen ganz leicht **mit einem rauen Frottee-Handtuch**, das keinen Tropfen Weichspüler abbekommen hat, **abrubbeln**. So funktioniert übrigens auch ein wunderbares Knie- und Ellenbogen-Peeling. Ganz ohne teure Produkte!
- Sollten Sie »dank« des Teufelskreises aus Hobeln und Raspeln schon echte Schildkrötenpanzer an den Füßchen haben, können sie zusätzlich Salben auftragen. Da gibt es zwei Möglichkeiten. Einmal hochprozentige Urea-Salben – im Handel unter dem Namen »**Schrundensalbe**« erhältlich. Sie lassen die Hornhaut aufquellen, so dass sie sich beim nächsten Handtuchpeeling viel besser löst. Die nächste Stufe ist die »**Hornhautreduziersalbe**«. Sie enthält neben Urea noch Salicylsäure aus Weidenrinde, die die »Panzer« bei regelmäßiger Verwendung chemisch zersetzt.

SONYAS DO-IT-YOURSELF-TIPP NR. 3

Winterliche Mini-Sauna für zarte Füße

Wir alle wissen: Ein Thermenbesuch inklusive Saunieren bringt Körper und Geist schnell wieder auf Trab. Für alle, die keine Sauna im Keller oder eine Wellness-Oase um die Ecke haben, hier die frohe Botschaft: Es geht auch viel günstiger und zeitsparender. Meine häusliche Mini-Sauna sorgt für zarte Quäntchen, ist ein sinnliches Vergnügen und garantiert nicht »für die Füße«.

- Füße nackig machen und den Rest des Körpers warm und winterfest einpacken
- Melkfett oder Vaseline dick auf und unter den Füßen verteilen
- Fünf Minuten barfuß im Freien spazieren gehen (ist erst schmerzhaft kalt, dann schrecklich schön)
- Füße zehn Minuten in heißem Wasser baden und ätherische Öle – etwa ein Erkältungsbad – zugeben
- Aufgeweichte Hornhaut mit rauem Handtuch kräftig abrubbeln
- Füße eincremen, dabei ausgiebig massieren (lassen!) und später in warme Socken schlüpfen

Am besten vor dem Schlafengehen machen, danach schlummern Sie wie ein Baby!

- Es gibt auch Zusätze für Fußbäder, die Weidenrindenextrakt mit dem aufweichenden Hauptinhaltsstoff Salicylsäure enthalten – danach klappt's auf jeden Fall mit dem Handtuch.

Achtung bei den Schleifarbeiten: Peelings

Die Schälkur, neudeutsch Peeling, wird seit einer Weile verschärft als Wunderwaffe gegen Falten gepriesen. Manche von uns Mädels »schälen« sich darum sogar täglich. Auch hier sage ich: *Stopp!* Zu viel an der Haut rumzurubbeln ist das Schlimmste, was man tun kann. Wer jeden Tag schmirgelt, sieht irgendwann statt jung und frisch ganz schön alt aus! Kein Scherz: **Wer es übertreibt, fördert den Faltenwurf!** Der einfache Grund: Hat die Epidermis unter der abgeschilferten Schicht keine Zeit, sich wieder neu zu bilden, und rubbelt man vor Abschluss der körpereigenen Reparaturarbeiten erneut, wird die Haut peu à peu immer dünner. Und das, obwohl sie bereits verzweifelt versucht, sich durch die Bildung von mehr Hornzellen zu schützen, die wiederum die

Poren verstopfen. Übrigens ganz egal, ob man mechanische Peelings mit Schleifpartikeln benutzt oder die angeblich schonenderen Enzympeelings oder Peelings mit Fruchtsäure, die abgestorbene Hautschüppchen chemisch lösen. Ergebnis: Falten graben sich schneller ein und die Haut wird nicht makelloser, sondern unreiner. Dass jedes Mal der Säureschutzmantel flöten geht, ist sowieso klar. Ab und zu ein Peeling ist allerdings wunderbar, weil es die Haut klärt und durchblutet – aber **maximal einmal die Woche**. Chemische oder mechanische Hammerpeelings noch viel seltener (dazu lesen Sie mehr im Kapitel »Anbau und Umbau«). Also: Immer schön eine Peelingpause einlegen! Übrigens fällt auch das hemmungslose Rubbeln mit einem nicht weichgespülten Handtuch nach Bad oder Dusche streng genommen in die Peelingabteilung.

Peelings sind in diesen Fällen eine Spitzenmaßnahme:

- Vor dem Anwenden von Selbstbräunern.
- Vor dem Urlaub, denn so wird die Sonnenbräune schön gleichmäßig.
- Eine Weile nach dem Urlaub, sobald das »Pellen« be-

SONYAS DO-IT-YOURSELF-TIPP NR. 4

Peelings aus der Küche

Teure, fertig angerührte Peelings aus Drogerie oder Supermarkt können Sie sich sparen. Der Erfolg der meisten Peelings basiert nämlich nicht auf irgendwelchen Wirkstoffen, sondern auf mechanischen Schleifpartikeln. Unschlagbar preiswert und in einer Minute selbst angerührt ist das **Salz-Peeling**. Dazu einfach ordinäres Speisesalz mit Wasser zu einer Paste anrühren und den Körper unter der Dusche abrubbeln. Achtung: **Augen, Nase und Mund großräumig aussparen und niemals rubbeln, wenn Sie irgendwo auch nur die kleinste Verletzung haben: Brennt wie die Hölle!** In diesem Fall greifen Sie besser auf ein Peeling aus Seesand oder Seesand-Mandelkleie zurück, das Sie in Tütchen für wenig Geld in der Drogerie kaufen können. Ganz normaler Honig gibt auch ein hervorragendes Lippenpeeling ab, das Ihren Mund blütenweich macht: Honig dick auf die Lippen auftragen, einwirken lassen, abrubbeln. Besser als jeder Cremestift!

ginnt. Wer jetzt rubbelt, beschleunigt den Häutungsprozess und vermeidet einen Grauschleier aus abgestorbenen Hautschüppchen auf der Haut. Die Haut entwickelt nämlich unter UV-Strahlung eine dickere Hornschicht, die irgendwann mit der Bräune wieder abgestoßen wird.

- Wenn Sie von der Haarentfernung eingewachsene Härchen an den Beinen haben.

In folgenden Fällen bitte niemals peelen:

- Direkt nach dem Aufenthalt in der Sonne, da ist die Haut noch viel zu beschäftigt mit Abwehrmaßnahmen, um ein Peeling zu verkraften.
- Mit Sonnenbrand – aua, aua!
- Bei entzündeten Aknepickeln. Ein Peeling kann zwar kleinere Unreinheiten wie Mitesser wegrubbeln, aber bei ausgewachsener Akne läuft man Gefahr, die Haut zu verletzen und anschließend die Aknebakterien so richtig schön im Gesicht zu verteilen. Das Resultat: Jede Menge neue Pusteln! Nicht schön.
- Bei offenen oder verkrusteten Wunden – dazu zählen auch kleine Kratzer oder Expickel.

Farbliche Fassadenimprägnierung – Braun ohne Sonne

Sonnensüchtig? Jawohl, das gibt's! Und ich bekenne mich süchtig. Der Grund, warum Sonnenanbeter wie ich sich so happy in selbiger suhlen, ist die durch das Licht hervorgerufene Endorphinausschüttung. Endorphine wirken stimulierend. Darum fühlt sich Sonne auf der Haut so gut an. Genau das verführt uns Solarabhängige aber zum Hochrisiko-Sonnenbaden: zu lang und ohne ausreichenden Schutz. Dass zu viel UV-Strahlung die Hautzellen schädigt, darum langfristig Hautkrebs hervorrufen kann und Runzeln im Turbo-Schnelldurchlauf produziert, wissen inzwischen die meisten – auch ich. Bin ja trotz meiner Haarfarbe lernfähig! Dass man darum die echte Sonne immer nur in kleineren Dosen und mit ausreichend Sonnenschutz nutzen und ein »Braten« vermeiden sollte, ist auch mir klar. Also bin ich seit Jahren vernünftig, meide die Mittagssonne, benutze immer brav Sonnencreme und halte mich selbst im Urlaub bevorzugt im Schatten auf. Bravo, Sonya, da muss ich mir doch glatt selbst auf die Schulter klopfen!

Ein Argument gegen die Brutzelei liefert auch eine Studie der Uni Toronto, über die ich kürzlich in der Zeitung gestolpert bin: Männer mögen hellhäutige Frauen tendenziell lieber! Klingt rassistisch, ist aber in Relation zu anderen Vertreterinnen derselben »Grundfarbe« zu sehen. Will sagen: Auch bei dunkelhäutigen Models wurden die etwas helleren Damen von den Probanden, die ebenfalls alle möglichen Hautfarben repräsentierten, als attraktiver beurteilt als die dunkleren.

Die Forscher vermuten, dass die Kerle von der helleren Haut unbewusst auf attraktive Attribute wie Unberührtheit, Makellosigkeit und Unschuld schließen. Wir Ladys stehen übrigens umgekehrt auf eher dunkle Typen à la George Clooney oder Colin Farrell. Das aber nur am Rande.

Auf der anderen Seite gilt: Zart getönte – nicht dunkel gegerbte Haut übertüncht Blässe, Augenringe und andere kleine Schönheitsfehler zuverlässig.

Hier gilt es also, abzuwägen. Ich persönlich mag mich leicht gülden bis bronze getönt einfach lieber – und bin inzwischen zu einer absoluten Expertin in Sachen »Solarium in Maßen« und »Braun ohne Sonne« geworden.

Beim Selbstbräunen gibt es nur ein paar Punkte zu beachten:

▪ Peelen Jetzt ist es erlaubt! Speziell, wenn Sie Ihre Urlaubsbräune verlängern möchten, sollten Sie die abgestorbenen Hautschüppchen vorher wegrubbeln, damit die Tubenbräune gleichmäßig wird.

▪ Cremen Bevor Sie zur Tat schreiten, balsamieren Sie alle Stellen, die mit Hornhaut »gesegnet« sind, mit stinknormaler Feuchtigkeitscreme ein: Fersen, Ellbogen, Knie und Hände – andernfalls nehmen diese Stellen die Bräune später stärker an. Verteilen Sie etwas Feuchtigkeitscreme ebenfalls auf den Stellen, die bei natürlicher Sonnenbräune sowieso immer etwas heller bleiben: Hals, Innenseite der Arme und Beine, die Haut hinter den Ohren. Falls Sie Selbstbräuner im Gesicht verwenden, verträgt auch die Haut ums Auge herum ein bisschen Feuchtigkeit.

▪ Latexhandschuhe oder Einmal-Handschuhe tragen! Sonst verfärben sich die Handinnenflächen – und das sieht nun wirklich unnatürlich aus. Falls Sie den Selbstbräuner mit Handschuhen nicht richtig auftragen können und auch die Handrücken bräunen wollen: Legen Sie vorher ein feuchtes Tuch bereit, mit dem Sie die Handinnenflächen nach getaner Arbeit sorgfältig abreiben.

▪ Verwenden Sie braun eingefärbten Selbstbräuner! So sehen Sie genau, welche Regionen Sie schon bearbeitet haben. »Anfänger« benutzen am besten Bodylotions oder Gesichtsselbstbräuner, die einen nur leichten Bräunungseffekt haben. Wiederholte Anwendung bringt stärkere Tönung – und Übung!

▪ Nehmen Sie direkt nach der Anwendung Abstand von allem, was weiß ist! Blusen, T-Shirts, Handtücher und Laken. Sonst kann es zu Unfällen kommen …

Ekstase in Schokobraun

Wow! Ich war braun. Nicht angebräunt, nicht leicht gebräunt, nein! Ich sah aus, als hätte ich tatsächlich zwei Wochen in St. Tropez am Strand gelegen und mich nicht nur mit dem gleichnamigen Schmierzeug eingecremt. Die Mischung – Solarium kombiniert mit meinem Lieblingsselbstbräuner – hatte funktioniert und täuschte wunderbar darüber hinweg, dass meine eigentlich blasse Haut diesen Sommer »dank« Arbeitsstresses im Großen und Ganzen noch kein Tageslicht gesehen hatte.

Triumphierend ließ ich die Latexhandschuhe von den Fingern schnappen und warf mich zum Trocknen nackt aufs Hotelbett.

Mein erster freier Nachmittag seit Wochen! Draußen brannte die Sonne, und auch in meinem Zimmer waren es mindestens 30°C. Wohlfühltemperaturen, die meinen Hormonpegel explodieren ließen. Kam mir sehr gelegen: Am Abend erwartete ich Herrenbesuch und hatte noch genügend Zeit, ein kleines Sommernachmittagsträumchen einzulegen, bevor ich mit der üblichen »Vor dem Date«-Großreinemachaktion loslegen musste.

Mit einem seligen Seufzer voller Vorfreude entschlummerte ich ins Reich der wilden feuchten Träume ...

... um Stunden später ziemlich nassgeschwitzt wieder aufzuwachen.

SONYAS LIEBLING NR. 3

St. Tropez-Selbstbräuner

Die meisten in Supermarkt oder Drogerie erhältlichen Selbstbräuner tönen ja sehr zart, und man muss sie ein paar Tage lang regelmäßig auftragen, um ein sichtbares Ergebnis zu erzielen. Nichts gegen einzuwenden. Aber wenn es mal die Instant-Metamorphose von Winterblässe zur Rundum-Schokoladenseite sein soll, gibt's nur eins: St. Tropez-Selbstbräuner, die Rakete unter den Selbstbräunern. Achtung: Nix für Anfängerinnen und Gestresste – wie diese Story beweist ...
(z. B. über www.beauty-a-la-carte.de)

Das Klingeln des Telefons hatte mich geweckt. Ich hechtete an den Apparat:

»Hallo?«

»Hi, Baby! Du hast das Handy aus. Ich steh unten an der Rezeption. Würdest du der freundlichen Dame an der Rezeption bitte sagen, dass sie mich rauflassen darf? Warte mal …« Die tiefe sexy Stimme war verschwunden, dann eine weibliche:

»Frau Kraus? Hier Fuchs vom Empfang …«

Mein verpenntes Gehirn nahm im Turbo die Arbeit wieder auf: Mein Lover! Ein panischer Bodycheck ergab Folgendes: Ich hatte ein Fettköpfchen, getrockneten Sabber im Gesicht und duftete wie ein Maggi-Würfel.

»Frau Fuchs, schicken Sie ihn hoch, aber halten Sie ihn um Gottes willen noch zwei Minuten auf!« Und damit knallte ich den Hörer auf.

Zwei Minuten plus Aufzugfahrt in den vierten Stock, Gang zum Zimmer und Wartezeit vor der Türe? Shit, das waren im besten Fall vier Minuten, um unter die Dusche zu springen, Haare zu waschen und Zähne zu putzen!

Ich flitzte ins Bad und schob meinen braunen Leib unter den Wasserstrahl, schüttete mir 'ne halbe Flasche Shampoo über die Birne und fing an zu schrubben. Drei Minuten später steckte eine Zahnbürste zwischen meinen Kaukiemen und ich triefnass im Bademantel. Es klopfte. »Icccchhhhh gommme!«

Moment! Das sollte doch eigentlich mein Motto für die Nacht sein!?

Ein Blick in den Spiegel verriet mir: Wenn diese zwei Worte wahr werden sollten, bestand noch dringend Handlungsbedarf. Blonde Wimpern im Alienlook – da bekommt selbst ein Premium-Pimperer Potenzprobleme.

Beherzt griff ich zur Mascara – wasserfest versteht sich, ich wollte ja noch Sport treiben – und schmierte mir die Klimperleiste voll.

Es klopfte erneut. »Sonya? Sonya, bist du da drin?«

Nein, verdammt! Hier ist Reiner Calmund und macht sich gerade für dich schritt-frisch!

Männer. Warum sind sie ausgerechnet immer dann von der schnellen Truppe, wenn frau es gerade gar nicht gebrauchen kann? Ich säuselte ein »Jaahhhhaaaa!« Richtung Tür und sauste ins Zimmer.

Turnschuhe und Socken? Mit einem Kick waren die Miefmauken unterm Bett verschwunden. Die Fenster wurden hektisch aufgerissen, Knirschschiene und Rotzfahnen in die Nachttischschublade gefeuert. Völlig außer Atem raste ich durch den dämmrigen Raum zur Tür. Fertig!!! Ich warf mich in Pose und hatte schon die Hand an der Klinke, als mir ein irritierender Gedanke durch der Kopf schoss: Irgendwas stimmte nicht. Aber was?

Bei mir war alles paletti. Was war es dann ...? Das Bett!

Ich stürzte zurück ins Zimmer: Da! Die riesige blütenweiße Spielwiese war praktisch unberührt, ich hatte mich für mein Schläfchen ja nur auf die Bettdecke gelegt.

Aber genau dort zeichnete sich deutlich ein riesiger, dunkler Schatten ab. Was war das? Ich schaltete das Licht ein. Scheiße ... Ja, genau so sah es aus!

Auf der Bettdecke erstreckte sich ein frauenkörpergroßer, kackbrauner Schwitzfleck.

Mein St. Tropez hatte nicht nur bei mir ganze Arbeit geleistet.

»Vedammt, Sonya! Jetzt mach endlich auf!«

Jetzt wurde energisch gegen die Tür getrommelt.

Toll. Wie sollte ich denn bitte diese Sauerei erklären?!

»Du, Schatz, ich hatte gerade heißen Sex mit einem Nutella-Glas ...« Absolut plausibel.

Jeder einigermaßen normal denkende Mensch würde bei dem Anblick sofort auf Inkontinenz im fortgeschrittenen Stadium tippen. Sehr sexy. Die Decke musste sofort verschwinden.

Ich schnappte mir das versaute Ding und stopfte es mit aller Gewalt in den Kleiderschrank.

Geschafft! Ich riss die Zimmertür auf und zwitscherte: »Hallöchen!«

Da stand mein Leckerchen in voller Pracht und drückte mir einen Kuss auf den Mund.

»Ich dachte schon, du versteckst erst noch deinen Liebhaber im Kleiderschrank.«

Sprach's, marschierte an mir vorbei und ließ sich rücklings aufs Bett plumpsen.

»Haha, witzig ...« Blödmann, gar nicht witzig.

Die Nacht wurde trotzdem hitzig. Ich schwitzte zwar Blut und Selbstbräuner bei dem Gedanken daran, dass mein heißer Matratzensportler irgendwann abkühlen und nach einer Decke verlangen würde – zur Not hätte ich aber nicht nur mein Nachtlager, sondern auch den Bademantel mit ihm geteilt.

Seit diesem denkwürdigen Abend weiß ich: Weiße Bettwäsche und ein »Besuch in St. Tropez« vertragen sich einfach nicht.

Schäden am Bau: Bläschen, Pusteln, Kraterlandschaften ...

Sie können uns den letzten Nerv rauben: Die kleinen fiesen Plagegeister, die sich vorzugsweise dann auf unserer nicht so zarten Pelle zeigen, wenn wir das Date des Jahrhunderts mit Mr. Wunderbar oder ein wichtiges Bewerbungsgespräch oder Casting haben: Bläschen, Pusteln und ihre Freunde! Zwar gibt es in unserer Visage immer die Möglichkeit, auch größere Schadstellen effektiv zu übertünchen (mehr dazu im nächsten Kapitel). Aber besser ist es, wir bleiben von vorneherein verschont. Neben plötzlichen Pusteln gibt es dann den Dauerärger mit hartnäckigen Kratern an anderen Stellen – auch unter dem Namen Cellulite genannt. Was Sie gegen all diese Gemeinheiten tun können – und was nix bringt –, hier lesen Sie's.

Die Fassade schlägt Blasen (I): Herpes

Rund neunzig Prozent aller Menschen tragen den Herpes-Labialis-Virus in sich. Mein Kerl ist ganz extrem geplagt, er reist darum nicht ohne ausreichenden Vorrat an **Herpescreme mit Aciclovir**. Das konnte allerdings nicht verhindern, dass er mir vor über zehn Jahren das allererste Herpesbläschen meines Lebens beschert hat – jawohl, er hat mich mit dem fiesen und extrem ansteckenden Virus infiziert. Für mich ist so ein ordinäres Bläschen aber der Super-GAU! Ich kann ja nicht mit offener Wunde moderieren oder riskieren, dass mir beim Lachen plötzlich die Lippe aufplatzt und eine Riesen-Blutfontäne herausschießt ... Also brauchte ich Hilfe!

Die fand ich, als ich den Tipp eines Freundes befolgte. Was viele nämlich nicht wissen: Es gibt auch **Aciclovir-Tabletten**! Die sind zwar verschreibungspflichtig und etwas härterer Tobak als die Creme, aber – Hand aufs Herz: In dem Moment, in dem man so ein Fieberbläschen am Mund hat, würde man auch Gift trinken. Zumindest, wenn man wüsste, dass das davon wieder weggeht.

Bei mir hat es sich gelohnt: Ich habe die Tabletten ein einziges Mal kurmäßig genommen, danach hatte ich nie wieder Probleme mit Herpes. Gerade klopfe ich ganz fest auf Holz, hören Sie's? Wenn Sie also immer wieder von dem Virus geplagt sind, sollten Sie das unbedingt ausprobieren: Fragen Sie Ihren Arzt explizit nach

SONYAS LIEBLING NR. 4

Herpespflaster

Neuerdings gibt es in der Apotheke transparente Herpesbläschen-Patches. Die Dinger gehören in jede Handtasche! Denn wenn Sie so ein tarnendes Pflästerchen sofort anwenden, isolieren Sie sofort die fiesen Viren und verhindern vor allem die weitere Ausbreitung. Die Wundflüssigkeit wird durch eine spezielle Struktur nach außen abgeleitet und verdunstet. Aber das Beste: Die Patches können komplett überschminkt werden! Ich vergebe hiermit den persönlichen Beauty-Oscar!

Aciclovir-Tabletten – denn von selbst kommen die wenigsten auf die Idee, sie zu verschreiben.

Die Fassade schlägt Blasen (II): Pickel und Mitesser

Die dunklen Pünktchen namens Mitesser kann man ja zur Not noch tolerieren, aber Pickel sind eine Neonreklame mitten im Gesicht, die sagt: Schau hierher, ich bin ein dicker fetter Eiterpickel! Oder schlimmer: eine furunkelartige Beule, die nicht mal »operierbar« ist. Für so einen Fall hab ich immer mein Fläschchen mit einer Mördertinktur im Schrank, die mir mal eine Hautärztin verschrieben hat. Ein antibiotisches Zeug, das ich sofort auf den Patienten tupfe. Ich empfehle auch Ihnen:

- **Bei massiven Pickelproblemen: ab zum Hautarzt.** Der kann Ihnen zum Beispiel eine cortisonhaltige Creme verschreiben, die im Notfall sofort die Entzündung hemmt. Das Schlimmste für echte Aknehaut sind nämlich Experimente mit den verschiedenen frei erhältlichen Pickelcremes und Tinkturen. Durch die aggressiven Produkte zerstört man auf Dauer nur den Säureschutzmantel der Haut und züchtet sich neue Pickel.

- **Alternative: Gehen Sie statt zum Hautarzt zum Gynäkologen.** Wenn Sie ohnehin hormonell verhüten möchten, hilft oft schon die richtige Pille, und weg sind die Plagegeister. Eine falsch dosierte Pille kann übrigens auch der Grund für dunkle Pigmentflecken im Gesicht sein.

- **Finger weg von Muttis Methode: Zahnpasta gegen Pickel.** In den meisten Zahnpasten ist Menthol, das verätzt die Haut, und der Pickel blüht hinterher noch mal so schön.

■ **Pfötchen aus dem Gesicht!** Es gibt zwar nichts Schöneres, als dem pervers-weiblichen Drang zu folgen und vorm Kosmetikspiegel Pickeln und Mitessern mit viel Kraft zu Leibe zu (d)rücken. Aber diese Methode verteilt nicht nur so richtig schön die Bakterien im Gesicht, wodurch Sie am nächsten Tag noch mehr Trainingsobjekte haben, sondern sie kann auch **Narben** und **Pigmentstörungen** provozieren. Die beste Möglichkeit für alle, die unbedingt was tun wollen: Lassen Sie die **Kosmetikerin** ran.

■ **Und wenn Sie es partout nicht lassen können:** Kaufen Sie sich wenigstens sterile **Hautritzwerkzeuge** in der Apotheke mit dem gruseligen Namen **»Blutlanzetten«**. Damit ritzen sie die helle Pickelhaube vorsichtig an, und dann *ziehen* Sie die Haut zur Seite, bis der Inhalt hervorploppt. Unter gar keinen Umständen drücken! Mit einem Kosmetiktuch abnehmen und das Desinfizieren mit alkoholhaltigem Gesichtswasser nicht vergessen! Falls Sie »nur« Mitesser beseitigen wollen: **Vergessen Sie Mitesser-Strips**, die es seit einiger Zeit in Drogerien zu kaufen gibt. Ich war hysterisch erfreut von der wunderbaren Idee, als ich davon zum ersten Mal erfuhr, und dachte: »Wow, endlich! Die Fusselbürste für die Nase!« Leider musste ich enttäuscht feststellen: Die Dinger bringen rein gar nichts, außer dass hinterher die Haut in Fetzen hängt, der Mitesser aber noch drin ist. Besser ist, Sie tränken ein Tuch mit heißem Wasser oder Grüntee und legen es drei Minuten auf Ihr Gesicht. Dadurch öffnen sich die Poren, und Sie können die Mitesser vorsichtig mit kleenexumwickelten Fingern ausdrücken.

■ **»Geheimtipp« Sonne gegen Pickel? Lieber nicht!** Gerade bei unreiner Haut und Pickelchen muss man sehr vorsichtig mit der UV-Strahlung umgehen. Zwar töten die Strahlen die Bakterien auf der Hautoberfläche, was kurzfristig erst mal Besserung bringen kann. Aber erstens regt die Sonne die Haut zur vermehrten Talgbildung an, was zu noch mehr Plagegeistern führt. Zweitens wird durch UV-Strahlung die Hornschicht der

Haut verdickt – nach einer Weile pellt sie sich, und das verstopft die Poren. Drittens können an pickligen Stellen dunkle Pigmentflecken entstehen, die noch ewig an die Bösewichter erinnern. Von Solarienbesuchen oder ausgiebigem Sonnenbaden als Anti-Pickel-Therapie ist also abzuraten!

■ **Sanft reinigen!** Wer unter fettiger Haut leidet, sollte auf keinen Fall auf die Idee kommen, sich ständig mit aggressiven Anti-Pickel-Reinigungsmittelchen zu waschen, um das Gesicht so völlig von Fett zu befreien. Meist bewirkt man damit das Gegenteil. Die Haut meldet: »Hilfe, ich trockne aus!«, und die Talgdrüsen geben Vollgas. Auf Dauer wird die Haut auf diese Weise nur noch fettiger als zuvor. Besser: Ein leichtes, **pH-neutrales Waschgel**, das den Säureschutzmantel der Haut erhält – denn den braucht sie, um sich gegen die fiesen Pickelbakterien zur Wehr zur setzen!

■ **Pickel durch Pommes?** Entwarnung! Dass man bereits durch einen Riegel Schokolade oder eine Portion Pommes Pickel kriegen kann, wurde jahrelang gepredigt, aber das ist – zum Glück – falsch. Wer allerdings ständig Pommes, Süßes und Fastfood in sich reinstopft, tut Schönheit und Linie trotzdem keinen Gefallen.

■ **Zink gegen Pickel!** Zink kann das Bakterienwachstum hemmen – wer darum auf eine zinkreiche Ernährung achtet, tut was gegen Pickel. Zink ist zum Beispiel reichlich in Haferflocken, Fleisch und Nüssen enthalten.

■ **Pickel, proudly presented by Pinsel, Schwämmchen und Co.** Wer seine Schminkutensilien nicht penibel sauber hält, muss sich nicht wundern, wenn er Pickelplantagen in noch nicht befallene Poren pflanzt. Auch Waschlappen sollten Sie bei Hautunreinheiten zur Lumpensammlung geben.

Kraterlandschaft auf der Gebäuderückseite: Cellulite

Es ist eine absolute Unverschämtheit! Cellulite ist an sich schlimm genug, aber noch viel ungerechter ist, dass sie zu 99 Prozent nur uns Frauen betrifft. Schuld ist mal wieder die Natur: Biologisch betrachtet sind wir Weibchen nun mal dazu bestimmt, Kinder zu bekommen und in der Schwangerschaft kräftig zu expandieren. Deshalb liegen die Fettspeicherzellen unseres Unterhautgewebes superelastisch nebeneinander, während sie bei den Kerlen straff vernetzt im Bindegewebe angebracht wurden. Danke dafür! Wir können uns also nur gehässig damit trösten, dass uns nicht ab Ende zwanzig die Haare ausfallen. Und natürlich damit, dass den allermeisten Männern ein bisschen Cellulite meistens nicht mal auffällt – während unsere Makel-Detektor-Antennen bereits bei jedem Anflug von Delle Alarm schlagen und den Befehl »Gegenmittel besorgen!« geben. Doch bevor Sie dieser Aufforderung unkritisch Folge leisten und voreilig Geld ausgeben, lesen Sie bitte das Folgende:

■ **Der große Schwindel mit den Anti-Dellen-Cremes …** Auch wenn uns von ganzseitigen Anzeigen in Frauenzeitschriften pralle, knackfrische (und digital geglättete) Mädchenpopos inklusive ebenso schöner Schenkel auffordern, Schmiermittel zu kaufen: Die angepriesenen Cremes enthalten vor allem Koffein zur Anregung des Stoffwechsels und ein paar thermowirksame Stoffe, die einem schön Feuer unter dem Hintern machen und uns eine super »Wirkung« auf unserem Pavianpopo vorgaukeln. Ladys, lasst es mich mit ehrlichen Worten ausdrücken: Das Zeug ist für den Arsch! Zwar sorgt Koffein durch Anregung der Durchblutung für den Abtransport von ein paar Schlackenstoffen – das kann man aber auch billiger haben. Ein Großteil der weiteren Wirkung beruht vor allem darauf, dass das Zeug einmassiert werden muss.

■ **... und der noch größere mit der Fettabsaugung.** Diese rabiate und teure Methode ist leider im Kampf gegen Cellulite vollkommen unwirksam! Dabei erwischt der liebe Onkel Doc leider nur die tieferen Fettdepots. Cellulite-Fettzellen sitzen aber unerreichbar direkt unter der Haut, wo sie sich so nett durchdrücken. Doch nicht verzagen, Sonya fragen – ich habe für Sie recherchiert und ausprobiert:

■ **Was wirklich gegen Cellulite hilft:** Okay, erst mal will ich ehrlich mit Ihnen sein: Am besten gegen Cellulite hilft es, sich immer schön zu bewegen, auf sein Gewicht zu achten, massenhaft Wasser nebst Kräutertee zu trinken und Obst und Gemüse körbeweise zu vertilgen. Und nicht mal das wird die Dellen zu hundert Prozent beseitigen. So weit die schlechte Nachricht für tendenziell eher bequeme Leute wie mich. Die gute: Verbessern lässt sich schon einiges! Unnötig zu erwähnen, dass die meisten Methoden am besten in Kombination miteinander wirken:

■ **Der Koffeinkick** Wenn's der günstige Stoffwechselkick sein soll: In den meisten Cellulitecremes steckt – siehe oben – Koffein. Und wo drin ist das sonst noch? Bingo! In unserem Tässchen Kaffee am Morgen. Für uns heißt das: Statt den Kaffeesatz wie üblich zu entsorgen, basteln wir uns daraus unsere ganz persönliche Cellulitekur: Entweder kann man den Inhalt der Filtertüte wie ein Peeling unter der Dusche schön über den Popo rubbeln. Oder Sie bauen sich einen Anti-Cellulite-Wickel, der über Nacht einwirken muss: Alle Dellenzonen am Allerwertesten mit Feuchtigkeitscreme einbalsamieren, Kaffeesatz drauf und mehrfach Frischhaltefolie drumwickeln. Aber bitte unbedingt eine alte bequeme Strumpfhose drüber ziehen und ein Handtuch im Bett unterlegen. Sonst sind Ihre Krater zwar besser – aber Sie können Ihre hübsch braun eingefärbte Bettwäsche wegschmeißen. Übrigens: Kaffee zu trinken hilft gar nix – im Gegenteil. Dadurch übersäuert der Körper nur, und das Bindegewebe wird belastet.

Der Zackenroller und andere Massagemaßnahmen Eine Freundin schwört auf ihren Zackenroller. Das Ding hat 1360 versilberte »Nadelspitzen« und ist eigentlich als Gerät gegen chronische Schmerzen entwickelt worden. Aber es massiert das Bindegewebe so effektiv, dass die Nebenwirkung eine super Cellulitebekämpfung ist – sagen sogar Ärzte! Denn dadurch werden Zellabfallprodukte abtransportiert und der Lymphfluss angeregt. Das erste Ergebnis sieht und fühlt man quasi sofort! (www.dermapunktur.de) Ähnlichen Effekt haben andere Methoden, die die Durchblutung anregen: Wechselduschen, Popomassage durch den Liebsten, Luffahandschuh-Gerubbel. Achtung: Wenn Sie Krampfadern haben, vorher den Arzt fragen! Absolut kontraproduktiv bei der Kraterbekämpfung – da die Durchblutung bremsend – ist übrigens Rauchen!

Prima Pumpe: Dermotonie Nicht ganz billig, aber es bringt was: Selbst Ärzte raten (natürlich *neben* der bis zum Erbrechen gepredigten gesunden Ernährung und viel Bewegung) neuerdings zur sogenannten Dermotonie gegen die Beulenpest Cellulite. Die Behandlung wird von speziellen Kosmetikstudios, Wellness-Hotels oder zunehmend auch von Hautärzten angeboten. Dabei erzeugt eine Saug-Pump-Hightech-Apparatur für Millisekunden einen Druck wie in siebzig Metern Wassertiefe – völlig schmerzlos. Der Effekt geht bis zu acht Zentimeter tief und bringt die Problemzonen so richtig in Bewegung, Cellulite schmilzt nachweisbar. Eine halbstündige Behandlung kostet um die fünfzig Euro – empfohlen werden mindestens zehn Minuten.

Übrigens, alles, was das Bindegewebe stärkt und gut gegen Cellulite ist, beugt auch dem folgenden Problem vor:

Graffiti verboten: Kampf den Besenreisern!

Auch sie machen sich gern ab Mitte zwanzig breit und formen ein alles andere als dekoratives Graffitimuster auf unseren Beinen: Besenreiser. Das sind dicht unter der Haut verlaufende, erweiterte Mini-Venen. Anders als ihre großen »Schwestern« – die Krampfadern – sind Besenreiser ein sogenanntes »kosmetisches Problem«. Darum wird ihre Beseitigung mit wenigen Ausnahmen (zum Beispiel, wenn die Dinger sich im Gesicht zeigen) auch nicht von den Krankenkassen übernommen. Trotzdem sollte Sie, wenn auch Sie zur Graffitibildung am Bein neigen, der erste Gang zu einem **Phlebologen** – also einem Venenspezialisten – führen und nicht in Inges Kosmetikstübchen an der Ecke. Denn manchmal sind die Dinger erste Anzeichen für ein Venenleiden, und auch Laserverödung oder die Behandlung mit Lichtimpulsen gehört in die Hand von Fachleuten. Will sagen: Der Doc kann Ihnen dann auch gleich behilflich sein, wenn Sie die Besenreiser ins Nirwana schicken wollen. Bei der Behandlung muss man unterscheiden zwischen den etwas größeren, blau geästelten Exemplaren und den fädchendünnen rötlichen Besenreisern:

- Blaue Besenreiser sollten wie Krampfadern mit feinen Nadeln vom Venenarzt verödet werden. Die Kosten variieren von Arzt zu Arzt und richten sich nach Menge der Äderchen und Größe der zu behandelnden Fläche. Aber unter hundert Euro bleibt die Behandlung selten. Danach müssen Sie ein bis zwei Tage auf Sonnenbäder und Sauna verzichten und Kompressionsstrümpfe tragen.

- Rote dünne Besenreiser können mit dem gepulsten Farbstofflaser unsichtbar gemacht werden. Auch das sollte unbedingt von einem Arzt übernommen werden.

■ Echte Krampfadern – also dicke blaue erweiterte Venen – müssen operativ unter lokaler Betäubung entfernt werden. Das übernimmt in der Regel die Krankenkasse, weil Blutpfropfen, die von den Krampfadern aus auf Wanderschaft gehen, wirklich gefährlich werden können. Neuerdings wird auch hochprozentige Kochsalzlösung injiziert, die bewirkt, dass sich die fiesen blauen Venen zusammenziehen und vom Körper abgebaut werden. Also: Nix wie ab zum Onkel Doc!

Weg mit dem Unkraut: Haarentfernung

So erwünscht und wichtig für die Optik der Bewuchs auf unserem Haupt ist – für die Körperbehaarung gilt zumindest für uns Mädels das Gegenteil. Wie viel Gebüsch und Bewuchs die Einzelne als schön empfindet, ist natürlich individuell verschieden. Ich habe schon als Teenie mit dem Epilieren angefangen – mit dem Epilady-Folterwerkzeug der ersten Generation. Der Grund war mein Balletttraining: Ballerinas haben nun mal keine Körperhaare! Dafür war ich dann beim Schüleraustausch in die USA nicht eine von den ekligen Deutschen mit den vielen Haaren. Seit damals hab ich's jedenfalls lieber, wenn's rundum glatt geht. Und dazu gibt's verschiedene Möglichkeiten – ich habe einige ausprobiert. Doch der Reihe nach:

Komplettrodung – die dauerhaften Methoden

■ Laserentfernung Sie haben dunkle Haare und eine relativ helle Haut? Dann sind Sie der ideale Kandidat für eine Körperhaarentfernung mit dem Laser. Dabei gilt es jedoch, einige Dinge zu beachten: Ein Laser kann dauerhaft nur etwa achtzig Prozent der dunklen und 65 Prozent der hellen Körperhaare entfernen. Bedeutet: Von »glatt rasiert« sind wir hier noch weit entfernt. Außerdem sollte so eine Laserbehandlung aus Sicherheitsgründen immer nur beim Hautarzt durchgeführt werden. Für ein optimales Ergebnis sind mehrere Sitzungen nötig – meist etwa fünf. Die müssen im Abstand von ungefähr drei Monaten durchgeführt werden, da die Haare verschiedene Wachstumszyklen durchlaufen und ein Teil des Bewuchses immer in der Haut »schlummert«. Laserepilation funktioniert nicht bei sehr hellen oder weißen Haaren, da der Laser die Farbpigmente im Haar als Leiter benutzt, um zur Haarwurzel zu gelangen und diese quasi zu »verkochen« (Achtung: Das brizzelt!). Darum darf die Methode auch nicht bei gebräunter, also pigmentierter Haut angewendet werden. Es sei denn, Sie sind scharf auf fiese Verbrennungen.

Die Kosten variieren je nach Körperregion: Für eine Haarentfernung an beiden Beinen müssen Sie pro Sitzung (!) mit etwa 450 Euro rechnen, zum Entfernen eines »Damenbarts« mit etwa siebzig Euro pro Sitzung – allerdings hängt der tatsächliche Preis sehr vom individuellen Bewuchs und Körperbau ab. Mehr Infos: Deutsche Dermatologische Lasergesellschaft (www.ddl.de).

Warnhinweis: Von preisgünstigeren Angeboten im Kosmetikstübchen mit einer sogenannten »Blitzlampe« – kurz IPL (Intensed Pulsed Light) – ist dringend abzuraten. Zur Bedienung solcher Geräte wird heute noch keine medizinische Ausbildung benötigt, und darum wissen Sie nie, was Sie bekommen. Entweder bringt es nichts, weil der Impuls zu niedrig dosiert ist – dafür ist auch das günstigste Angebot zu teuer. Oder es kann zu Verbrennungen der Haut kommen – auch nicht schön.

■ Elektro-Epilation Die Elektro-Epilation ist die klassische Methode – aber leider sehr zeitaufwendig und damit teuer. Und sie ist nix für Weicheier – das Veröden der Haare tut nämlich ein bisschen weh. Darum eignet sie sich vor allem für kleinere zu enthaarende Bereiche, wie etwa den »Damenbart« oder die Entfernung von einer kleinen Haarplantage um den Bauchnabel. Falls Sie aber planen, sich die Beine per Elektro-Epilation rupfen zu lassen, sollten Sie ein paar Milliönchen geerbt und darum a) jede Menge Freizeit und b) das nötige Kleingeld haben, um Ihrer Kosmetikerin Arbeit für die nächsten Monate zu sichern.

Vorteil: Jede Haarfarbe kann behandelt werden. Bei der Methode wird Haar für Haar (!) eine Sonde eingeführt, durch die elektrischer Strom bis zur Haarwurzel geleitet wird, die dadurch zerstört wird. Dauerhaft geben etwa 75 Prozent der pro Sitzung behandelten Haare den Löffel ab. Wegen des Wachstumszyklus der Haare sind darum mindestens drei Sitzungen notwendig, in Einzelfällen bis zu fünf. Kostenpunkt: ab etwa 35 Euro für eine Viertelstunde. Aber Achtung: Pro Behandlung können Sie auch bei kleineren Bereichen locker auf zwei Stunden oder mehr kommen.

Zeitweise haarlos – so geht's wochenlang glatt

■ Rupfen für zu Hause – mit Epiliergerät ... Meine Wahl, denn vom Preis-Leistungs-Zeitaufwand-Verhältnis gibt's nix Besseres! Epiliergeräte sind im Grunde nichts anderes als die High-Tech-Weiterentwicklung der Pinzette. Waren die Rupfer früher noch Folterinstrumente erster Güte, die man nicht mal der Erzfeindin an den Hals wünschen wollte, haben sich die Firmen mittlerweile Mühe gegeben, die Schmerzen in Grenzen zu halten. Wirklich schmerzfrei ist leider noch keiner – aber, Mädels, nur die Harten rupfen den Garten, die anderen müssen leider täglich rasieren. Die Epiliergeräte der neueren Generationen spannen die Haut vor dem Zupfen der Körperhaare und kühlen hinterher, so kann man selbst größere Bereiche wie die Beine schnell und einigermaßen bequem selber enthaaren.

Kleiner Trost: Nach ein paar Jährchen tut's gar nicht mehr weh. Der Riesenvorteil: Man ist für Wochen haarlos, und die nachwachsenden Härchen werden immer weicher und feiner. Auf welchen Körperbereichen man so ein Ding anwendet, hängt von der individuellen Empfindlichkeit ab – einige Mädels benutzen das Teil sogar in der Bikinizone. Die einmaligen Anschaffungskosten liegen bei etwa siebzig Euro, und der Enthaarungserfolg hält mindestens drei Wochen.

■ ... oder Wachsstreifen. Die gibt's preiswert in der Drogerie. Kaltwachsstreifen werden einfach auf die Haut aufgedrückt und abgezogen. Empfindliche Damen können davon allerdings Pickel und eingewachsene Härchen bekommen. Heißwachs ist besser verträglich, muss aber vor dem Auftragen erwärmt werden. Beides kann eine ziemliche Sauerei sein, wenn das Wachs nicht mit einem Mal abgeht, sondern auf der Haut hängen bleibt. Ob man mit der Methode zurechtkommt, ist (Haut-)Typ-Sache. Für mich ist es nichts, aber Versuch macht bekanntlich »kluch«. Wer ohnehin hin und wieder zur Kosmetikerin geht, kann das auch dort erledigen lassen – die Preise variieren je nach Körperregion, beginnend bei etwa zehn Euro für die Entfernung der Haare auf der Oberlippe. Und jetzt komme ich zur besonders heißen Spezialform des Wachsens, zum ...

■ Hot, hot, hot: Brazilian Waxing! Wurde dank Girl-von-Ipanema-Stringtanga-Mode im heimlichen Mutterland des Körperkults entwickelt: in Brasilien. Aber weil alle Schauspielerinnen und sonstigen Hollywoodsternchen sich dieser Prozedur ebenfalls regelmäßig unterziehen, trägt die Methode inzwischen auch den Spitznamen »Hollywood Waxing«. Hier geht's um die Komplett- oder Teilrupfung des Intimbereichs mittels Heißwachs. Bringt streichelzarte Haut, wo das gemeine Epiliergerät nicht hinkommt. Kostet in speziellen Waxing-Studios oder bei der Kosmetikerin ab etwa 25 Euro aufwärts und hält etwa vier bis sechs Wochen.

Mit der Zeit wird der Haarwuchs schwächer und die zeitlichen Intervalle zwischen den Behandlungen größer. Nachteil: Aua! Aber nur ganz kurz.

■ Die chemische Keule: Enthaarungscreme Noch ein Klassiker. Und auch, wenn auf den Packungen inzwischen Blumiges wie »mit dezentem Duft« zu lesen ist, sollten Sie sich nix vormachen lassen: Das Zeug stinkt wie Iltis! Nach wie vor! Da nützen auch ein paar Parfümzusätze nix. Außerdem vertragen viele Frauen die Chemikalien nicht, mit denen die Härchen in ihre atomaren Bestandteile zerlegt werden. Der Creme-Haar-Matsch wird nach einer durch den Gestank als endlos empfundenen Einwirkzeit per Spatel von der Haut abgeschabt. Wer's mag ... Vorteil: Ist günstig, tut nicht weh und hält ein kleines bisschen länger als eine Rasur.

Schmerzfrei, aber leider täglich: die Prozedur mit der Rasur

■ Feucht-fröhlich: Die Nassrasur Mit der richtigen Technik und dem richtigen Equipment bekommen Sie Beine, Achseln und Intimbereich babypopo-glatt – allerdings nur, wenn Sie's richtig machen. Der Riesennachteil: Nach spätestens zwei Tagen müssen Sie wieder ran. Vorteil: Tut eigentlich nie weh, mal abgesehen von groben Ausrutschern mit der Klinge (dann aber sehr). An den robusten Beinen können Sie kaum was verkehrt machen. Hier gilt: Rasierschaum drauf und lossäbeln.

Aber speziell in intimeren Bereichen wie den Achselhöhlen oder der Bikinizone sollten Sie nach folgender Technik vorgehen:

1. **Haut mit Rasiergel oder Rasierschaum schön glitschig machen.** Für den Intimbereich sollten Sie statt Standard-Rasierschaum eine aufgeschäumte Intim-Waschlotion oder ein spezielles Intimrasurgel benutzen, weil der reguläre Schaum wegen des zu hohen pH-Wertes die empfindliche Hautflora durcheinanderbringen kann.

2. **Wichtig ist: Immer eine frische Klinge!** Sonst: Pickelalarm! Die Teile sind leider teuer. Tipp: Benutzen Sie keinen süßen rosa Ladyshaver, sondern einen schnittigen für die Jungs. Die Klingen dafür sind genauso gut, aber einen Hauch preiswerter. Bewährt haben sich außerdem die batteriebetriebenen vibrierenden Nassrasierer – durch die Vibration erwischen Sie die Härchen tiefer an der Wurzel. (Und wenn man die Klinge abmacht, lassen sie sich auch zweckentfremden ...)
3. **Immer nur ein kleines Stückchen Haut** gut zwischen den Fingern spannen. Erst dann in Wuchsrichtung rasieren. Abspülen. Kontrollieren, ob noch genug Schaum auf der Haut pappt, und eventuell nachlegen. Dann wieder spannen und nur das, was im ersten Durchgang nicht runtergekommen ist, gegen den Strich entfernen.
4. Wer zu roten Pickelchen neigt, sollte jetzt ein **mildes Hautdesinfektionsmittel** aus der Apotheke aufsprühen (nicht direkt im Intimbereich anwenden) und anschließend eine hautberuhigende Creme mit Allantoin auftragen. Fertig!

■ **Zum Ausbessern: Die Trockenrasur** Was der Rasentrimmer für die Grünflächen-Kanten im Garten, ist der Trockenrasierer für unser Körpergestrüpp: Wenn wir alles damit machen würden, wäre das Ergebnis nicht optimal, aber für Zwischendurch und um vergessene Haare schnell und ohne Aufwand wegzumähen, ist das Ding unschlagbar. Für den Intimbereich gibt es spezielle elektrische Rasiersticks, mit denen Sie gut in jeden Winkel kommen.

Ein blendendes Empfangskomitee: Unsere Zähne

Was die Lobby fürs Hotel, ist das Lächeln für unser Gesicht: Für den ersten Eindruck absolut entscheidend! Ist hier alles staubig, unansehnlich und müffelt es vielleicht auch noch merkwürdig, würden wir am liebsten sofort wieder gehen. Sieht der Eingangsbereich einladend aus, erwarten wir auch vom Rest des Hauses nichts als Gutes.

Den gleichen Job hat ein strahlendes Lächeln. Legt es den Blick aber auf kariöse Ruinen frei, die obendrein noch »hübsch« gelb gequarzt sind, hält das unsere lieben Mitmenschen zuverlässig auf Abstand. So was geht gar nicht und muss in der heutigen Zeit auch wirklich nicht sein!

Ein strahlendes Gebiss ist machbar und schmückt jede Frau effektvoller als der neueste Armani-Fummel. Bei den Beißerchen darf und sollte man in die Vollen gehen! Denn Zähne symbolisieren nicht nur Biss, sondern entscheiden auch, ob andere uns als geschenkten Gaul oder wertvolles Araber-Pferdchen einstufen. Schöne Zähne sind ein Symbol für Gesundheit und Gepflegtheit, und ganz ehrlich: Bevor ich mir irgendwas Neues zum Anziehen gönne, investiere ich eher in Erhalt und Pflege meiner Zähne. Denn eins ist sicher: Die Dritten werden teurer.

Kein Luxus: Der Vibrator für die Beißerchen

Besorgen Sie sich eine elektrische Zahnbürste! Warum ich das extra erwähne? Weil es sie noch immer in den meisten deutschen Haushalten gibt, die alten »Analog«-Zahnbürsten. Ein Hygiene-Desaster! Wer einmal den Unterschied zwischen einer guten elektrischen Zahnbürste und einem ollen Handschrubber gefühlt hat, kann sich nicht mehr vorstellen, jemals etwas anderes an seine Beißerchen gelassen zu haben. Fragt man mich, was ich auf eine einsame Insel mitnehme, dann antworte ich: Mein Leatherman-

Messer und meine elektrische Zahnbürste – jetzt mal vorausgesetzt, es gibt die Möglichkeit, sie dort einzustöpseln. Wenn ich mir nämlich ausnahmsweise mal mit der Handzahnbürste die Zähne putzen muss, habe ich das Gefühl, meine Zähne sind nicht richtig sauber. Auch in punkto Zahnfleischpflege sind elektrische Zahnbürsten die bessere Wahl, weil sie das Gewebe massieren und so Parodontose – Ursache Nr. 1 für Zahnausfall – gar nicht erst auftreten lassen. Die Elektrischen haben noch einen Pluspunkt: Sie putzen so viel effektiver, dass zwei Minuten Schrubben reichen. Das Ende der Putzzeit wird netterweise von einem Timer mit unmissverständlichem Ruckeln angezeigt. Zeit gespart! Zweimal am Tag sollte das Ding zum Einsatz kommen, und einmal sollten wir kurz die Zunge mitbürsten – auch hier siedeln sich gerne geruchsbildende Bakterien an. Nach sechs Wochen gehört nicht nur eine Handzahnbürste in den Müll, sondern auch der Bürstenaufsatz der elektrischen. Doch mit dem Putzen allein ist es nicht getan:

■ Zusatzmaßnahmen für den Funkel-Look Einmal täglich **Zahnseide** zu benutzen ist Pflicht! Gerade bei eng zusammenstehenden Zähnen bleibt immer etwas zwischen den Hauern hängen, das mit dem »normalen Putzbetrieb« kaum rauszukriegen ist – speziell Fleischreste können in kürzester Zeit übelsten Mundgeruch produzieren! Breite Zahnseide – auch »Zahnband« genannt – ist am einfachsten zu handhaben und am effektivsten. Zahnärzte empfehlen inzwischen zusätzlich **Dreikanthölzchen**, die es in jeder Drogerie gibt. Im Gegensatz zu klassischen (und beinahe nutzlosen) Zahnstochern haben diese Hölzchen einen dreieckigen Querschnitt und werden zwischen zwei Zähnen in die »Problemzone« direkt über dem Zahnfleisch geschoben: das massiert und entfernt Speisereste.

Nach jeder Mahlzeit sollten wir, laut Zahnarzt, die Zähne putzen. Ja sicher, Onkel Dent-Doc – sehr realistisch. Einen **Schluck Wasser** in den Mund zu kippen und schnell mal kräftig nach- bzw. durchzuspülen, das ist allerdings immer und überall machbar.

Dass zuckerfreies **Kaugummikauen** gut für die Zähne ist, hat sich mittlerweile auch rumgesprochen: Der Speichelfluss wird angeregt, was die Säure neutralisiert, die von fiesen Kariesbakterien ausgeschieden wird. Inzwischen gibt es auch Kaugummis mit Fluor-Zusatz, die den Zahnschmelz stärken.

Apropos Fluor: einmal pro Woche empfiehlt sich auch die Anwendung eines **Fluorgels** aus der Apotheke statt der regulären Zahnpasta. Reduziert die Entstehung von Karies drastisch! Zusätzlich sollten Sie alle sechs Monate eine professionelle Zahnreinigung beim Zahnarzt durchführen lassen, bei der Zahnstein entfernt wird.

■ Ohne Bruch und Brösel Viele Leute ruinieren sich die Zähne durch nächtliches Knirschen oder – wie ich – durch Pressen. Auch ich habe darum eine sogenannte **Aufbiss-Schiene** für nachts, die mir meine Zahnärztin angepasst hat. Damit bin ich nicht allein, viele »Karrierefrauen« – und dazu zähle ich auch Hausfrauen und Mütter – geben ihren Druck quasi auf die Zähne weiter. Die Folgen sind: Die Zahnhälse werden länger, Parodontose wird begünstigt, Wurzelentzündungen können entstehen ... Außerdem brechen die Zähne dadurch peu à peu ab und werden kürzer. Das wiederum lässt uns älter erscheinen – aber wenn's schon passiert ist, kann man da zum Glück einiges gegen tun.

■ Hasis sehen jünger aus! Als Kind wurde ich wegen meiner großen Vorderzähne immer gehänselt: »Als der liebe Gott die Zähne verteilt hat, da hat die Sonya dreimal ‚Hier!' geschrien!« Mittlerweile bekomme ich ganz oft Komplimente für meine Zähne, Leute sagen mir: »Du hast dir aber die Zähne machen lassen, oder?« Balsam auf meine Wunden von damals. Dabei ist das Einzige, was ich hab machen lassen: Ich hab schon ganz früh alles Amalgam rausnehmen und stattdessen zahnfarbene Keramik einsetzen lassen – ein Schritt, den ich nie bereut habe. Es geht doch nichts über zwei reinweiße Kauleisten. Und sollten Sie je die Wahl zwischen Gold- oder

Keramikkrone haben – nehmen Sie Letzteres und verkneifen Sie sich lieber das zehnte Paar Schuhe der Saison.

Auch was meine Schneidezähne betrifft, bin ich heute wirklich sehr froh über deren Dimensionen – vor allem, seitdem mir meine liebe Zahnärztin kürzlich Folgendes erzählt hat:

Die Zähne, so meine geschätzte Dentalmedizinerin, entscheiden nämlich in großem Maß mit darüber, wie jung oder alt wir wirken! Unsere vorderen Hauer sind natürlicherweise länger als der Rest – der Fachbegriff dafür heißt **»positive Frontzahnstufe«**.

Aber je älter wir werden, um so stärker nutzen die Beißerchen sich ab und werden kürzer.

Daher ist es ein Zeichen von Jugendlichkeit, wenn die vorderen Schneidezähne etwas länger sind. Falls bei Ihnen also bereits der böse Zahnbrösel zugeschlagen hat: Mit **Veneers**, die der Zahnarzt vorn auf die Zähne klebt, lässt sich das absolut problemlos beheben! Achten Sie aber unbedingt darauf, dass Sie einen Experten ranlassen und nicht einen Stümper, der Ihnen eine Jacketkronen-Optik verpasst. Ein gutes Veneer ist nie einfarbig, sondern schimmert perlmuttartig in verschiedenen Farben und hat ganz zarte Rillen. Alles andere sieht unnatürlich aus.

▪ Besser gerade! Auch wenn Sie schiefe und krumme Beißerchen haben – es ist nie zu spät, das in Ordnung bringen zu lassen. Keine Sorge: Man muss mit 35 nicht mehr mit Briketts auf den Zähnen rumlaufen, wie das für geplagte Teenager in den Achtzigern üblich war – mittlerweile gibt es komplett unsichtbare Methoden. Eine Freundin hat sich erst kürzlich die Zähne richten lassen. Dazu bekam sie einen Satz **transparenter Schienen**, die sanft die Zähne modellieren und rund um die Uhr getragen werden können – eine unsichtbare Zahnspange, die man zum Knutschen auch mal rausnehmen kann.

Besser hell! Die Bleaching-Welle ist aus den USA zu uns rübergeschwappt – aber oft muss man gar nicht bleichen, damit die Zähne um Nuancen heller wirken. Ich zum Beispiel hatte bis vor einigen Jahren vorn in den Schneidezähnen ein paar weiße Flecken. Diese **Kalkeinlagerungen** haben viele Leute. Das Problem: Der Kontrast zwischen der normalen Zahnfarbe und diesen blendend weißen Einsprengseln lässt die Zähne gelber aussehen, als sie sind. Nachdem meine Zahnärztin auf die Flecken einen winzigen Klecks Lack aufgetragen hat und so den Kontrast aufgehoben hat, haben mich plötzlich alle gefragt: »Mensch, Sonya, hast du dir die Zähne bleachen lassen?« Womit wir zurück beim Thema wären und ich zunächst eine Warnung aussprechen möchte: Es gibt ja mittlerweile auch sogenannte Home-Bleaching-Sets. Eine ziemlich gefährliche Sache, denn viele Leute übertreiben die Bleicherei, die Zähne werden empfindlich und dünner – und schließlich fangen sie an zu bröckeln. Parallel wird noch das Zahnfleisch verätzt.

Meine ganz dringende Empfehlung: Wenn man seine **Zähne bleachen** möchte, sollte man das unbedingt **beim Zahnarzt** machen lassen. Denn nur der Zahnarzt weiß, wie man professionell mit den aggressiven Bleichmitteln umgeht, und kann Sie auch bei der Wahl der optimalen Farbe beraten – denn auch gebleichte Zähne sehen nur gut aus, wenn sie natürlich wirken.

Und denken Sie immer daran: Was Sie da im Mund haben, ist der letzte Satz Zähne, den Ihnen Mutter Natur geschenkt hat!

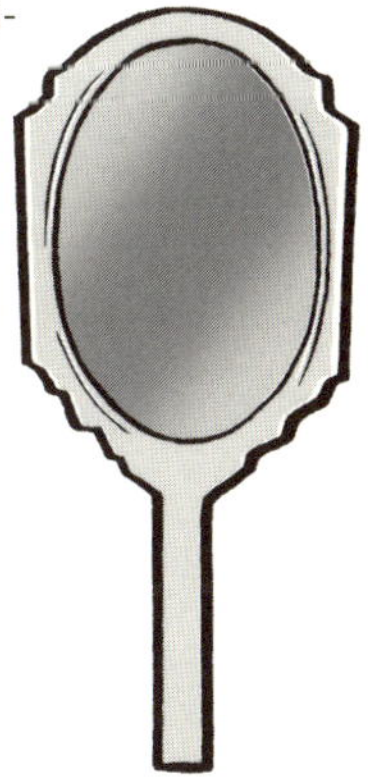

Dachdecken will gelernt sein: Der Weg zur optimalen Frisur

So viel steht fest: Haare sind *nicht* überlebensnotwendig! Die Spezies »Homo Sapiens« würde auch komplett ohne Kopfbewuchs nicht aussterben. Im Laufe der Evolution vom haarigen Äffchen zum (mehr oder weniger) aufrecht gehenden Wesen »Mensch« haben wir (mehr oder weniger) unsere Körperbehaarung verloren. Dass wir aber immer noch Gestrüpp auf dem Kopf haben, lässt nur einen Schluss zu: Unsere Haarpracht setzt ein unmissverständliches Signal! Machen wir uns nix vor: Volles, dichtes und glänzendes Haar signalisiert Fruchtbarkeit und Attraktivität – insbesondere bei uns Mädels. Und unsere putzigen Freunde, die Männer, lieben an uns einfach lange Walla-Walla-Mähnen, ganz egal, ob die Mode gerade den kurzen Bubikopf oder raspelkurze Stoppeln diktiert. Das zumindest ergibt eine Studie nach der anderen. Das ist nur scheinbar ein Widerspruch dazu, dass Ihrem Schatzi mal wieder entgangen ist, dass Sie gerade einen ganzen Nachmittag und ein halbes Vermögen Ihrem Zeremonienmeister geopfert haben: Ihrem Friseur. Das Ganze läuft nämlich zutiefst unterbewusst ab. Untersuchungen haben ergeben, dass – auch wenn wir das gar nicht mitkriegen – die Frisur und Haarfarbe einer Person als allererstes wahrgenommen werden. Vor Gesicht, Augenfarbe, umwerfendem Lächeln und dem ganzen Rest. Somit haben wir es hier mit einem zentralen Baugegenstand zu tun, den wir auf gar keinen Fall vernachlässigen dürfen.

Die Wahl des besten »Dachdeckers«: Werden Sie zur Spionin!

Natürlich können Sie einfach zum Friseur an der nächsten Ecke gehen. Oder direkt zum teuersten am Platz, nach dem Motto: Wo sich die örtliche Prominenz ans Messer liefert, muss es ja gut sein. Da ich ein auf Qualität bedachtes Sparfüchschen bin, rate ich von beidem ab. Denn auch beim Oma-Friseur, wo Udo Jürgens aus den Boxen scheppert, oder einem iranischen Billig-Coiffeur, wo man für weniger als zwanzig Euro schon einen Schnitt bekommt, können Sie positive Überraschungen erleben. Leider aber auch das Gegenteil. Ich rate Ihnen: **Sollte Ihnen eine Frau mit einem tollen Haarschnitt begegnen, nur Mut: Sagen Sie ihr, dass ihr Haar super aussieht und fragen Sie nach ihrem Friseur.** Die Dame wird sich über das ehrliche Kompliment einer Geschlechtsgenossin freuen, und Sie haben einen wertvollen Tipp. Jetzt müssen Sie nur noch einen Termin machen und nach folgendem Leitfaden handeln …

»Wer bin ich, irgendjemanden zu verurteilen? In den Achtzigern trug ich Pony!«
Sarah Jessica Parker

Bauplan mitbringen! Eine clevere Bauherrin muss dem Baupersonal klar vermitteln, was sie möchte – und was nicht. Ein Bild sagt mehr als hundert Worte – und deshalb sollten Sie unbedingt aus Zeitschriften **Fotos von Ihrem Wunsch-Look** sammeln. Oder nutzen Sie die Möglichkeiten des Webs und klicken Sie auf http://www.instyle.com/instyle/makeover/ – dort gibt's hundert Star-Styles zum virtuellen Ausprobieren am eigenen Gesicht. So kann sich Ihr Friseur besser vorstellen, was Sie wollen. *Aber:*

Das Dach muss zum Haus passen! Auf ein Hochhaus passt kein Reetdach, und eine gemütliche Bauernkate sieht mit ultramodernem Glasaufbau eventuell etwas seltsam aus. Übersetzt in die Frisurensprache heißt das: Als blasse Naturblonde plötzlich mit einem Bild von Salma Hayek aufzukreuzen stößt beim Coiffeur auf berechtigte Gegenwehr.

Achten Sie bei Ihren Vorlagen auf Gesichtsform, Haut- und Haartyp. Die sollten nämlich den Ihrigen ähnlich sein. Sind Sie zum Beispiel ein Jerry Hall-Typ? Hohe Denkerstirn? Langes – Entschuldigung, aber wir reden ja Tacheles – Pferdegesicht? Bingo, Sie brauchen eine Markise! Verzeihung: einen Pony. Der verkürzt Ihr Gesicht optisch und zaubert Sie niedlicher. Es sei denn, Sie heißen Sonya Kraus und haben, wie der Name schon sagt, nun mal leicht krauses Haar und manchmal auch etwas krause Wünsche. Einer davon lautete: spaghettiglatte Haare mit Pony! Ja, natürlich hab ich's ausprobiert. Und jeden Morgen habe ich meine blöde blonde Birne dafür verflucht: Ich sah nach dem Aufstehen aus, als hätte man mir einen Fächer ans Hirn getackert. Wer also nicht von Natur aus »glatt« ist und nicht einen großen Teil seines Lebens mit dem Glätten seines Ponys verbringen möchte, sollte darauf verzichten.

Ein guter Handwerker weiß, was er tut! Ein guter Hairstylist wird Sie beraten und sollte Ihnen auch genau erklären, warum er Ihnen einen neuen Schnitt oder eine andere Haarfarbe verpassen möchte. Fragen Sie ruhig nach! Vergessen Sie niemals: Jeder noch so hippe Friseur ist Dienstleister und nicht der liebe Gott, dessen Wort Gesetz ist. Trauen Sie sich, Nein zu sagen und ihm klipp und klar zu erklären, was Sie sich wünschen. Aber hören Sie ihm auch zu, wenn er Ihnen von etwas abrät.

Und ewig lockt die Locke: Die Venusfalle!

Meine Freundin Isabella hatte Haare, für die ich morden würde: Von Natur aus goldblond, taillenlang und spaghettiglatt. Die Mähne trug Isa zum Zopf (der den Namen Pferdeschwanz wirklich verdiente) oder eben, als güldenen Wasserfall, offen. Trotzdem war sie immer am Jammern :»Mit meinen Haaren kann man gar nix machen!«

»Isa, halt den Mund. Wie oft soll ich's dir noch sagen: Du hast die schönsten Haare der Welt.«

»So ein Blödsinn, du hast ja gut reden mit deinen Locken.«

Und das meinte sie wirklich ernst! Während ich morgens mindestens eine halbe Stunde meine frisselige Krause glatt bügelte, oder zumindest versuchte, Struktur in das Vogelnest zu bringen, sah bella Isabella nach drei Bürstenstrichen aus wie die Schaumgeborene aus der Pantene-Werbung.

Ihre glücklichsten Momente waren die kurzen Augenblicke, in denen wir es geschafft hatten, mit Hilfe meines Lockeneisens und kiloweise Haarfestiger eine Wellung in ihr Rosshaar zu brennen. Doch selbst wenn wir »Haare versengen« spielten oder Isa nachts auf bleistiftdicken Papilloten schlief, nach spätestens einer Stunde waren die Haare wieder glatt. Sogar einer Ansatzwelle beim Friseur hatten sich ihre Haare erfolgreich widersetzt. An all das dachte ich nicht, als ich Isa anrief und fragte, ob sie mich vielleicht vom Flughafen abholen könnte. Bis auf ihren nervigen »Meine Haare sind so scheiße, ich will Locken«-Tick war Isa ein Schatz und hundertprozentig hilfsbereit.

»Logo! Wann?«, kam es wie aus der Pistole geschossen.

»Am Dienstag, so gegen neun.«

»Kein Problem, bin da!«

So war meine Isa. Während sie also pünktlich um neun Uhr morgens in der Ankunftshalle A des Frankfurter Flughafens stand, verkündete uns der Pilot, dass wir aufgrund des massiven Nebels frühestens in neunzig Minuten landen könnten und so lange über dem Spessart kreisen müssten. Na prima, hoffentlich würde Isa auf die Anzeigentafel schauen und sich nicht die Beine in den Bauch stehen. Eine Ewigkeit später spazierte ich am Zoll vorbei in die Ankunftshalle und schaute mich um: Keine Isa. Gut so. Wozu gab's schließlich Taxis? Im Stechschritt marschierte ich weiter, als ich meinen Namen hörte. »Sonya!«

Ich blieb stehen und musterte die Leute. »Sonya, hier!«

Das war Isas Stimme. War der Nebel schon in meinen Schädel eingedrungen? Wo steckte die Gute?

»Und, wie findste's?« Vor mir stand mit Schillerlocken-Schopf eine strahlende Isabella.«Wow!«

»Geil, gell?« Das Püdelchen vor mir sah gar nicht mal schlecht aus.

»Jo, wie haste denn das geschafft?«

»Du, ich hab beim Tröndle im Schaufenster …« Isa deutete hinter sich auf einen der renommiertesten Salons in Frankfurt »… so 'ne Werbung für eine ganz neue Dauerwelle gesehen, und als ich dann las, dass du so spät kommst, da hab' ich die Zeit eben genutzt.«

Sie grinste mich mit glasigen Augen an. »Ich bin soooooo happy …«

Das konnte man sehen. Hatten sie ihr vielleicht irgendwas ins Haarshampoo getan? »… und pleite!«

Das war jetzt nicht weiter überraschend, für einen Locken-Look hätte Isabella auch 'ne Bank überfallen.

Auf dem Weg zum Auto hopste Locki wie Mary Poppins vor mir her und sang: »I'm too sexy for my shirt!« Das Dauerwellenmittel war eindeutig zu scharf gewesen. Meine Freundin war völlig enthirnt.

»Ich fahre!« Am Auto angekommen, nahm ich Isa die Schlüssel ab und schickte sie auf den Beifahrersitz. Besser war es – Isa begaffte sich nonstop im Schminkspiegel.

Als ich bei mir zu Hause ausstieg, war ich ernsthaft besorgt, Curly-Isa ans Steuer zu lassen. »Finger weg vom Rückspiegel, versprochen?«

»Okay.« Und damit brauste die glücksgedopte Hauptdarstellerin aus »Hair« mit ihrem Käfer davon.

Zehn Tage später klingelte mein Telefon: »Sonyaaaaaa!« Die Stimme war völlig verheult.

»Isa? Bist du das?«

»Du musst mir helfen ...«

»Was ist denn los?«

»Kann ich vorbeikommen?«

»Klar, komm um...« Aber die Leitung war schon tot.

Als ich kurz danach die Tür öffnete, stürzte sich Atze Schröder mit Langhaarperücke in meine Arme.

»Sonya, sie bröckeln!«

»Was bröckelt?«

»Meine Haare!! Jedes Mal, wenn ich sie bürste, rieselt der Schnee. Und die Locken sind auch nur noch sprauzig!«

Walla-Walla war weg. Das, was sich jetzt auf Isas Kopf auftürmte, erinnerte irgendwie an Zuckerwatte. Nachdem wir eine halbe Flasche Haaröl auf ihr Haupt geschüttet hatten, sah sie zwar aus wie Lionel Richie in blond, aber sie kam immerhin ohne sich zu bücken durch die Tür.

»Wir verklagen den Friseur!« Kringellöckchen brach in Tränen aus.

»Geht nicht!«

»Wieso?«

»Die Friseurin hat sich geweigert. Sie hat gesagt, bei solchen Haaren macht sie keine Dauerwelle.«

»Ja, und dann?«

»Ich hab angefangen zu heulen und sie angebettelt, es trotzdem zu tun. Ich würde auch die komplette Verantwortung übernehmen. Da hatte sie dann Mitleid mit mir!«

Und ich hatte Mitleid mit der Friseurin! Ich kannte mein Fräulein Isabella, wenn sie was wollte.

Ein paar Wochen später hatte ich dann aber auch Mitleid mit Isa.

Erst mal das Positive: Die Dauerwelle hielt. Dann das Negative: Die Haare waren trotz Schmiermittelchen völlig hinüber. Und dann das Schlimmste: Isas glatte Haare wuchsen nach! Das Ergebnis sah ungefähr so aus, als hätte man eine Japanerin mit den Jackson Five gepaart. Nur in Blond. Isa, La Bella mit dem göttlichen Haar, trug wenig später einen raspel-kurzen Bubikopf.

Die Moral von der Geschicht': Wir Weiber wünschen uns immer das, was wir nicht haben. Schön blöd! Deshalb gilt auch:

- **Vorsicht vor radikalen Dachumbauten!** Hurra! Nach zehn Jahren haben Sie sich endlich von Ihrem untreuen Mann getrennt. Jetzt soll »seine« heiß geliebte brünette Mähne einem wasserstoffblonden emanzipierten Stoppelschnitt weichen?!? Immer langsam! Wenn Sie nicht Madonna heißen oder undercover für den KGB arbeiten, gilt: **Niemals Farbe und Schnitt gleichzeitig völlig verändern.** Ein paar warnende Worte:

- **Weichen Sie grundsätzlich beim Färben nicht zu stark von Ihrer Naturhaarfarbe ab!** Die passt nämlich in der Regel am besten zu Ihrem Teint. Sollten Sie als Blondie unbedingt einen Schneewittchen-Look anstreben, fragen Sie unbedingt Ihren Friseur – und glauben Sie ihm, wenn er sagt, dass Sie sich damit keinen Gefallen tun! Und werfen Sie auch einen Blick in meine Haarfarben-Tabelle auf den nächsten Seiten.

- **Ab einem gewissen Alter ist es ratsam, den Farbton ein bis zwei Nuancen heller zu wählen,** das schmeichelt dem Teint. Sehr dunkle Farben lassen das Gesicht härter und älter wirken.

- **Hellere Strähnchen im Deckhaar und rund ums Gesicht** wirken ebenfalls schmeichelnd und lassen das Gesicht erstrahlen – ohne, dass der ganze Haarschopf strapaziert werden muss.

Ansonsten gilt: Färben und Aufhellen strapazieren die Haarstruktur zwar extrem, aber Rettung bei Nichtgefallen gibt's da immer noch. Bei radikalen Schnibbel-Aktionen à la Britney Spears hilft nur noch eine Perücke. Was ab ist, ist erst mal ab! Selbst mit Extensions kann man einen krassen Kurzhaarschnitt kaum wieder in eine Langhaarmähne verwandeln.

Live und in Farbe: Wir kolorieren selbst!

»Meine Mutter hat immer gesagt: Färbe dir nicht die Haare! Das ist wie mit Tätowierungen – wenn du einmal damit angefangen hast, kannst du nicht mehr aufhören. Recht hatte sie!«
Naomi Watts

Jeder Häuslebauer weiß, dass sich jede Menge Geld sparen lässt, wenn er selber anpackt, statt die Jungs vom Fach ranzulassen. Aber: Jeder Häuslebauer weiß auch, dass man bei selbst durchgeführten Bauarbeiten besondere Vorsicht walten lassen muss!

Das gilt doppelt und dreifach, wenn sich die Baustelle gut sichtbar auf Ihrem Kopf befindet und das Baumaterial Ihr holdes Haupthaar ist. Aber wer für jede Nachfärbung den Friseur bemüht, wird schnell arm und braucht jede Menge Zeit. Also bin ich Selbstfärber, und das schon seit fünfzehn Jahren. Meine künstliche Anti-Intelligenz kommt aus der Drogerie und kostet mich jeden Monat acht Euro und zwanzig Minuten plus Einwirkzeit. Mit der Zeit hab ich eine ziemliche Routine entwickelt und weiß, worauf es ankommt.

Die acht Goldenen Regeln der Do-It-Yourself-Koloration:

1. Ich zögere die Intervalle zwischen dem Färben möglichst lange hinaus. Haarfärbeprodukte stehen in dem Verdacht, krebserregende Stoffe zu beinhalten. Sicher ist jedenfalls, dass Ammoniak, Wasserstoffperoxyd und Co. nicht unbedingt ein Kurprogramm für unsere Zotteln und Kopfhaut sind.

2. Den dunklen Haaransatz blond gefärbter Haare kann man bis dahin mit goldgelbem oder hell beigefarbenem Lidschatten kaschieren. Mache ich, wie Sie sich vorstellen können, ständig.

PFUSCH AM BAU: VERFÄRBT!

Bei meinen mutigen Selbstversuchen hab ich mich auch gern mal verfärbt, mich gab's schon in Grün und Rosa. Hier meine Erste-Hilfe-Tipps für den Notfall:

- **Schuppenshampoo** entfernt überschüssige Farbe aus chemisch behandeltem Haar, ohne bei mehrmaligem Waschen die Kopfhaut zu strapazieren.
- **In der Apotheke gibt es Spezialshampoos**, die Rückstände und damit auch eine verpfuschte Tönung entfernen.
- **Bei dunklem Haar** hilft außerdem starker **Kaffee oder Espresso**, den man ca. dreißig Minuten im trockenen Haar einwirken lassen und dann gut ausspülen sollte.
- **Bei blondem oder hellbraunem Haar** kann man auf die gleiche Art mit starkem **Kamillentee** Lichtreflexe in die Haare zaubern. **Zitronensaft** ist ebenfalls ein natürlicher Aufheller, der aufgrund seiner Säure nur leicht verdünnt und nicht in langem Haar angewendet werden sollte.
- **Chlorwasser in Swimmingpools kann koloriertes Haar grünlich verfärben**, eine Spülung mit Rotwein vor der Haarwäsche neutralisiert den Grünstich. Alternative: Meine »Napoli«-Spülung! Dazu zwei Esslöffel **Joghurt mit Ketchup oder Tomatenmark** vermengen und zwanzig Minuten auf den Haaren lassen! Wirkt Wunder, auch bei ganz hellem Haar.

3. Der hellere Haaransatz bei dunkler gefärbten Haaren lässt sich für einige Zeit super mit alter Wimperntusche verdecken.

4. Helle Strähnchen bringen Licht ins Haar – ohne strapaziöse Komplettfärbung. Bitte höchstens zwei Nuancen von der Basisfarbe abweichen.

5. Tragen Sie beim Nachfärben die Farbe wirklich nur auf den Haaransatz auf. Schützen Sie die bereits gefärbten Haare mit Conditioner oder einer Kur.

6. Niemals frisch gewaschene oder nasse Haare färben – sondern nur trockene, »dreckige« Haare. Warten Sie am besten, bis Sie ein echtes »Öl-Köpfchen« haben, durch den Talg ist Ihre Kopfhaut auch besser gegen die Chemikalien in der Farbe geschützt.

7. **Bei der Farbe gilt die Regel: Die Naturfarbe sollte die Ausgangsbasis sein**, von der Sie nicht allzu sehr abweichen sollten – maximal zwei Nuancen. Bei stärkeren Farbwechseln: Doch besser den Friseur konsultieren.

8. **Hellere Farben wirken wie ein Weichzeichner** und lassen insbesondere hellhäutige Menschen jünger wirken. Sehr dunkle Töne sind ein harter Kontrast und betonen Unregelmäßigkeiten wie Falten oder Pigmentstörungen. (Siehe auch Farbtypologie auf Seite 153.)

Aber: **Vorsicht mit Blondsprays.** Die enthalten Wasserstoffperoxyd, und das entzieht den Haaren bis zur nächsten Wäsche Farbe und schädigt die Struktur. Darum solche Sprays immer nur sparsam benutzen und am besten nur auf den dunkel nachwachsenden Ansatz aufsprühen, nachdem man das restliche Haar durch eine ölige Kur geschützt hat.

Ob blond, ob braun – alles eine Frage von Psychologie und Wirkung

Die Mehrzahl der Deutschen ist von der Natur mit einem unscheinbaren Aschblond, auch unter dem Namen »Straßenköterblond« bekannt, »gesegnet«. Das sieht vielleicht gut aus, wenn man das halbe Jahr in der Sonne verbringt und schöne natürliche Strähnchen hat – ansonsten ist die Farbe leider nicht sehr schmeichelhaft. Aschblonden Häuptern tut ein bisschen Chemie optisch fast immer ganz gut.

Falls Sie unsicher sind, was Ihnen steht, oder seit gefühlten fünfzig Jahren die Tönung »Mahagoni« tragen und gern mal was Neues ausprobieren würden – ich habe hier eine kleine Entscheidungshilfe für Sie:

Blonde Versuchung

»Blondes have more fun« – ob der Spruch stimmt? Nun ja, zumindest ich habe eine Menge Spaß im Leben. Sicher ist auf jeden Fall, dass keine Haarfarbe so sehr polarisiert wie die güldene. Wir Blondies sind die Hauptdarstellerinnen der meisten Stammtischwitze, gleichzeitig sind im »Playboy« die meisten der abgebildeten Damen nicht nur nackt, sondern auch blond. Und schon in der Antike galt blondes Haar als Schönheitsideal: Reiche Römerinnen trugen blonde Perücken aus dem Haar germanischer Sklavinnen. Dass die meisten Fernsehmoderatorinnen (Anwesende eingeschlossen) blond sind, hat aber auch handfeste Gründe …

»Witze über dumme Blondinen haben mich noch nie tangiert. Denn ich weiß, dass ich nicht dumm bin – und auch nicht blond.«
Dolly Parton

Pluspunkte: Blond reflektiert, wirkt dadurch wie ein Weichzeichner und lässt Falten und andere Unregelmäßigkeiten optisch verschwinden. Und was glauben Sie, warum Heidi Klum früher dunkelhaarig war und heute auf Blond umgestiegen ist?

Minuspunkte: Blondierungen greifen das Haar extrem an, die Farbe kann sich im Sonnenlicht chemisch verändern und wirkt dann sehr bleich oder gar grau oder grün.

Finger weg, wenn … Sie ein extrem dunkler Typ mit olivfarbener Haut und schwarzen Augenbrauen sind. Blond wirkt hier sehr unnatürlich und schnell billig.

Dunkles Mysterium

Echtes pechschwarzes Haar ist bei uns noch wesentlich seltener als das angeblich so rare Hellblond. Von Natur aus schwarze Haare haben nämlich fast nur Frauen aus dem asiatischen Raum – vermutlich war Schneewittchen eigentlich eine wunderschöne japanische Prinzessin mit Elfenteint.

Pluspunkte: Schwarz wirkt tiefgründig. Eine Färbung strapaziert wenig.

Minuspunkte: Schwarz ist ein harter Kontrast und betont selbst winzigste Fältchen oder Pigmentstörungen – kurz: Leute, die die 25 überschritten haben, wirken mit schwarzem Haar meist deutlich älter, als sie sind.

Finger weg, wenn … Sie über 25 sind.

Rote Verführung

»Rotes Dach, feuchter Keller« – dieser ausgesprochen intellektuelle Spruch unserer männlichen Planeten-Mitbewohner verdeutlicht, was viele Jungs über rothaarige Mädels denken. Mal positiv ausgedrückt: Rot wirkt sexy.

Pluspunkte: Rotes Haar passt hervorragend zu sommersprossigen und hellhäutigen Typen. Eine rote Mähne fällt auf und heizt die Fantasie der Kerle an.

Minuspunkte: Hautunreinheiten und Rötungen werden betont. Ein natürliches, haltbares Rot ist sehr schwierig zu erzielen. Synthetische Rottöne mit Blau- oder Violettstich machen alt.

Finger weg, wenn ... Sie graues Haar haben, denn rote Farbe lagert sich schlecht daran an. Und dunkle Hauttypen sehen mit rotem Haar extrem unnatürlich aus.

Brünette Natürlichkeit

Braunhaarige Damen werden von den Herren in der Regel intelligenter eingestuft als Vertreterinnen anderer Haarfarben (insbesondere intelligenter als Blondinen). Das ist natürlich blanker Unsinn – aber Männer können nun mal bekanntlich besser gucken als denken.

Pluspunkte: Von allen Haarfarben wirkt Brünett am natürlichsten.

Minuspunkte: Braune Haare, besonders die helleren Töne, wirken manchmal ziemlich brav und unauffällig. Braune Tönungen werden beim Auswaschen manchmal rötlich und betonen dann Hautunreinheiten.

Finger weg, wenn ... Sie gerne im Mittelpunkt stehen.

Ein Kessel Buntes

Blau, Grün, Pink oder Tomatenrot: Knallfarben fallen auf und weisen ihre Trägerin als Punk oder Frau mit festem Willen zum Auffallen aus. Wer die Haare vorher blondiert, sorgt für mehr Leuchtkraft.

Pluspunkte: Ist nicht zu übersehen.

Minuspunkte: Blau und Grün können blass machen, Pink und Rot lassen

nicht ganz makellose Haut schnell fleckig erscheinen. Hält nicht lang. Menschen ab Mitte zwanzig wirken mit bunten Haaren meistens wesentlich älter, als sie sind.
Finger weg, wenn ... Sie als Kundenberaterin in einer Bank arbeiten.

So, Farbe ist drin, in Form gebracht sind die Zotteln auch – erlauben Sie mir noch ein paar Hinweise zu Aufzucht und Hege:

Die zehn Gebote der Krausschen Gestrüppflege

1. Du sollst Naturborsten verwenden!

Billige Bürsten aus Plastik oder mit Metallborsten können das Haar beschädigen. Eine gute Bürste mit Naturborsten kann zwar ein kleines Vermögen kosten, aber hier ist Ihr Geld wirklich gut angelegt. So ein Luxusbürstchen lässt sich mit mildem Shampoo waschen – und kann so Jahrzehnte überstehen. Der Sinn einer Qualitätsbürste ist es, die Kopfhaut zu massieren und den entstehenden Talg als Schutzfilm in die Haarlängen zu bringen. Omas Grundregel, die berühmten **»100 Bürstenstriche«** sind aber keine Pflicht! Der Tipp stammt aus einer Zeit, in der die Damen ihre Mähne nur maximal einmal die Woche wuschen. Stattdessen wurden die Haare gepudert. Dieser Puder wurde mit der Bürste verteilt und dann, nachdem das Haarfett aufgesogen war, fleißig ausgebürstet. Allerdings, ganz dumm ist das nicht, denn:

2. Du sollst nicht mehr waschen als nötig!

Es ist nicht nur bei Ihrer Lieblingsjeans so: Ständiges Waschen strapaziert die Struktur. Und zu viel Shampoo belastet das Haar. Meine Lösung ist der **Shampoo-Shake**: Ich fülle eine walnussgroße Menge Shampoo in eine leere Shampoo-Flasche, fülle Wasser dazu und schüttele. Die entstandene Lösung verteilt sich super im Haar und schont Zotteln und Geldbeutel, weil sie mindestens doppelt so lange mit einer Flasche Shampoo auskommen als üblich. Sehr langes Haar, das zu fettigem Ansatz neigt, kann übrigens auch wunderbar mit **Trockenshampoo** (gibt's in der Drogerie) behandelt werden. Falls Sie gerade kein Trockenshampoo zur Hand haben: Mehl oder loser Puder tun's auch. Nur auf den Ansatz auftragen, einwirken lassen, ausbürsten – bei dunklem Haar bitte besonders gründlich. Fertig!

3. Du sollst dein Haar schonend waschen!

Heiße Sachen sind nix für die Haare: Ihr Haarwaschwasser sollte nur **lauwarm** sein. Es ist darüber hinaus besser für die Haare und spart Geld, wenn Sie das Shampoo immer nur verdünnt am Ansatz verwenden. Die Shampoo-Suppe rinnt ohnehin Ihre nasse Mähne hinunter und befreit die Haarlängen von Schmutz und anderen belastenden Substanzen. Bitte immer eine **Spülung** verwenden, damit die Haare gut kämmbar werden!

4. Du sollst deine Mähne sanft behandeln!

Am besten trocknen Sie die Haare an der Luft, das ist am schonendsten. Im nassen Zustand sind die Haare extrem empfindlich und überdehnen leicht. Bitte nie wie wahnsinnig geworden trocken rubbeln, sondern immer nur sanft das Handtuch auf die feuchten Zotteln aufdrücken.

5. Du sollst den Föhn runterschalten!

Manchmal lässt sich das Föhnen nicht vermeiden, etwa im Winter oder für bestimmte Styling-Maßnahmen. Aber zügeln Sie unbedingt Ihre Ungeduld, speziell wenn Sie wie ich zur Spezies der Langhaar-Trägerinnen gehören – schließlich muss die Pracht länger halten als bei den Bubikopf-Anhängerinnen, und von Trockenheit gesplisste Spitzen müssen irgendwann ab. Beschleunigen lässt sich die Trockenzeit aber, wenn Sie vorab **saugstarkes**

Küchenpapier oder **Mikrofaser-Handtücher** verwenden. Erst dann das fast trockene Haar mit weiterführenden Apparaturen wie dem Lockenstab behandeln.

6. Du sollst deine Zotteln balsamieren!

Styling ist eine Strapaze für die Haare, also müssen wir sie pflegen. Wenn Sie kostbare Haarkuren haben, lassen Sie die am besten über Nacht einwirken. Und zwar entweder unter einem **Turban aus Alufolie, einer Plastiktüte** oder einer altmodischen **Duschhaube**. Diese Häubchen schützen nicht nur das Kopfkissen, sondern sorgen auch für einen Thermo-Effekt, der die pflegenden Substanzen hervorragend einziehen lässt. Übrigens: Spliss lässt sich nicht kitten, kaputte Haarspitzen müssen ab, so frustrierend es auch ist. Haarspitzenfluids können die Optik verbessern und vorbeugend die beanspruchten Spitzen geschmeidig halten, reparieren können sie nicht.

SONYAS DO-IT-YOURSELF-TIPP NR. 5

Soße für den »Kopfsalat«

Durchs ewige Stylen und Färben sind meine Goldlöckchen ungefähr so trocken wie die Wüste Gobi. Dafür gibt es ja tausend Mittelchen, die alle ein Vermögen kosten: mindestens zehn Euro für ein Pöttchen voller Pflege! Was können meine Zotteln dann? Mit mir sprechen? Ich habe die Hexe in mir entdeckt und mein eigenes Mittel entdeckt, um aus Stroh Gold zu machen: Salatsoße für die Haare! Man nehme:

- 3 EL Olivenöl (pflegt)
- 1 EL Apfelessig (bringt Glanz)
- nur für Blondies: einen Spritzer Zitronensaft (intensiviert die Farbe)
- nur für Geruchsresistente: ein Eigelb (macht weich)

Alles mischen, Soße auf die trockenen Haarpartien auftragen, mit Alufolie umwickeln und mit Omis Duschhäubchen – eine ordinäre Plastiktüte tut es auch – schlafen gehen, denn durch die gestaute Körperwärme zieht das Zeug optimal ein. Am nächsten Morgen auswaschen – fertig ist Rapunzel!

7. Du sollst die Kostbarkeiten deiner Küche nutzen!

Mit alten Hausrezepten lässt sich bei der Haarpflege viel Geld sparen.

- Wenn Sie ein **Eigelb mit etwas Bier** mixen, sollten Sie sich vielleicht gleichzeitig eine Wäscheklammer auf die Nase klipsen. Aber wenn Sie das als Kur verwenden, werden trockene Haare wunderbar weich.
- Geben Sie **Apfelessig** zur Haarspülung – durch die Säure lösen sich Schüppchen, die das Haar sonst »verschleiern« und ungehemmtes Glänzen verhindern.
- **Olivenöl** ist eine Super-Spitzenkur und ein 1A-Salzwasserschutz. Im Urlaub laufe ich gern den ganzen Tag mit Ölköpfchen rum.

8. Du sollst dir ein Döschen mit Niveacreme besorgen!

Denn wenn Sie einen Hauch davon erst in den Handflächen verteilen und dann übers Haar streichen, können Sie widerspenstige Haare besser, wohlriechender und preiswerter zähmen als mit Haarspray oder teurem Haargloss. Plus: Das Zeug pflegt und lässt die Zotteln glänzen!

9. Du sollst nur Haargummis ohne Metallklemmen verwenden!

Und schon gar keine schnöden Haushaltsgummis – auch dann nicht, wenn nix anderes greifbar ist. Denn beides ist ein Garant für Haarbruch. Und wollen wir das? Neiiin! Also besser gleich eine Großpackung kuscheliger Haargummis besorgen und überall in Wohnung, Koffern und Handtaschen verteilen. Und noch was: Züchterinnen der langen Matte wissen – Haarspitzen, die ewig an der Schulter aufstoßen, brechen durch die Reibung gerne ab. Deshalb schulterlanges Haar, das es bis auf den Rücken schaffen soll, aus der Gefahrenzone retten und möglichst oft hochbinden.

10. Du sollst deine Haare des Nachts beschirmen!

Insbesondere wichtig für Langhaarträgerinnen: Wenn wir schlafen, verknotet unsere Pracht durch die Reibung auf dem Kopfkissen. Das gute alte **Nachthäubchen** macht also durchaus Sinn. Schnelle Alternative: Ein Dutt mitten auf dem Kopf, zusammengehalten von einem **weichen Haargummi**. Falls Sie Ihre mit hohem Zeitaufwand gelockte Abendfrisur (mehr dazu erfahren Sie im Deko-Teil dieses Buches) noch in den nächsten Morgen retten wollen, sollten Sie über die Benutzung eines **Haarnetzes** nachdenken. Haben Sie Ihr Haar hingegen mit ähnlichem Aufwand geglättet, legen Sie selbiges bitte platt um den Kopf, wickeln einen **Schal aus Seide** darum und stecken den dann mit flachen Klammern fest. Ihre Haare danken Ihnen die Stunden als Witwe Bolte.

Womit und wie Sie aus Ihrer top gepflegten Pracht das Beste rausholen, verrate ich Ihnen im nächsten Kapitel.

III. Unser Haus soll schöner werden: Pinsel, Farbe, Deko

Uns kann keiner was vormachen. Wir glauben weder an den Weihnachtsmann noch an das, was uns unser Bankberater an »bombensicheren« Anlagen aufschwatzen will. Und natürlich auch nicht daran, dass wir kein Kondom brauchen, wenn unser Aufriss säuselt: »Baby, vertraust du mir etwa nicht?« Wir wissen, wie der Hase läuft ...

Warum aber – zur dreifachen Wimpernzange noch mal – glauben wir dann, dass die Frauen in Hollywood, im Fernsehen und auf Titelseiten so makellos sind, wie sie aussehen, wenn sie ihren Job machen? Ein Job, der durchaus auch daraus besteht, gut auszusehen?

Bevor ich mit dem Modeln angefangen habe und im Showbiz gelandet bin, hat es mich auch immer schrecklich frustriert, wenn ich Frauenzeitschriften mit all diesen überirdischen Schönheiten aufgeschlagen habe. Denn, wow, das schienen alles wahre Göttinnen zu sein! Und dann habe ich die Göttinnen mal in natura gesehen ...

Heute weiß ich: Wir unterliegen hier einer hinterhältigen und absichtlichen optischen Täuschung. Rufen Sie sich immer eine Sache ins Gedächtnis: Diese Frauen sind vor allem digitale Schönheiten. Sämtliche Makel, Fältchen oder Pickel sind mit einem Klick wegretuschiert, das Weiß in den Augen ist weißer, das Haar glänzender, Hals und Beine sind länger und die Augen größer als in Wirklichkeit.

»Menschen, an denen nichts auszusetzen ist, haben nur einen Fehler: Sie sind uninteressant.« *Zsa Zsa Gabor*

Und diese »Göttinnen« werden nicht nur von Computerexperten bearbeitet! Visagisten, Hair-Stylisten und andere Profis haben hier auch ihr Können bewiesen. Und nicht selten auch der Onkel Doktor. Dass ein Model sich heutzutage die Lippen aufspritzen lässt, ist gang und gäbe. Tröstlich ist: Oft sieht das, was auf Fotos toll wirkt, in Realität dank unserer Mimik gar nicht so nett aus. Und – hurra – wir leben nun mal nicht in einem Modemagazin! Ein paar Fältchen, Dellchen oder andere kleine »Fehler« sind keine Katastrophen. Wir alle werden älter, und das ist gut so - denn sonst wären wir ja schließlich tot. Gut aussehen können wir trotzdem. Für Attraktivität ist nämlich nicht eine glatte Babypopo-Haut wichtig, sondern etwas anderes ist viel entscheidender: Unsere Ausstrahlung. Und die ist genau dann so richtig umwerfend, wenn wir uns wohl in unserer Haut fühlen. Ob die jetzt zwanzig, dreißig, fünfzig oder siebzig Jährchen auf der Pelle hat.

Bevor wir also zur Tat schreiten und uns selbst renovieren, ist es wichtig, dass wir den Psychodruck rausnehmen.

Vergleichen verboten! Vergessen Sie jetzt bitte, bitte sofort die (mutmaßlichen) Naturschönheiten. Angelina Jolie aus der »InStyle« oder minderjährige Models in der »Vogue« sind tabu. Wenn Sie das Vergleichen doch nicht lassen können, dann nehmen Sie sich bitte doch mal die unausgeschlafenen Leute mit gelb-grünlichem Neonlicht-Teint aus der U-Bahn als Schablone.

Ich habe gut reden, meinen Sie? Stimmt, denn ich kenne alle Tricks der Profis. Sie sehen mich ja immer nur frisch restauriert und fältchenfreundlich ausgeleuchtet in der Glotze. Glauben Sie mir: Ohne meine vielen lieben Helfer, tolles Licht und etliche Kosmetiktricks sehe ich auch anders aus. Ganz anders. Schauen Sie sich das Buchcover noch mal genau an. Wer würde die ungeschminkte, blasse, sommersprossige Sonya auf der linken Seite als »heißen Hingucker« bezeichnen? Niemand.

»Altern ist etwas, was uns allen passiert. Das zu realisieren ist eine echte Erleichterung.«
Michelle Pfeiffer

Und damit komme ich zum Punkt: Es ist völlig legitim, unsere Erscheinung mit dem richtigen Know-how und den passenden Zutaten clever zu optimieren. Und damit geht's jetzt endlich los.

Als kleinen Einführungskurs zur »Unterrichtseinheit« »Gestalten mit Fassadenfarbe« möchte ich Sie an die Gesetze der Optik erinnern. Sie mussten im Kunstunterricht in der Schule doch sicher auch zeichnen? Nehmen Sie mal zum Spaß ein Blatt Papier und einen Stift, und zeichnen Sie eine simple Kugel. Die schattieren Sie nun aus, um sie plastisch erscheinen zu lassen. Sofort erkennen Sie die zwei wesentlichen Gesetze der optischen Gestaltung:

Gesetz 1: Was dunkel ist, tritt zurück!
Gesetz 2: Was hell ist, scheint hervorzutreten!

Merken – denn das gilt ebenfalls für unsere Fassadenfarbe, auch »Make-up« genannt. Bestes Negativbeispiel für Gesetz Nummer zwei ist der zu hell abgedeckte Pickel. Obwohl das Mistvieh abgedeckt ist, erscheint die Beule auf einmal doppelt so groß wie vorher. Beim Make-up – und auch bei der

Kleidung – kommen auch noch ein paar weitere Gesetze von besonderer Relevanz hinzu:

Gesetz 3: Glänzendes erscheint größer!
Gesetz 4: Mattes wirkt kleiner und unauffälliger!
Gesetz 5: Eingerahmtes sieht kleiner und härter aus!

Beispiel: Ein glossig glänzender Mund nähert sich optisch eher den Maßen von Angelina Jolies Luxusausführung als matt geschminkte Lippen. Sind die matten Lippen dann auch noch à la Thea Gottschalk dunkel eingerahmt (oder gar per Tattoo umrandet), wirken sie wie turbogeschrumpft.

Der Estrich unterm Anstrich: Die Grundierung

Sie gehören zu dem einen Prozent aller Frauen, die eine makellose Haut haben? Na dann: Herzlichen Glückwunsch! Der neidische Rest von uns muss sich ein wenig verputzen (nicht spachteln!), um so auszusehen wie diese Glückskinder. Das funktioniert jedoch nur mit der gefürchteten Grundierung. Grundierung bedeutet: Es handelt sich um den Untergrund einer jeden Schminksession, Schritt eins sozusagen. Und das Kind hat viele Namen: In Drogerie oder Parfümerie steht oder liegt das Zeug meistens unter der Bezeichnung »Make-up« oder »Foundation« in Flüssig- oder Kompaktausführung im Regal. Styling-Profis bezeichnen die Grundierung auch als »Base«, eben weil sie die Basis ihrer Arbeit ist. Nur Mut, es kann gar nichts schiefgehen, wenn Sie folgende Regeln für die »Base« beherzigen.

Die Wahl des richtigen Farbtopfs

Beim Kauf der Grundierung (des Make-ups / der Foundation / der Base) kommt es wie bei der Wandfarbe auf den richtigen Farbton, die richtige Konsistenz und die Deckkraft an:

»Tragen Sie Make-up. Es wirkt so eitel, es nicht zu tun.«
Coco Chanel

- Immer bei Tageslicht testen! Kunstlicht verfälscht die Farbe. Zur Not mit dem Tester mal eben vor die Tür gehen.

- An der Innenseite der Unterarme ausprobieren! Oder – falls es einen Spiegel gibt – am Hals. Der Übergang von Grundierung zur Haut sollte so gut wie nicht sichtbar sein. Gänzlich ungeeignet zum Ausprobieren: der Handrücken. Die Haut ist dort viel zu dunkel.

- Vorsicht bei rosastichigen Make-ups! Die sehen im Fläschchen zwar verführerisch frisch aus, *aber:* Blondinen und Brünette haben meist gelbstichige, ganz dunkle Typen sogar olivstichige Haut. Nur Rothaarige haben einen rosa Teint. Um dem Gesicht frische Farbe zu verleihen, verwenden Profis später Rouge – kein Make-up!

- Im Zweifel lieber einen Tick helleres Make-up benutzen! Zu dunkles sieht unnatürlich, oft fleckig, aus und macht älter. Wer sich brauner mogeln will, nimmt besser einen dunkleren Bronzing-Puder (siehe Seite 180).

- Gratispröbchen sammeln! Proben von Grundierungen helfen bei der Auswahl und sparen viel Geld. Machen Sie es sich zur Gewohnheit, danach zu fragen. Selbst, wenn Sie in der Parfümerie »nur« Ihrem Schatz einen Herrenduft zum Geburtstag kaufen.

■ Die richtige Make-up-Konsistenz wählen! Ganz wichtig! Grundierungen gibt es von fast transparent (getönte Tagescreme) bis gut deckend (Creme-Make-up). Die Deckkraft ist auf der Packung angegeben.

■ Auf Fältchen und Falten und mimisch sehr aktive Gesichtszonen – also um die Augen, im Bereich der »Zornesfalte« zwischen den Augen und auf der Stirn – muss immer ein **Make-up mit leichter, eher flüssiger Konsistenz** aufgetragen werden! Sonst setzt sich das Zeug in den Linien ab und betont die Biester noch. Das gilt auch für Concealer!

■ Unreine Stellen, geplatzte Äderchen und Hautbereiche mit Pigmentstörungen brauchen dagegen **deckendes Make-up**. Make-up-Profis wie Visagisten verwenden darum auf den verschiedenen Gesichtspartien verschiedene Make-ups. Heißt: gleicher Farbton, unterschiedliche Konsistenz! Für eine perfekte Grundierung sollten Sie also mindestens zwei gleichfarbige Foundations mit unterschiedlicher Deckkraft im Badezimmerschränkchen haben. Alternative: Sie arbeiten mit einem weißen Aufheller-Make-up (z. B. Blanc Universel De Sheer Illuminator von Chanel), das in der Hand mit dem Basis-Make-up gemischt wird, um es nach Wunsch aufzuhellen. Das funktioniert nicht anders als mit dem Deckweiß aus dem Malkasten in der Schule. Doch bevor wir uns jetzt endlich ans Schminken machen, müssen wir uns einen wirklich unverzichtbaren Helfer besorgen:

CLEVER-TIPP NR. 4

Kostenloses Profi-Make-up

In jeder größeren Stadt gibt es Läden, in denen auch Visagisten einkaufen und die Marken wie Mac oder Benefit führen. Dort können Sie sich, ebenso wie in den Kosmetikabteilungen großer Kaufhäuser wie dem KaDeWe in Berlin, Ludwig Beck in München oder dem Alsterhaus in Hamburg, auch immer ein Make-up verpassen lassen! Völlig kostenlos! Die Mädels freuen sich, wenn sie mal genau das machen dürfen, wofür sie ausgebildet wurden, anstatt das tausendste Schächtelchen aus dem Schrank holen zu müssen. Nur Mut, einfach nett fragen ... und auf mich schieben! Wenn Sie den Profis dort dann auf die Finger schauen, lernen Sie nebenbei jede Menge darüber, welche Make-up-Farben Ihnen stehen und mit welchen Tricks man speziell in Ihrem Gesicht arbeiten kann. Auch großartig, wenn Sie abends eingeladen sind und sich ein ganz besonderes Make-up wünschen. Doch mit den Tipps hier bekommen Sie das natürlich auch ganz allein hin!

Grundieren – Schritt für Schritt

1. Möglichst bei Tageslicht schminken – nehmen Sie also Ihren Kosmetikspiegel und suchen Sie sich ein Fenster.

2. Feuchtigkeitscreme auftragen, kurz einwirken lassen und Überschüsse mit einem Kosmetiktuch abtupfen.

3. Die Grundierung mit frisch gewaschenen Fingern auftragen, die sind besser als jedes Schwämmchen. Schwämmchen sind eine Brutstätte für Bakterien und saugen außerdem wahnsinnig viel von der teuren Grundierung auf. Falls Sie sehr selten Make-up benutzen: Nehmen Sie einen Spatel, um das Zeug aus dem Behälter zu holen. Sonst wird das Make-up durch die Bakterien an den Fingern schneller ranzig. Und: Bewahren Sie es im Kühlschrank auf.

4. Im Gesicht von der Nase nach außen arbeiten und dabei immer nach unten streichen, damit die Pigmente nicht in die Poren gerieben werden und diese betonen. Wichtig:

- **Hals und Dekolleté müssen mitgrundiert werden.** Zumindest, wenn Sie ausgeschnittene Oberteile tragen. Falls Sie so eine Kleckerliese sind wie ich, sollten Sie während der Malarbeiten ein paar Kleenex-Tücher um den Ausschnitt herum feststecken.
- **Bitte auch die Ohren nicht vergessen!** Ohren werden gerne mal rot und stehen dann wie zwei kleine Leuchtbojen rechts und links vom Kopf ab.

5. Make-up-Ränder verwischen, besonders am Hals, am Haaransatz, an den Augenbrauen und um die Nase.

6. Unreinheiten und Rötungen abdecken Wenn die Base aufgetragen ist, kommt die Kleinarbeit dran. Diese Reihenfolge ist

wichtig – wer zuerst abdeckt, verwischt beim Auftragen der Base wieder sein ganzes Werk. Zum Abdecken verwendet man:

■ **Concealer oder Camouflage** Diese Produkte enthalten stark deckende Pigmente, die nicht reflektieren. Augenschatten lassen sich damit schlecht überdecken, aber für Rötungen oder andere Unregelmäßigkeiten gibt's nix Besseres. Concealer können Sie mit dem Finger eintupfen oder mit einem Pinsel auftragen und theoretisch überall da anwenden, wo es etwas abzudecken gibt.

7. Augenringe kaschieren

Ganz wichtig! Spätestens ab 25 wird die Haut unter dem Auge leider zur Problemzone. Sie ist unglaublich dünn, und Augenringe, Tränensäcke und Fältchen werden sichtbar. Um hier ein bisschen zu übertünchen, gibt's mehrere Möglichkeiten:

■ **Reflektierende Stifte gegen dunkle Schatten** Der erste war der »Touche Éclat« von Yves Saint Laurent, mittlerweile gibt's die Dinger von fast jeder Firma. In diesen Stiften sind vor allem Partikel enthalten, die wie winzige Spiegelchen das Licht reflektieren. Man trägt sie nur sparsam auf die direkten Augenschatten auf. **Nicht ringsum!** Sonst haben Sie die gefürchteten »Eulenaugen« – sieht man oft auf Partyfotos, weil die Augenpartie der betreffenden Damen quasi »zurückblitzt«. Ein wenig von diesem Reflektor gebe ich übrigens auch immer in die »Regenrinne«, die gedachte Linie zwischen äußerem Augenwinkel und Ohr – das kaschiert Fältchen. Auch die Nasolabialfalte, Schatten um die Mundwinkel und dunklere Bereiche neben der Nase fallen mit Reflektor viel weniger auf.

■ **Profi-Know-how:** Einige Visagisten schminken die sensible Zone unterhalb der Augen erst, **nachdem** sie das Oberlid gestaltet haben. So kann man herabbröselnde Eyshadow-Pigmente einfach wegwischen, ohne dass neue Schatten entstehen.

SONYAS LIEBLING NR. 5

Pflock für Untote – Salbe gegen Augenringe

Für Menschen, die chronisch dunkle Augenringe haben, egal wie gesund sie sich ernähren oder wie lange sie schlafen, gibt's Hoffnung: **HYLEXIN** der Firma Bremenn Research Labs hilft gegen den Vampir-Look. Zu finden ist das Tübchen bei Douglas oder sehr viel günstiger in den USA, zum Beispiel bei GNC.

Kleinere Schönheitsreparaturen

Okay, zugegeben, mit Pinsel und Farbe wird aus einem Hundehüttchen kein großzügiger Palast. Aber Sie haben bestimmt schon mal Trompe-l'œil-Kunstwerke gesehen. Das sind Wandmalereien und Bilder, bei denen allein durch clevere Pinselführung und Ausnutzung der Perspektive ein täuschend echter 3-D-Effekt entsteht. Da muss man aufpassen, nicht vor die Wand zu rennen, auf die ein wunderschöner Säulengang bloß aufgemalt ist ... Nach ähnlichem Prinzip lassen sich mit kleinen Make-up-Tricks viele Unregelmäßigkeiten und Schönheits-»Fehler« im Gesicht in kürzester Zeit »wegmodellieren«. Ein paar Beispiele:

■ Bye bye, Kartoffelnase! Auch eine sehr breite Nase können Sie in ein paar Sekunden kleiner schminken, wenn Sie die Gesetze der Optik ausnutzen. Dazu einfach helleres Make-up oder Concealer längs auf den Nasenrücken auftragen – wie die Blesse eines Pferdes – und eine Idee dunkleres Make-up an den Seiten. Schön miteinander verwischen, transparenten Puder drüber zum Fixieren, fertig!

■ Kinderleichte Kinnmodellierung! Ich habe ein ziemlich energisches Kinn, das so gar nicht dem als niedlich empfundenen Kindchenschema entspricht. Mit einem Klecks dunkleren Make-ups

CLEVER-TIPP NR. 5

Airbrush-Make-up!

Seit einigen Jahren arbeiten Visagisten immer öfter mit sehr flüssigem Make-up, das mit der Airbrush-Pistole auf die Haut gesprüht wird, was allerdings etwas Übung erfordert. Der Vorteil: Die Make-up-Schicht ist hauchdünn und sehr gleichmäßig. Die Anschaffung eines solchen Gerätes lohnt sich fast nur für Profis. Mittlerweile gibt es jedoch auch in Deutschland Make-up für Körper und Gesicht in Spraydosen zu kaufen. Probieren Sie's aus: Duschhäubchen auf die Haare und schon kann's losgehen mit der Graffiti-Kunst am Körper!

kann ich es optisch etwas zurücktreten lassen. Wer umgekehrt ein fliehendes Kinn hat, benutzt hier ein wenig helleres Make-up.

■ Mondgesicht? Muss nicht sein! Wer ein extrem rundes Gesicht hat, benutzt einfach in der Gesichtsmitte (besonders auf den Wangenknochen) ein helleres Make-up, während die Seiten und speziell der Bereich unterhalb der Wangenknochen mit einem ganz leicht dunkleren Farbton grundiert wird – wirkt Wunder! Übergänge aber bitte gut verwischen. Funktioniert auch mit zwei verschiedenen Pudertönen in hell und dunkel. Ach ja: Auf eine Ponyfrisur zu verzichten hilft ebenfalls!

■ Die perfekte Pickeltarnung Wenn sich ein Pickel bereits breitgemacht hat und ein wichtiger Termin ansteht, müssen wir zur Vertuschungsaktion schreiten! Dazu gibt es im Wesentlichen zwei Möglichkeiten:

- **Camouflage** Die üblichen Abdeckstifte aus Drogerie und Parfümerie sind okay und gut für unterwegs. Zu Hause ist Camouflage das Equipment der Wahl! Gegen Pickel, rote Äderchen und Pigmentstörungen – selbst Muttermale kann man damit verschwinden lassen. Diese extrem stark pigmentierte Paste ist ein wahres Abdeckwunder – da guckt kein Pickel durch. Das Zeug bekommt man in Farbpaletten mit etlichen Hauttönen im Maskenbildnerbedarf (www.makeup.de). Da die Konsistenz der Paste sehr fest ist, kratzen Visagisten eine klitzekleine Menge mit einem Spatel (ein Messer tut's auch) aus der Palette. Auf dem Spatel mischt man dann mithilfe eines Pinsels den individuellen Farbton an, wodurch die Paste auch weich wird. Aufgetragen wird Camouflage mit kleinen Pinseln oder Wattestäbchen – zum Fixieren immer hinterher Puder drübergeben. Make-up-Profis benutzen für letzteres Puderquaste oder -pinsel.
- **Schönheitsfleck** Cindy Crawford lässt grüßen! Wenn's wirklich 'ne Riesenbeule ist, kann man diese mit Kajal zum Leberfleck tunen: Mittig auf dem Furunkel aufsetzen, Kreis aufmalen, Farbe mit transparentem Puder fixieren, fertig! *Achtung:* Desinfizieren Sie die Utensilien hinterher mit Haut-Desinfektionsspray, damit Sie sich nicht neue Beulen züchten. Benutzte Puderquasten gehören regelmäßig bei 60°C in die Waschmaschine.

SONYAS LIEBLING NR. 6

Optimale Bauaufsicht: Der Kosmetikspiegel

Wenn wir dekorative Verschönerungsarbeiten ausführen, dürfen wir die Bauaufsicht nicht vergessen: Wir brauchen einen Spiegel! Und zwar einen portablen mit Standfuß, der zwei Seiten hat: eine vergrößernde und eine normale. Unschlagbar, wenn man die nachwachsende Stoppellandschaft rund um die Augenbrauen beseitigen oder einen perfekten Lidstrich ziehen will. Doch dem Spieglein in der Hand bleibt auch nichts verborgen: »Ja, Frau Königin! Ihr seid die Schönste im ganzen Land, aber auf Ihrer Nase sind unzählige Mitesser, und die kleinen Fältchen um die Augen waren vor drei Jahren auch noch nicht da!« Wie oft bin ich daraufhin mit diesem gemeinen Ding ins Sonnenlicht gepilgert und habe mit Nadel, Tupfer und Alkohol meine Nase bearbeitet. Fünfzehn Minuten später war meine Mordlust befriedigt: Alle Mitesser tot! Dass mein Näschen zum knallroten Rüssel angeschwollen war und aussah, als würde ich seit Jahren mein Gesichtswasser trinken, versuchte ich stets zu ignorieren. Drum merke: Was sich in unserem Teufelswerkzeug widerspiegelt, ist sehr viel schärfer als die Realität! Das »Monster«, das Ihnen da fünffach vergrößert entgegenstarrt, sehen nur Sie! Die Leute, denen Sie begegnen, sehen nicht die Mitesser-Mondlandschaft auf Ihrer Nase. Sondern ein perfekt geschminktes Gesicht, weil Ihnen dank Kosmetikspiegel nicht der kleinste Schminkfehler unterlaufen ist.

■ **Mit einem Hauch von Puder** vollenden wir nach den Abdeckarbeiten unser Werk. Dabei von der Gesichtsmitte nach außen streichen – mit **Puderquaste oder Pinsel**. Welchen Puder Sie dazu nehmen, ist Geschmackssache – er sollte nur entweder im Farbton dem Make-up entsprechen oder transparent sein. **Kompakt-Make-up** ist ein Zwischending zwischen Puder und Make-up und lässt sich angefeuchtet als deckendes Make-up, trocken als Puder benutzen. **Pressed Powder** ist zu Pudersteinen gepresst und wird in flachen Döschen mit ebenso flachen Quasten angeboten – top zum Mitnehmen. **Loser Puder** ist was für zu Hause. Losen Puder benutzen die Visagisten, denn er verteilt sich am besten und wird am gleichmäßigsten mit einem Puderpinsel aufgetragen.

Von welcher Pickelabdeck-Methode Sie besser Abstand nehmen sollten und was passieren kann, wenn man die Beauty-Tipps in Frauenzeitschriften begeistert nachmacht, zeigt eine Episode, die meiner Freundin passiert ist:

From Mars with love
oder: Nicht nur die Hoffnung ist grün!

Es ist ein paar Jährchen her. Meine Freundin, nennen wir sie Lucy, war gerade zwanzig und finanzierte sich ihr Germanistikstudium mit der Arbeit auf Messen. Dieses Mal war sie von einer großen Firma mit Stern im Logo für eine Automesse gebucht worden. Ihr anspruchsvoller Job: das gelegentliche Servieren von Plätzchen und Erfrischungen sowie für den Rest der Zeit dekoratives Herumstehen im Minirock am Messestand. Außer Lucy »arbeitete« ein schüchterner 22-jähriger Bubi aus Hürth am Stand, der alle zwei Stunden für etwa zehn Minuten eine Tombola ankündigen und Lose aus einer Trommel fischen musste. Michael war Nachwuchsrennfahrer im Dienste des Sterns, trug modisch schwierige gelb karierte Jacketts, stand immer im Weg rum und redete insgesamt eher wenig.

»Hey, Michael, kommste mit zum Essen? Bin mit Jana verabredet, die arbeitet bei Daihatsu, wir würden uns freuen!«, fragte Lucy pflichtbewusst. Michael, der in seinen Tombola-Pausen immer beinebaumelnd auf dem Kühlschrank in der winzigen Küche rumhing, schüttelte den Kopf.

»Nee, hab ein Meeting mit meinem Nebensponsor«, antwortete er in rheinischem Singsang. Und dabei sah er Lucy nicht mal in die Augen, sondern sein Blick blieb irgendwo unterhalb hängen.

»Tja, wie du meinst. Du verpasst jedenfalls die besten Pommes im Dunstkreis der Messe!« Sie seufzte theatralisch.

›Typisch Mann‹, dachte Lucy. ›Wie kann man bloß so schüchtern sein? Kriegt kaum die Kiemen auseinander, aber immer schön auf die Spoiler glotzen.‹ Schade, dass sie bei diesem Job nicht das T-Shirt mit der Aufschrift: »Gehen Sie bitte weiter, es gibt hier nichts zu sehen« tragen konnte.

Aber irgendwas verwirrte Lucy. War der arme Michael etwa so unerfahren, dass er ihre Kurven etwas zu weit oben vermutete? Hallo? Wo hätte er denn sonst hingeguckt haben sollen? Wenn man sich den Kleinen so ansah, war es auch unmöglich, seine Blickrichtung genau zu bestimmen: Dieses energische Kinn konnte einen schon irritieren ... Mit dem stattlichen Unterkiefer brauchte die angebliche »Hoffnung des Motorsports« vielleicht sogar eine Sonderanfertigung für seinen Rennfahrerhelm. Ihm war nur zu wünschen, dass er mit der Im-Kreis-Fahrerei ein bisschen Erfolg haben würde, sonst könnte das schwierig werden mit den Frauen – so gehemmt wie das Schätzeken war. Eigentlich war er ja wirklich süß.

Aber egal, es gab Wichtigeres. Ufos zum Beispiel. Denn auch auf Lucys Kinn war im Moment ganz leicht die Perspektive verschoben: Ein Pickel-Raumschiff aus der Giganto-Galaxie war dort über Nacht gelandet und hatte direkt nebenan ein kleines Schwesterschiff abgelassen.

SONYAS DO-IT-YOURSELF-TIPP NR. 6

Das beinahe patentierte Sonya-Kraus-Bein-Make-up

Bei 30°C Hitze liegt meine persönliche Wohlfühltemperatur – und auch die meines Kleiderschranks, denn dann werden endlich meine knappen Kleidchen, die normalerweise nur im Fernsehstudio zum Einsatz kommen, von Frauchen ausgeführt. Doch meine Haxen, im Fernsehen immer lecker anzuschauen, sind im Sonnenlicht alles andere als makellos. Um Bindegewebsschwächen und Besenreiser unsichtbar zu machen, habe ich als alte Heimwerkerin ein eigenes Bein-Make-up entwickelt. Lichtreflektierend und preiswert!

Mein Rezept: Basis ist eine beliebige Bodylotion. Diese mische man mit günstigem losen Glanzpuder. Sie sind keine Discoqueen und auch kein Teeny mehr? Dann: Finger weg von Glitterpartikeln! Helle Hauttypen greifen beim Glanzpuder zu Goldtönen, dunklere eher zu bronzenen. Wer sein Bein-Make-up gern deckender hat, nimmt mehr Puder, für höhere Transparenz braucht man mehr Lotion. Das Ganze in ein sauberes Plastikgefäß abfüllen, vor Gebrauch gut schütteln und makellose Beine spazieren führen. Kleiner Tipp: Was Beine schön macht, kann Armen nicht schaden!

Ein optischer Totalausfall. Aber – don't worry, be happy – wofür gab es denn die Tricks aus der Kosmetikkiste? Vor dem Lunch mit Jana verschwand Lucy noch schnell auf dem Klo, um ihr Make-up aufzufrischen. Mit einem zufriedenen Lächeln öffnete sie ihr Täschchen mit der neuesten Beute aus der Parfümerie: Ein Abdeckstift mit Weltraum-Technologie! Dreißig Mark hatte das Teilchen gekostet, aber es war jeden Pfennig wert. Das unglaublich clevere Ding war nicht wie üblich fleischfarben, sondern grün. Grün war nämlich als Komplementärfarbe die ultimative Waffe gegen Rötungen jeglicher Art! So hatte es unisono in allen Frauenzeitschriften der letzten Monate gestanden, die diesen Pickelstift alle über den – natürlich! – grünen Klee lobten.

Und er hielt, was er versprach! Schwupp, kurz auf die Pickelmonster aufgemalt, Puder drauf – und unsichtbar waren die roten Untertassen. Die perfekte Tarnung! Da brauchte die blöde Kuh am Nachbarwaschbecken gar nicht so doof zu glupschen. War ja bloß neidisch. Immer diese Stutenbissigkeit.

Auf dem Weg in die Eingangshalle wieder das gleiche Phänomen wie vorhin bei Michael: Die Besucher der Automesse, thematisch bedingt vorwiegend männlich, blieben mit ihren Blicken an Lucys Bluse hängen. Was sie irgendwie verunsicherte. Normalerweise starrte ihr eigentlich nie jemand offensiv auf die Bluse. 75 B war zwar eine durchaus akzeptable Körbchengröße, aber weit entfernt von den Atomtittchen am Stripteasestand eines Tuningzubehörherstellers in Halle 5. Und das Outfit war nicht mal tief ausgeschnitten. Wahrscheinlich waren die Heinis alle so aufgegeilt von den Doppel-D-Silikon-Gogos, dass sie jetzt jedem weiblichen Wesen auf die Möpse stierten. Männer eben! So triebgesteuert!

Jana wartete schon in der Eingangshalle. »Bei Sabine«, die Pommesbude gegenüber der Messehalle, war das Gourmetziel dieser Mittagspause – Alternativen gab's keine. Zufrieden mampften die Mädels Hamburger mit Pommes, und Lucy echauffierte sich darüber, wie aufdringlich manche Kerle doch gucken konnten. Jana nickte beipflichtend. Jaja, die schwanzgesteuerten Typen. Immer notgeil. Kannte man, war an ihrem Stand dasselbe.

Dann hielt sie Lucy die Serviette hin. »Du hast da was am Kinn ...«, sagte sie, » ... diese grüne Hamburger-Spezialsoße, glaube ich.«

»Oh, danke.«

Wie gut, dass man Freundinnen hatte, die ehrlich zu einem waren. Wäre ja wirklich peinlich, wenn Lucy diesem kleinen Rennfahrer später mit kreuz und quer im Gesicht verteilter Hamburgersoße gegenübertreten würde. Nicht, dass sie sich was aus dem Typen machte, aber so prinzipiell. Lucy grapschte nach der Serviette und kramte ihren Klappkosmetikspiegel aus der Tasche. Doch beim Blick in ihr Spiegelchen sah sie nur das gleiche mit makelloser Präzision geschminkte Gesicht wie vorhin auf dem Klo. Hamburgersoße? Welche Hamburgersoße?

»Da ist doch gar nix!«

»Doch«, beharrte Jana, »genau da!«

Sie zeigte auf Lucys Kinn.

»So grüne Flecken. Ein großer und ein kleiner.«

»Nein, die würde ich doch se...«

Lucy schüttelte vehement den Kopf. Dann stutzte sie. Moment. Jana konnte doch unmöglich die perfekt unsichtbar gemachten Ufos meinen. Oder?!

»Ich hab da nur ein paar ... äh ... Pickel, aber die hab ich abgedeckt. Hiermit! Guck mal, ist das Neueste!«

Sie kramte wieder in der Handtasche und hielt ihrer Kollegin schließlich Beifall heischend den viel gepriesenen grünen Abdeckstift hin.

»Dreißig Mark. Aus Paris.«

Schweigen.

Jana starrte auf den kleinen grünen Stift in Lucys Hand. »O mein Gott!«

Lucy war verwirrt. »Na ja, ich fand's auch ziemlich teuer, aber in ...«

»Heißt das, du läufst schon den ganzen Tag so rum?«

»Klar. Wieso? Moment. Was ...?«

Lucy schwante etwas. Mit spitzen Fingern zückte sie den Spiegel noch mal. Sie hatte doch ... Sie kniff die Augen zusammen ... Alarm! Grüner Alarm! Die »unsichtbaren« Pickel leuchteten plötzlich wie Leuchtbojen vom Mars. Wie eine außerirdische Pustelkrankheit. Grüne Pestbeulen. Waren das Halluzinationen? Hatte »Sabine« LSD-Blättchen statt Käse auf die Hamburger gelegt? Konnte die plötzliche Blutleere in ihrem Kopf die grüne Katastrophe an ihrem zarten Kinn hervorgerufen haben?

Die Erkenntnis war hart, aber Lucy musste den Tatsachen ins Auge sehen: Sie war den ganzen Tag wie ein gepunktetes, farbenblindes Huhn herumstolziert. Ein grün gepunktetes Huhn. Der Glaube in das vermeintliche Dreißig-Mark-Tarnwunder hatte sie blind gemacht. Rotgrünblind, sozusagen.

SONYAS LIEBLING NR. 7

Kampf der Ölpest: Anti-Glanz-Tricks

Mein bester Freund geht niemals ohne sein ultimatives Beauty-Secret, eine Anti-Shine-Creme, auf die Piste. Zu Recht behauptet er: »Der Begriff ‚eine glänzende Erscheinung‘ hat nichts mit einem soliden Fettglanz auf der Stirn zu tun!« Da Puder auf Männerhaut schnell mal peinlich wirken kann, ist so ein transparentes Cremchen »für ihn« genau das Richtige. Und wenn *wir* mal ohne Make-up und Puder gehen wollen, auch für uns. Produkte gegen Glanz gibt es wie Sand am Meer, aber Maskenbildner und Visagisten verwenden bei glatt polierten Kojak-Köpfen immer **»The Original Super Matte Antishine«** von Face to Face (erhältlich im Maskenbildnerbedarf). Dieses fast transparente Gel ist der Hardcore-Glanzschutz, in hell, mittel und dunkel erhältlich, und legt sich wie ein Schutzfilm auf die Haut. So hat Fettglanz – selbst in der Disko – wirklich keine Chance! Fettglanz, der nach einer Weile auch mit Make-up entsteht, lässt sich am besten mit **Löschpapier** (»Blot Film« von Mac) wegtupfen – denn wer immer wieder Puder nachlegt, sieht irgendwann ziemlich maskenhaft aus.

Jetzt hätte sie was gegen Komplett-Gesichtsrötung gebrauchen können. ‚Grünes Make-up', dachte sie, ‚haha!' Damit sie endgültig aussah wie der ewig grüne Data aus »Raumschiff Enterprise«. Der wäre mit dem Abdeckteil perfekt bedient. Verklagen würde sie die Firma. Jawohl!

Wie peinlich: Von wegen »Auf-die-Titten-Starren«. Auf die untere Etage ihrer Visage hatten die Leute gestarrt! Wie auch beim rheinischen Nachwuchsfahrer, nur aus anderen Gründen. Immerhin, ein bisschen besser war sie doch dran: Der konnte sein Kinn mit nix abdecken, selbst ein Vollbart hätte da null Chancen. Jana schob Lucy die Rettung in Form eines stink-normalen Abdeckstiftes für zweifuffzig aus dem Drogeriemarkt über den Tisch.

»Nimm das. Schnell, husch-husch, ab aufs Klo.«

Gehorsam und immer noch geschockt trabte Lucy in Richtung der Örtlichkeiten. Im Neonlicht leuchteten die Grünanlagen am Kinn noch mal doppelt so giftig. Wie konnte sie das übersehen haben? Lucy überlegte kurz, ob sie ihren Außerirdischen-Stift noch für Karneval aufheben sollte, um als grüne Minna, Absinth-Fee oder Moorleiche zu gehen. Dann beschloss sie, dass dies ihr letzter Auftritt als grüne Lachnummer gewesen sein sollte, und beförderte ihren »Beauty«-Helfer in den Müll ...

Wir merken uns: Traue niemals grünen Stiften, egal, was in den Zeitschriften steht. Denn die malen vor allem in einer Farbe: in Grün. Und sind darum zum Pickelabdecken nur für Frösche, Wasserleichen und Seekranke geeignet.

Zurück am Stand rannte Lucy übrigens in der Küche mitten in den gelb karierten Rennfahrer, der sich plötzlich ungewöhnlich gesprächig zeigte: »Ah, Jott sei Dank. Isch wusste nit, ob isch wat saren soll wejen dem grünen Jedöns am Kinn, aber dat haste ja noch selbst jemerkt.« Dann verschwand er ein weiteres Mal Richtung Show-Podest.

Palette und Pinsel: Unsere Beauty-Werkzeuge

In der Apotheke gibt es **Tablettenschächtelchen**, in denen ältere Herrschaften ihre Pillen serviert bekommen – ich zweckentfremde die Dinger, um mir Lippenstifte, Abdeckstifte (keine grünen!), Make-up-Stifte und anderes Beauty-Zubehör für meine vielen Reisen abzufüllen. Scheibchenweise schneide ich die Stifte ab und drücke sie dann mit dem Messer in ihr neues Zuhause. Perfekte Ergänzung dazu: Ein gutes Pinselset aus Echthaar. Dieses Werkzeugkit ist das Heiligtum eines jeden Visagisten, aber auch für jeden »Amateur« eine Investition und ein Supergeschenk für Freundinnen! Darin findet man normalerweise:

- **einen Puderpinsel**
- **einen Rougepinsel**
- **einen Abdeckpinsel**
- **einen Augenbrauenpinsel**
- **zwei oder drei Lidschattenpinsel**
- **einen »Line Softener«, um Kajal und Lidstriche zu verwischen**
- **eventuell einen Make-up-Pinsel für flüssiges Make-up**

Mit Pinseln lassen sich viele Details des dekorativen Make-ups sehr gut und hygienisch auftragen, und es wird wenig vom Produkt verschwendet. Wichtig: Die Pinsel sollten lange Stiele haben, so liegen sie besser in der Hand, und man kann exakter »malen«. So ein hochwertiges Set mit möglichst weichen Pinseln kann einen fast das ganze Leben lang begleiten, denn es haart nicht, und die Pinsel kann man pflegen – indem man sie einfach mit Pinselreiniger oder Haarshampoo auswäscht. Wichtig ist, dass man die Pinsel nicht im Wasser stehen lässt, weil sich dann der Leim löst, mit dem die Haare festgeklebt sind.

Bräune per Pinsel: Bronze-Puder

Wenn Sie vom Bleichgesicht zur knackig gebräunten Urlaubsbeauty mutieren wollen: Bitte die glorreiche Verwandlung nie mit dem Make-up versuchen! Das sieht immer angemalt aus. Eine elegante Sofortlösung für ein bisschen mehr Farbe in der Visage ist matter **Bronzing Powder**. Doch der muss richtig angewendet werden:

1. Puderpinsel in den Puder tauchen
2. Pinsel hochkant halten, dagegen klopfen. Dadurch sinken die Puderpartikel tiefer in den Pinsel ein und der Puder verteilt sich besser
3. Beim Verteilen des Puders auf »nackter«, ungeschminkter Haut bitte daran denken, dass in der T-Zone (die fettigeren Bereiche Kinn, Nase, Stirn) der Puder besser »klebt« und dadurch fleckig wirken kann. Aber dagegen kann man was tun: Eine Anti-Glanz-Creme beugt hier wirkungsvoll vor (siehe auch »Sonyas Liebling Nr. 7« auf S. 177).

Beauty-Hotspot: Augen

Noch so eine Frauenzeitschriften-Schönheitsweisheit: Man soll beim Make-up entweder die Augen oder den Mund betonen. Vergessen Sie's! Das gilt für Fotoproduktionen in Magazinen, bei denen verschiedene Make-up-Produkte jeweils im besten Licht dastehen sollen. Und da darf nicht der tolle Lippenstift dem irren neuen Lidschatten die Show stehlen. Aber wir sind nun mal keine Werbefläche und wollen schließlich in Gänze im besten Licht dastehen. Darum: **Betonen Sie *immer* die Augen!** Und eventuell den Mund noch dazu. Beim Make-up ausgerechnet die Augen auszusparen ist so, als wollte man mit dem Auto ohne Räder losfahren:

geht gar nicht! Der Augenaufschlag ist – neben der Zunge – die schärfste Waffe einer Frau. Mit dem richtigen Rahmen aus Augenbrauen und Wimpern können Sie sich (beinahe) den Rest des Augen-Make-ups sparen: Die Männlein in Ihrer Umgebung können sich jetzt schon mal ein Sauerstoffgerät besorgen – der Atem wird ihnen nämlich stocken. Für den hollywoodreifen Auftritt als Diva brauchen Sie aber die richtigen Zutaten und manchmal eine ruhige Hand.

Unsere Fensterrahmen – die Augenbrauen

Spätestens seit Marlene Dietrich sollten wir wissen, dass formvollendete Augenbrauen das Gesicht nicht nur einrahmen, sondern ihm auch einen ganz speziellen Ausdruck verleihen. Trotzdem wird ihre Wirkung leider nur zu oft unterschätzt. Aber denken Sie an Comicmännchen: Hier wird mit ein paar Strichen, die die Augenbrauen darstellen, der ganze Gesichtsausdruck einer Figur verändert! So ist das auch in unserem Gesicht! Das Schöne daran: Die Augenbrauen sind unheimlich leicht zu gestalten. Also aufgepasst! Zunächst komme ich zu den drei goldenen Augenbrauen-Regeln:

1. Keine Ecken – wirkt zickig!
2. Keine Balken – macht alt!
3. Nie zu dunkel – wirkt künstlich!

Eine schön geschwungene, natürlich wirkende Form bekommen Augenbrauen, wenn Sie sich beim Zupfen am Rand der Augenhöhle orientieren und die Augenbraue Richtung äußerem Augenwinkel peu à peu schmaler werden lassen. Falls Sie sich das nicht zutrauen, hilft eine **Augenbrauenschablone**. Gibt's im Drogeriemarkt fertig zu kaufen. Die Anwendung:

1. Mit einer Augenbrauenbürste – sauberes Wimpertuschebürstchen oder Zahnschrubber tun's auch – alle Härchen nach oben bürsten.
2. Schablone auflegen, mit einem Augenbrauenstift die Form übertragen, dabei darauf achten, dass die Abstände zu Nase und Auge auf beiden Seiten gleich groß sind. Symmetrie ist wichtig, da symmetrische Gesichter als attraktiver wahrgenommen werden.
3. Jetzt geht's ans Zupfen! Alles, was außerhalb des aufgemalten Bereichs liegt, muss weg, auch feinste Härchen. Wie immer kontrollieren wir das Ergebnis unserer Arbeit mit unserem Vergrößerungskosmetikspiegel!

Sie sind ein Weichei? Sie haben nur deshalb noch Ihren Theo-Waigel-Wildwuchs, weil Sie Zupfen so Aua finden? Sie sind eine Kandidatin für ...

Die schnelle Lösung: Augenbrauenrasierer

Täglich quälen sich Millionen von Frauen mit der Pinzette, um durch fleißiges Zupfen Schwung in die Braue zu bringen. Doch diese Prozedur ist auch mir oft zu zeitraubend und schmerzhaft. Für den schnellen Schliff zwischendurch gibt es den Augenbrauenrasierer – Kevin Kuranyi macht sich damit übrigens sein Bärtchen. Diese Minirasierer stammen ursprünglich aus den Sechzigern, sehen aus wie kleine rosa Skalpelle und sind in guten Drogerien für ein paar Euro im altmodischen Dreierpack (zum Beispiel von der Firma Flicker) erhältlich. Und so geht's:

1. Brauen gut reinigen
2. Form vorzeichnen
3. Haut spannen
4. Härchen in Wuchsrichtung trocken abrasieren – fertig!

Auch kurze nachwachsende Stoppelchen, lästiger Oberlippenflaum oder hässliche Haare auf Muttermalen sind so in Sekunden verschwunden. Nur Mut und ran ans Messer!

Und zum Schluss: Farbe auf den Brauenbogen

Viele Frauen schminken jedes Detail im Gesicht – nur die Augenbrauen werden vergessen. Ein großer Fehler, denn dadurch ist der Gesamteindruck nicht mehr homogen.

1. Um die Augenbrauen zu betonen, kann man natürlich einen Augenbrauenstift benutzen. Ich nehme stattdessen lieber dunklen Lidschatten, weil das weicher und natürlicher wirkt. Egal, wofür Sie sich entscheiden: Beides wird strichelnd in Wuchsrichtung aufgetragen – der Lidschatten mit einem leicht borstigen, abgeschrägten Pinsel.
2. Das Ganze fixiere ich mit einem Augenbrauenbürstchen, auf das ich ein wenig Haarwachs oder -gel auftrage. Schließlich können Augenbrauenhaare ziemlich lang werden – ärgerlich, wenn die dann kreuz und quer abstehen. Bitte kein ultrastarkes Gel verwenden, das könnte bröseln.

Der perfekte Augenaufschlag

Von den Augenbrauen aus gesehen etwas weiter unten finden wir nicht minder wichtige Härchen: die Wimpern. Unsere Abschussrampe für heiße Blicke. Hier kann man einiges machen, damit unserem Zielobjekt ganz schwindlig wird! Einem betörenden Augenaufschlag unter atemberaubend langen, glänzenden Wimpern können Männer einfach nicht widerstehen.

Erst mal in Schwung kommen: Fräulein Wimpernzange und ihre Freunde

Manche von uns Mädels haben ganz gerade Wimpern – verständlich, dass wir da ein bisschen mehr Schwung reinbringen wollen. Auch hier gibt es mehrere unkomplizierte Möglichkeiten:

- **Die Wimpernzange** Der unverzichtbare Klassiker wird zunächst per Föhn oder unter heißem Wasser angewärmt, bevor man mit ihr die feinen oberen Wimpern nach oben biegt und kurz festhält.

■ **Der Lash Curler** Hier kann man auf den Föhn verzichten, diese Wimpernzange wird sozusagen mit Heizung geliefert.

■ **Die Wimperndauerwelle** Kann man leider nicht selber machen – ein Job für die Kosmetikerin. Dabei wird die Haarstruktur chemisch aufgeweicht und die Wimper dann aufgewickelt. Die Prozedur dauert etwa 45 Minuten und kostet ab etwa fünfzehn Euro. Das Ergebnis ist ein toller Schwung, aber nach sechs bis maximal acht Wochen ist alles beim Alten. Ich halte mich darum lieber an die oben genannten Do-it-yourself-Methoden.

Aus dem Ersatzteillager: Klimpern für Fortgeschrittene

Filmstars sind noch nie ohne ausgekommen! Ob Greta Garbo, Audrey Hepburn oder heutzutage Penelope Cruz. Künstliche Wimpern machen selbst aus Lieschen Müller eine Diva und sind ein Muss, wenn wir den großen Auftritt planen.

■ **Lash Extensions** Extensions für die Haare gibt's ja schon lange – dass man auch Wimpern so verdichten und verlängern kann, ist neu. In speziellen Kosmetikstudios werden einzelne Wimpernhaare auf die eigenen Härchen geklebt – jeweils ein Haar über die ganze Wimper. Wimper für Wimper! Die Wimpern werden dadurch verlängert und bekommen einen tollen Schwung nach oben. Die aufgeklebten Haare haben verschiedene Längen, damit es auch absolut natürlich aussieht. Das dauert natürlich – mit anderthalb bis zwei Stunden sind Sie dabei. Und man kann für die Prozedur – je nach Anzahl der aufgeklebten Härchen – auch locker 300 Euro loswerden. Das dauert mir eigentlich zu lange und ist mir viel zu teuer, aber ich hab's wenigstens einmal ausprobiert, weil ich so neugierig war. **Das Ergebnis war in den ersten Tagen absolut phänomenal**, und es sieht völlig natürlich aus. Mal abgesehen davon, dass die Wimpern natürlich überirdisch lang sind. Problem bei der Sache: Wir verlieren nun mal ganz natürlich jeden Tag einige Wimpern, die dann nachwachsen. Spätestens nach zehn Tagen sieht man etwas gerupft aus. *Fazit: Toller Effekt für Leute mit viel Zeit und viel Geld, die es sich leisten können, regelmäßig nachzukleben. Alle anderen greifen besser zu:*

Einzelwimpern Der Name täuscht: Einzelwimpern sind immer Bündel von ein paar Härchen, die mit einem Knötchen zusammengefasst sind. Gibt es in drei verschiedenen Längen auf sogenannten »Decks« in der Drogerie oder Parfümerie zu kaufen – verwendbar sowohl auf dem Ober- als auch auf dem Unterlid. Diese Bündel klebt man mit einem Tropfen des mitgelieferten Permanent-Wimpernklebers in Abständen zwischen die eigenen Wimpern. Dabei kann man mal die längeren, mal die kürzeren verwenden, unsere richtigen Wimpern sind ja auch nicht alle gleich lang, darum sieht das sehr natürlich aus. Außen an die Ecken des eigenen Wimpernkranzes klebt man ein Bündel der längeren Härchen. Das hält einige Tage, **»öffnet« das Auge optisch** und lässt es größer erscheinen. *Wichtig:* Vorher die eigenen Wimpern tuschen, dann kleben und am Ende noch mal drübertuschen. Beim Abschminken zärtlich sein und keine Öltücher verwenden! *Fazit: Frau braucht ein bisschen Übung, aber dann hat man einen Rieseneffekt für wenig Geld – macht Katzenaugen.*

SONYAS LIEBLING NR. 8

DUO-Wimpernkleber

Fürs Montieren künstlicher Wimpern ist der DUO-Wimpernkleber ein Musthave! Damit löst sich garantiert nichts ungewollt ab – denn nichts ist peinlicher als das. Das Zeug bekommen Sie in Läden, in denen Make-up-Profis einkaufen, oder im Internet (zum Beispiel bei www.profimakeup-shop.de). Den Kleber gibt's in transparent oder dunkel – mein Favorit, weil der Kleber nach dem Trocknen, passend zur Wimpernfarbe, komplett schwarz wird und das Auge wie ein Lidstrich betont. Der dunkle Kleber erfordert allerdings ein etwas ruhigeres Händchen: Jeder sieht, wenn man gekleckert hat! Wenn's trotzdem passiert, wird einfach noch mal Eyeliner drübergepinselt.

Bandwimpern Mit Bandwimpern machen die meisten von uns im Karneval Bekanntschaft. Die Erfahrung der meisten Erstverwenderinnen: Die Wimpern überstehen höchstens die halbe Faschingsparty, bis sie wie traurige Fransenfähnchen auf Halbmast hängen. Außerdem ist die Sache eine schreckliche Frickelei. Doch es ist ein himmelweiter Unterschied, ob man Bandwimpern im Karnevalsbedarf kauft und mit Billigkleber anpappt oder zu Qualitätswimpern aus der Drogerie oder Parfümerie greift. Wer weiß, wie's geht, kann auch mit Bandwimpern zaubern. Wichtig ist nur:

- Das Wimpernband muss verschieden lange Härchen haben, sonst sieht's künstlich aus.
- Vor dem Ankleben die eigenen Wimpern mit der per Föhn angewärmten Wimpernzange oder dem batteriebetriebenen Lash Curler in Form biegen.
- Das Lid muss bereits komplett geschminkt und fettfrei sein, ein Hauch von Eyeliner macht den Bandansatz unsichtbar.
- Die eigenen Wimpern müssen schon getuscht sein.
- Die falschen Wimpern müssen vorab mit den Fingern gut in U-Form gebogen werden – entsprechend der natürlichen Augenform. So sitzen die Ersatzteile später besser.
- Wimpernband nicht im Ganzen verwenden, sondern mit der Schere in zwei oder drei Teile schneiden. Die Teilchen klebt man einzeln in die äußeren Augenwinkel oder nebeneinander aufs Lid. Beides erleichtert das Kleben und wirkt natürlicher.
- Zum Kleben verwenden Sie unbedingt DUO-Wimpernkleber (siehe Kasten). Auf die Eckpunkte bitte ein Extratröpfchen Kleber geben, damit es auch wirklich hält.
- Mit einer Pinzette geht's am einfachsten. Ich fange am äußeren Augenwinkel mit dem ersten Wimpernstückchen an, das ich präzise mit der Pinzette auf meinen eigenen Wimpernrand platziere, dann ans Lid rücke und andrücke.

Fazit: Ein Klassiker! Bandwimpern kann man unzählige Male verwenden, wenn man sie gut behandelt. Heißt: Nie tuschen. Keine Abschminke zum Entfernen benutzen, sondern Wimpern abziehen und direkt den Kleber abpopeln. Der ist dann noch körperwarm und leichter zu entfernen. Danach werden die Teile in einem Döschen verstaut, wo sie nicht zerdrücken und einstauben.

Ein(e) Tusch(e) für die Wimpern!

Ob mit oder ohne künstliche Wimpern, gefärbt oder nicht, mindestens fürs Abend-Make-up ist die Wimperntusche, auch Mascara genannt, unverzichtbar. Allerdings gibt es nur zwei bis drei Farben, die infrage kommen:

SONYAS LIEBLING NR. 9

Klimperwimpern Nummer 7 von MAC

Mädels, ich hatte sie alle! Was sich wie die Biografie von Boris Becker anhört, trifft auch auf die Liebesbeziehungen zwischen den unterschiedlichen Wimpernmodellen und mir zu. Vor einigen Jahren habe ich allerdings die Wimper fürs Leben gefunden: Der Nummer 7 von MAC bin ich seitdem ziemlich treu. Verbringen Sie doch einfach auch mal eine heiße Nacht mit ihr …

- Dunkelbraun
- Schwarz und eventuell noch Blauschwarz (bei blauen oder grauen Augen)

Sonst nichts! Alles andere fällt in die Abteilung »modische Verirrung«. Meine Damen, wir wollen verführen! Nicht irgendeinem Kosmetiktrend hinterherlaufen. Wie sehr man sich da vertun kann, zeigt die Geschichte meiner guten Freundin Steffi: Deren Tante war Chefin in einer großen Frankfurter Parfümerie und versorgte ihre pubertierende Nichte immer mit dem Neuesten aus der Kosmetikwelt. Auf Steffis großer Party zu ihrem achtzehnten Geburtstag bekam ich sofort einen Schock, als die Tür geöffnet wurde. Vor mir stand nicht Steffi, sondern eine gentechnische Kreuzung aus Boris Becker und einem Schneemann: Das Wesen mir gegenüber hatte weiß geschminkte Wimpern! Und war darauf stolz wie Oskar: »Hey Sonya! Super, oder? Das ist das Neueste, *der* heiße Trend aus Milano!«

Mir blieb der Mund offen stehen, und alles, was ich rausbrachte, war: »Ah ja.« Aber Steffi war sowieso schon wieder in der Menge verschwunden. Es hat geschlagene drei Stunden gedauert, bis ich sie aufs Klo zerren

CLEVER-TIPP NR. 6

Das Haltbarkeitssymbol

Nicht nur die Wimperntusche – alle Kosmetika müssen frisch sein! Ich habe tatsächlich Freundinnen dabei erwischt, wie sie noch Lidschatten von ihrer Mutter benutzt haben – das kann arg ins Auge gehen! Ranzige, alte oder eingetrocknete Produkte provozieren Unverträglichkeitsreaktionen und Allergien, bröseln und lassen sich nicht optimal auftragen. Seit einer Weile gibt es darum auf Packungen das Haltbarkeitssymbol in Form eines geöffneten Tiegels. Daneben steht eine Zahl, die anzeigt, wie viele Monate das Produkt sich nach dem Öffnen hält. Danach muss das Zeug weg. Ohne Ausnahme. Und wenn Sie irgendwelche Kosmetikartikel finden, die noch nicht mal den Aufdruck haben – die sind sozusagen aus der Steinzeit und müssen natürlich erst recht in den Müll.

konnte, um sie mit meiner schwarzen Mascara und den Worten: »Tuschen! Sofort!« zu bedrohen und dem weißen Spuk-Look ein Ende zu machen. Auf den ganzen hochoffiziellen Geburtstagsfotos sieht man leider nur die »weißhaarige« Steffi. Wir lachen heute noch über ihre so wahnsinnig »coolen« weißen Wimpern aus Milano.

Aber auch bei Anwendung dunkler Wimperntusche erzielen Sie den maximalen Effekt nur mit der folgenden Anleitung:

Schritt 1: Wimpern pudern! Vor dem Tuschen ein bisschen Puder auf die Wimpern stäuben. Damit sehen die Dinger direkt viel dichter aus. Dann geht es in zwei Phasen weiter:

Schritt 2: Wasserfeste Wimperntusche an den Ansatz! Wasserfeste Wimperntusche hat neben der Wasserfestigkeit eine Eigenschaft, die ich sehr schätze: Sie wird besonders hart. Darum benutze ich sie wie ein festigendes Gel. Heißt: Den Ansatz der Wimpern, also direkt am Lid, kann man mit wasserfester Tusche super für einen **Extraschwung** nach oben biegen. Dazu das Bürstchen einfach kurz in der gewünschten Position festhalten. Ich vermeide aber, die Wimpernspitzen damit zu tuschen, weil die durch den Härtungseffekt sehr leicht abbrechen. **Die Wimpern am Unterlid bearbeite ich komplett mit wasserfester Tusche**. Eine Sicherheitsmaßnahme, weil dort ja Feuchtgebiet ist und verschmierte Tusche nach Totaltrottel aussieht.

Schritt 3: Zum Schluss normale Wimperntusche auf die Spitzen!

Das war's schon. Viel Spaß beim Klimpern. Allerdings fällt mir beim Thema »Wimperntusche« noch ein sehr wichtiger Aspekt ein:

- **Ihre Wimperntusche und Ihre Zahnbürste** haben zwei Dinge gemeinsam – ein Bürstchen an einer Seite, und für beide gilt: **Nach sechs Wochen sind sie fällig!** Aber viele Frauen halten sich nicht dran. Die Folgen im Falle nicht rechtzeitig entsorgter Mascara sind zum Beispiel **Augenentzündungen**. Unsere Augen sind extrem empfindlich, und wie überall auf unserem Körper leben auch in unseren Wimpern Bakterien, ja sogar Milben! Die sammeln und vermehren sich mit der Zeit fröhlich in der Hülse mit der Tusche und werden bei jedem Auftragen verteilt – aua! Aber auch Mädels mit robusten Reptilienaugen werden sich von folgendem Horror-Szenario überzeugen lassen: **Alte Tusche bröselt!** Wimperntusche wird bei jeder Verwendung mit Luft vollgepumpt — und trocknet dadurch schneller ein. Und nichts sieht blöder aus als dunkle Bröckchen unter den Augen, die leidige Augenringe betonen. Also besser: weg damit! Sie finden, das ist Geldverschwendung? Mitnichten! Dafür verzichte ich beim Kauf gern auf tolle Namen, ich benutze durchaus auch Wimperntusche für 2,99 Euro. Dafür ist sie immer frisch und cremig!

Für den Naturlook tagsüber: Wimpern färben

Gerade wir Blondies und Rothaarige haben ja oft von Natur aus eher helle Wimpern. Wer weder Bock auf den Albino-Look noch aufs tägliche Tuschen hat und von der Natur mit einigermaßen langen Wimpern gesegnet wurde, hat da eine Supermöglichkeit: Färben! Das ist insbesondere auch für die Wimpern am Unterlid eine tolle Sache. Die sind oft sehr lang, aber ebenfalls extrem hell, und auf die Schnelle erwischt man sie beim Tuschen meistens nicht. Die Färberei kann man natürlich beim Friseur oder bei der Kosmetikerin machen lassen. Ich sage: Do it yourself! Das spart Geld und ist nicht schwer: Einfach nach Packungsbeilage erst die eine, dann die andere Seite färben – fertig. Noch besser: Sie fragen eine Freundin, dann können Sie auch beide Seiten auf einmal erledigen, dabei quatschen und sich gegenseitig bearbeiten.

SONYAS LIEBLING NR. 10

Profi-Wimpernfarbe

Weil die in der Drogerie und im Supermarkt erhältlichen Wimpernfarben aus Sicherheitsgründen weniger Chemikalien enthalten als die, die der Friseur verwendet, sind die Einwirkzeiten meistens sehr hoch und das Ergebnis ist manchmal nicht ganz so haltbar. Das muss nicht sein! Einfach in den Gelben Seiten unter »F« wie »Friseurbedarf« nachschauen, schon haben Sie Ihren »Dealer«. Eine Friseurpackung wäre zwar mit »Familienpackung« noch eher unzureichend beschrieben, aber für den den stärkeren Effekt lohnt sich diese Anschaffung. Am besten teilen Sie sich das Zeug mit einer Freundin, und jede füllt sich etwas ab.

Grundkurs Augenmalerei

Wenn Augenbrauen und Wimpern stimmen, braucht man eigentlich kein großes Augen-Make-up mehr. Da reicht ein bisschen Puder auf dem Lid und eventuell noch das, was Visagisten meinen, wenn sie sagen: »Du, ich muss dir noch die Banane ausschattieren.« Die »Banane« ist die Falte an der Stelle, an der das bewegliche Oberlid oben aufhört – sie wird ein bisschen dunkler betont. Das gibt dem Augen-Make-up Plastizität und Ausdruck. Auf der sicheren Seite fürs Schminken des Auges ist man mit den folgenden Grundregeln:

1. Wir halten uns an Naturtöne! Braun, Sand, Vanille, Oliv und so weiter. Schrilles sieht auch mal super aus – wenn es von Profis aufgetragen wird! Zum Beispiel, wenn ich bei »talk talk talk« den Clown mache. Privat lasse ich völlig die Finger davon. Aber zu besonderen Anlässen kann man so was natürlich mal ausprobieren. Falls Sie wagemutig sind und hierfür Anleitungen suchen: Frauenzeitschriften sind voll davon – ich stürze Sie nicht in Ihr Unglück!

2. Das Oberlid muss grundiert werden! Natürlich, bevor wir den Lidschatten auftragen. Dafür nehmen wir entweder das Make-up, das wir auch fürs restliche Gesicht verwenden, oder eine spezielle Augengrundierung, die es als leichtes Fluid gibt. Auftragen und gut einklopfen. Wenn wir darauf verzichten, bewirken die Hautöle auf dem Lid, dass die ganze Farbe in die Lidfalte läuft und sich dort unschön sammelt – das sieht schmierig und ungepflegt aus.

3. Das bewegliche Lid wird hell geschminkt! Im Klartext: Der Bereich direkt auf dem Auge oberhalb der Wimpern bekommt einen hellen Lidschatten verpasst.

4. Die »Banane« bekommt einen etwas (!) dunkleren Anstrich! Der Kontrast zwischen dunkler Lidfalte und hellem Lid modelliert das Auge ausdrucksvoll.

5. Ein Klecks heller Lidschatten wird unter der Augenbraue platziert! Aber Vorsicht: Dieser sogenannte »Highlighter« wird in Frauenzeitschriften gerne als unverzichtbar hervorgehoben. Ich begegne darum fast täglich Mädels, die Weiß unter der Augenbraue tragen. Böse Falle! Weiß unter den Brauen gibt Ihnen sofort einen klassischen Transvestiten-Look und lässt Ihr Gesicht unnötig hart erscheinen. Die Faustregel: **Verwenden Sie als Highlighter niemals einen Farbton, der heller ist als Ihr hellster Hautton!** Den findet man auf der Innenseite der Unterarme. Alles, was heller ist als dieser Bereich, ist tabu!

6. Zum Schluss kommt ein Tupfen desselben hellen Lidschattens in den inneren Augenwinkel! Das sieht sehr clean und strahlend aus! Einzige Ausnahme: Man hat extrem weit auseinanderstehende Augen – dann sollten Sie auf diesen Trick verzichten. Zumindest, wenn Sie nicht aussehen möchten wie ein Hammerhai. Falls sie eher eng zusammenstehende Augen haben, dann betonen sie die äußeren Augenzonen noch mit dunklerem Lidschatten.

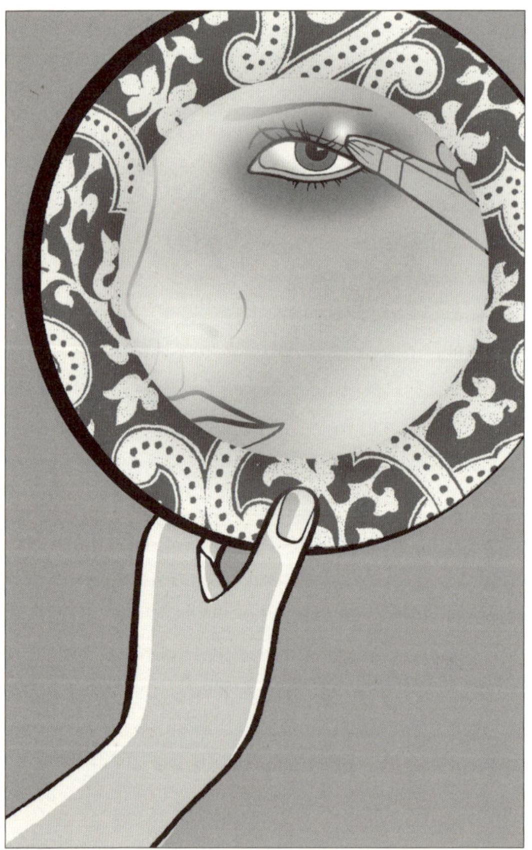

Darf's ein bisschen mehr sein? Das große Augen-Make-up

Kommen wir vom Basis-Augen-Make-up für jede Tageszeit zum dramatischeren Teil. Während man tagsüber lieber zu matten Lidschattentönen greifen sollte, da das natürlicher und weniger angemalt aussieht, darf unser Eyeshadow abends gerne glänzen, denn so wird das sanftere Licht reflektiert, und die Äuglein strahlen. Außerdem schluckt Kunstlicht einen Teil des Farbeffekts, darum dürfen wir insbesondere abends oder zu besonderen Anlässen etwas tiefer in unser Farbtöpfchen greifen.

Unsere Augen sind die einladend leuchtenden Fenster zu unserem Haus und sollten der Glanzpunkt jeder abendlichen Fassadengestaltung sein.

Achten Sie auf Ihre Linien: Lidstrich und Kajal

Mit der gemalten Umrahmung des Auges können Sie raffinierte Effekte erzielen, die von der ganz unauffälligen – weil natürlich wirkenden – Vertiefung des Blicks bis zur Sixties-Party-Queen reichen.

Der Lidstrich aus dunklem Lidschatten und ein bisschen Spucke, den man mit Hilfe eines Pinsels am oberen Wimpernrand bastelt, wirkt viel weicher und damit jünger als ein harter Lidstrich mit einem echten Eyeliner! Noch mehr Pluspunkte: Er verschmiert an dieser Stelle nicht so leicht wie die Alternative Kajal, und das Ergebnis sieht auch dann noch super aus, wenn man dabei ein paarmal neu ansetzen muss.

CLEVER-TIPP NR. 7

Die Alles-glatt-Notfall-Creme

Falls Sie sich fragen, warum manche Berühmtheiten mit gefühlten 150 im Fernsehen um die Augen rum immer so glattgebügelt aussehen: Die Leute sind nicht unbedingt in allen Fällen geliftet oder gebotoxt. Vielleicht haben sie vor ihrem Auftritt auch nur Hämorrhoiden-Creme im Gesicht benutzt. Die Wirkung dieser Creme ist unmittelbar und kurzfristig – langfristig lassen sich Falten damit nicht beseitigen. Auf kurze Sicht allerdings höchst effektiv: Das aggressive Zeug zieht die Haut zusammen, als sei sie hinterm Ohr festgetackert. Hämorrhoiden-Creme ist ein Trick, den Visagisten bei schlimmen Tränensäcken und verschwollenen Augen anwenden. Vorsichtig ganz dünn (!) unter den Augen auftragen, zehn Minuten einwirken lassen und dann mit Augen-Make-up-Entferner wieder abnehmen. Sie werden sehen: Das empfindliche Gewebe zieht sich zusammen. Aber bitte nur für den absoluten Beauty-Notfall, das ist nix für jeden Tag! In etwas weniger großen Notfällen hilft vielleicht schon der Löffeltrick ...

CLEVER-TIPP NR. 8

Der Löffeltrick

Der neue Morgen unterbreitet Ihnen mal wieder großzügig einen Satz Augenringe als Geschenk? Ihre Gukkies sind nach dem Motto »Oberlid frisst Wimpernrand« geschwollen? Viele Visagisten holen da erst mal die Esslöffel aus dem Kühlschrank und drücken sie ihren »Opfern« eine Minute aufs Auge. Ergebnis: Durch den Kälteschock ziehen sich die Adern zusammen, die dunklen Ringe gehen zurück. Auch über Nacht geschwollene Lymphgefäße ziehen sich zusammen, die Flüssigkeit wird quasi abgepumpt. Auch super, nachdem man eine Pflege vorsichtig eingeklopft hat, und um fertiges Augen-Make-up haltbarer zu machen. *Achtung:* Löffel niemals im Tiefkühlfach aufbewahren, sonst gibt's Frostbeulen! Am besten in einem durchsichtigen Zipper-Beutel in der Kühlschranktür.

Für den Asia- oder Sechziger-Jahre-Look braucht man echten Eyeliner. Aber so einen Lidstrich muss man üben, denn er hat beim Augen-Make-up den höchsten Schwierigkeitsgrad! Einer meiner Lieblingsvisagisten, der legendäre Kevin Aucoin – Gott hab ihn selig –, sagte immer: **»Einen Lidstrich muss man in einem durchziehen!«** Und der Mann hatte recht, denn sonst stimmt der Schwung einfach nicht. Da kann ich nur sagen: Übung macht den Meister!

Ein kleines bisschen einfacher als mit klassisch flüssigem Eyeliner geht's übrigens mit **Gel-Eyeliner**, das ist die neueste Generation der Eyeliner-Produkte. Deren Vorteile: Sie sind matt, pigmentstark, wasserfest, und sie bröckeln und verschmieren nicht. Gibt's in kleinen Glasdöschen, zum Beispiel von Bobby Brown – aufgetragen werden sie mit einem ganz dünnen Pinsel. Aber auch hier führt kein Weg an ein bisschen Training vorbei! Bis Sie auf diesem Feld Perfektion erreicht haben, halten Sie sich besser an die narrensicheren Methoden. Wie zum Beispiel:

Ausdrucksstarke Augen mit Kajal upside down ... Dass man dunklen Kajal am Unterlid auftragen kann, ist eine olle Kamelle. Was dagegen kaum eine Frau weiß: Auch am Oberlid lässt sich damit toll tricksen. Der folgende

Tipp eignet sich besonders für Frauen, die sich einen echten Eyeliner-Strich nicht zutrauen, sich aber einen tiefen ausdrucksvollen Blick wünschen:

1. Kajal kurz über einem Feuerzeug oder an einer Kerze weich machen.
2. Oberes Lid anheben!
3. Mit dem weichen Kajal unter (!) dem oberen (!) Wimpernkranz einen Strich ziehen, ganz dicht an den Härchen. Fertig.

und große Augen mit Kajal down under! Wer nicht mit großen runden Augen gesegnet, sondern eher der Typ »Katzenauge« mit etwas kleineren Exemplaren ist, kann auch diese effektvoll größer schminken:

1. Cremefarbenen (!) Kajal nehmen, über Kerze oder Feuerzeug kurz anwärmen.
2. Kajal ins untere Augenlid oberhalb des Wimpernkranzes aufmalen.
3. Dunklen Kajal nur vorsichtig unterhalb des Unterlides unter den Wimpern auftragen!
4. Für einen weicheren Look die Linie mit einem weichen Pinsel soften.

Diese Maßnahme, die man an unserer Heidi Klum oft studie-

CLEVER-TIPP NR. 9

Kampf den Bröseln!

Wenn ich ein größeres Augen-Make-up schminke, verändere ich die übliche Reihenfolge des Schminkens – auch wenn mich dafür jeder Visagist hauen würde. Das heißt: **Ich grundiere dann zwar die Augenlider, aber auf den Rest des Gesichts trage ich noch kein Make-up auf.** Schließlich bröselt bei der Malerei an den Guckies immer mal was, das die Base unter den Augen versauen kann. Außerdem ist das Make-up so immer noch ein paar Minuten frischer. Apropos Frische: Falls Ihr Make-up schon ein bisschen »eingetrocknet« aussieht und Sie keine Zeit haben, sich komplett neu zu schminken, hilft das Spray **»Fix +«** von MAC. Dieses Wässerchen enthält Vitamine, Mineralien und Extrakte aus Grüntee, Kamille und Gurke. Augen schließen, aufsprühen. Riecht klasse, erfrischt sofort, und Ihr Make-up bekommt wieder die nötige Feuchtigkeit, um noch ein paar Stunden länger super auszusehen. Preiswertere (aber nicht ganz so gute) Alternative: **Mineralwasser** per Sprayflasche aufs Gesicht aufstäuben.

ren kann, vergrößert optisch die Fläche des Weißen in den Augen. **Bitte hier *nie* Reinweiß oder Hellblau verwenden**, denn im Kontrast dazu wirkt das Weiß in den Augen grau bis gelb. Und bitte sauber arbeiten: Wenn weiße Bröckchen in den unteren Wimpern hängen, sieht das aus, wie ein gut gezielter Möwenschiss. Also: Immer schön alles im Fünffach-Kosmetikspiegel kontrollieren! Im nicht ganz so häufigen Fall, dass Sie extrem große Augen à la Heike Makatsch haben oder als Kind vielleicht schon mal mit dem charmanten Spitznamen »Glupschauge« bedacht wurden, können Sie auch dunklen Kajal *auf* dem unteren Augenlid oberhalb der Wimpern auftragen. Schrumpft jedes Auge zuverlässig! Leute mit kleineren Augen sollten das darum tunlichst sein lassen.

SONYAS LIEBLING NR. 11

Blaue Augentropfen

Im Laufe meiner Modelkarriere bin ich viel rumgekommen und habe wunderbare Beauty-Produkte aus aller Welt kennengelernt. Das allermeiste gibt es inzwischen auch bei uns, nicht aber die blauen Augentropfen – und das ist wirklich eine Schande! Falls Sie demnächst in die USA oder nach Frankreich reisen sollten: Decken Sie sich unbedingt mit **Gouttes Blues** von Innoxa/Paris ein! Diese Tröpfchen wirken Wunder nach einer schlaflosen Nacht, wenn Ihre Augen vor Übermüdung stark gerötet sind. Schwupp, ein paar von den Wunderdrops rein – und Sie fühlen sich zwar nicht wacher, sehen aber sofort so aus. Mit den blauen Tropfen lassen sich übrigens auch gerötete Stellen wie Ex-Pickel oder geplatzte Äderchen bleichen und tarnen: Aufträufeln, antrocknen lassen, fertig!

Dekorative Verschalung: Farbige Kontaktlinsen

Es ist ein Weilchen her: Ich war fast achtzehn und wollte endlich Auto fahren dürfen! Im Zuge der Führerscheinprüfung mussten noch ein paar Formalitäten erledigt werden, unter anderem auch ein Sehtest. Eine Lappalie, schließlich besaß ich doch Adleraugen, oder? Sonst hätte man da ja schon längst was bemerkt! Gut, dank beständigen störenden Schwätzens kam ich dreizehn Schuljahre lang in den »Genuss« der ersten Reihe mit direktem Blick auf die Tafel: Alles war von hier aus klar lesbar.

Mit den Sehtesttafeln des Optikers verhielt es sich anders: Hieroglyphen? Kyrillische Schriftzeichen? Hilfe! Der grinsende Optiker wollte mir das Schlimmstmögliche antun: eine Brille! Für ein eitles Teenie-Girl wie mich gleichzusetzen mit dem Weltuntergang. Todunglücklich suchte ich Rat bei einer amerikanischen Model-Freundin, die in diesem optischen Härtefall eine salomonische Lösung wusste: farbige Kontaktlinsen, *made in USA*! So wurde mir meine mangelnde Weitsicht mit stechenden Terence-Hill-Augen versüßt. Heute sind farbige Kontaktlinsen auch in Deutschland zu haben. Hier meine Erfahrungen aus vielen Jahren mit Color-Linsen:

- **Auch eine tiefschwarze Iris kann man einfärben**, aber bitte vergreifen Sie sich nicht an Knallblau! Für dunkle Typen eignen sich Grüntöne, aber auch graue und haselnussfarbige Linsen.

- **Am günstigsten sind Linsen und Pflegemittel beim Kontaktlinsenversand** – telefonisch oder per Internet.

- **Besonders natürlich sind Bi-Color-Linsen** oder solche mit »Irisring«, der die Augenfarbe nur dezent betont.

- **Für helle Augen gibt es Sehhilfen in verschieden starken Einfärbungen**, die die eigene Farbe nur leicht intensivieren.

- **Finger weg von Türkis oder Violett** – es sei denn als Gag oder zum Fasching! Sieht vollkommen unnatürlich aus – mit Schreckeffekt.

- **Man braucht keine Sehschwäche**: Es gibt preisgünstige farbige Monatslinsen mit 0 Dioptrin.

Sexappeal aus der Dose: Rouge

Ein Make-up ganz ohne Rouge ist wie ein Longdrink ohne Alkohol: Irgendwie wirkt die Sache nicht richtig. Kosmetikerinnen dreschen ja gern Phrasen wie: Rouge zaubert Frische ins Gesicht. Stimmt natürlich. Aber vor allem imitiert Rouge (wie auch sein Kumpel, der Lippenstift) die natürliche Rötung, die ein menschliches Gesicht bei sexueller Erregung annimmt, sprich: Wenn wir so richtig rattenscharf sind. Genau darum macht uns bereits ein Hauch Rouge so wahnsinnig attraktiv für unsere putzigen Freunde – die Männer.

Die richtige Farbe Flossen weg von Pink – das wirkt künstlich wie Barbie! Und wer zu rotes Rouge benutzt, läuft manchmal Gefahr, dass das Rouge aussieht wie Couperose – also viele geplatzte Äderchen. Will auch niemand. Wenn wir zu bräunliches Rouge nehmen, treten die Wangenknochen zurück statt hervor. Was also dann? Ganz einfach: **Auf Nummer sicher gehen alle Hauttypen mit Apricot-Tönen!** Denn es ist total egal, ob man dunkelhaarig ist oder blond: Apricot macht Aprikosenbäckchen. Andere Möglichkeit: Kneifen Sie sich in der Parfümerie in die (ungeschminkte) Wange und suchen Sie nach dem Farbton, der dieser natürlichen Rötung am ehesten entspricht.

SONYAS LIEBLING NR. 12

»Natürlich« rosig wie Rosenrot

Schwer zu glauben, aber privat trage ich so gut wie keine Schminke. So kann meine Haut mal kräftig »durchatmen«. Um trotzdem nicht völlig farblos zu wirken, benutze ich rosige Tinte, um Lippen und Wangen einzufärben. Dabei greife ich zum Original: Benetint (rötlich) oder Posietint (rosig) von Benefit. Das Ergebnis sieht völlig natürlich und ungeschminkt aus, da sich die Tönung der Farbe der Haut anpasst. Geschminkt? Ich? *Neeeiiin ...!*

Die richtige Platzierung Nein, nein, nein: Rouge kommt *nicht unter* den Wangenknochen.

Und auch wenn das Alexis im »Denver-Clan« damals immer so hatte – in den Achtzigern gab es viele komische Dinge! **Rouge wird immer *auf* den Wangenknochen gesetzt**. Basta! Ein kleiner Klecks Rouge außen unter dem Brauenbogen gibt den Augen zusätzlich Frische.

»Ganz egal wie du dich fühlst, ein wenig Rouge lässt dich gesund und frisch aussehen.«
Helena Christensen

Die richtige Reihenfolge **Cremerouge** ist wieder angesagt. Diese Rougeart wird direkt auf die Make-up-Grundierung aufgetragen und gut verrieben. Erst danach kommt ein transparenter Puder drüber. **Traditionelles Puderrouge** hingegen wird als Letztes über dem fixierenden Puder aufgetragen.

Mundpropaganda: Perfekt geschminkte Lippen

Wenn die Augen unsere Fenster sind, dann ist der Mund wohl so was wie die Eingangstür. Bingo, Ladys, das klingt eindeutig zweideutig! Aber, hey: Lippen sind eindeutig zweideutig. Nicht nur, weil man mit ihnen einer der schonsten Freizeitbeschäftigungen des Universums nachgehen kann, dem Küssen. Sie symbolisieren auch unser weibliches Geschlechtsteil – oder was glauben Sie, warum ein spanischer Preis für erotische Literatur »Sonrisa Vertical« heißt: vertikales Lächeln? Na, dann raten Sie mal!

Der Basisplan jedes Lippen-Make-ups

Fest steht – denken Sie nur an Angelina Jolie! –: Der Mund hat eine enorme erotische Signalwirkung, weshalb ihm beim Make-up ähnliche Bedeutung

SONYAS LIEBLING NR. 13

Kussechter Knaller

Wild auf Erdbeermund? Ihr Süßer aber bestimmt nicht, wenn ihre Schnute innerhalb von dreißig Minuten nach verschmierter Marmelade aussieht. Doch es gibt eine günstige Lösung: **Lips2Last von Manhattan** in Knallrot hat mit mir einen echten Kampf überstanden. Vor einem Jahr stand ich im English Theatre in Frankfurt in einem Zwei-Personen-Stück fast zwei Stunden lang nonstop auf der Bühne. Ich hab geschrien, geraucht und geweint. Der Lippenstift saß. In den zwei Monaten hat mich mein Zufallskauf nie im Stich gelassen.

zukommt wie den Augen. Fangen wir also mit den Grundlagen an:

Schritt 1: Zunächst kommt ein Hauch Grundierung auf den Lippenrand. Schön einklopfen. Keine Sorge, Sie müssen jetzt nicht mit fleischfarbenen Lippen losziehen, die Farbe kommt gleich. Falls Sie nur farblosen oder nur leicht getönten Gloss auftragen möchten, lassen Sie die Grundierung weg und beginnen Sie mit dem zweiten Schritt:

Schritt 2: Lippen zusammenpressen und Kanten leicht und hell überpudern. Das ist wichtig, damit die Farbe später nicht ausläuft und die besser hält. Der Mund ist schließlich ständig in Bewegung. Übrigens: **Teure Long Lasting Lipsticks, also extralang haftende Lippenstifte, kann man sich getrost sparen.** Die arbeiten nämlich auch nur mit einem höheren Puderanteil – auf Kosten der Geschmeidigkeit. Das Ergebnis ist leider oft ein staubtrockenes Gefühl auf den Lippen. Wer allerdings Lust auf **knallrote Signallippen** hat, muss auf Haltbarkeit setzen. Meine Empfehlung? Siehe Kasten oben! Einen Knutschmund im »Natural-Look« zaubern Sie aber am besten mit Lip Tint.

»Die Lippen einer Frau sind das schönste Tor zu ihrer Seele.« *Chinesische Weisheit*

Schritt 3: Lippen mit Konturenstift umranden! Und zwar in Lippenfarbe oder eine Idee heller – auf gar keinen Fall dunkler, denn das verkleinert optisch und sieht nach Clown aus. Mit Lippenkonturenstift lässt sich auch die Oberlippe, die bei den meisten Leuten etwas schmaler ist, ganz ohne Aufspritzen größer mogeln: Übermalen Sie einfach die **Lichtkante**, das ist der obere Abschluss der Oberlippe, etwas mit dem Stift. Ergebnis: Die Lippe erscheint sofort fülliger! Aber bitte nicht übertreiben, wer hier mehr als eine schmale Linie addiert, sieht angemalt aus. Alternative: Das Lippen-Tattoo (siehe Kapitel »Anbauten und Umbauten«).

»Um Lippen natürlich rosa wirken zu lassen, benutze ich roten Lippenstift, wische ihn wieder ab und trage farblosen Gloss auf.«
Halle Berry

Schritt 4: Einen Tupfer hellen Concealer in die Mundwinkel! Das bewirkt ein optisches »Lip-Lift« und beugt »Sabberecken« vor. Letzteres passiert, wenn der Lipgloss in die Mundwinkel fließt und sich dort in den kleinen Fältchen absetzt. Zusätzlich rate ich zur gelegentlichen »Sabberkontrolle« im Spiegel.

Schritt 5: Farbe auftragen! Welche Farbe? Geschmackssache! Aber natürliche Töne, die der Lippenfarbe ähneln, kommen besonders bei unseren männlichen Mitmenschen meistens besser an. Knallrote Lippen mögen nur gut achtzehn Prozent der deutschen Jungs, das ergab zumindest die repräsentative Umfrage eines Herzschmerz-Heftchen-Verlages.

Schritt 6: Nach Wunsch Gloss drüber! Wir erinnern uns an die Gesetze der Optik: Glänzendes vergrößert. Mit einem bisschen Glamour auf den Lippen kommen wir Angelina ein kleines Stückchen näher. Fertig!

SONYAS LIEBLING NR. 14

Lip Tint

Eine super Erfindung, die seit ein paar Jahren auf dem Markt ist, ist der sogenannte Lip Tint. Das ist eine farbige Flüssigkeit, die auf die Lippen aufgetragen wird, kurz einzieht und die Lippen regelrecht färbt – im Gegensatz zu Lippenstift, der auf der Haut aufliegt. Lip Tint hält locker einen Tag, ist kussecht und kann nach Wunsch mit Lipgloss oder einfach Lippenpflegestift kombiniert werden. Und, noch besser: Man kann es auch als Rouge verwenden! Gibt's zum Beispiel von Benefit (www.benefitcosmetics.com).

Aufräumarbeiten auf der Baustelle: Abschminken

Wie Sie sich vorstellen können, hab ich nach einem Tag im Fernsehstudio manchmal Pampe im Gesicht, dagegen ist eine Vollwärme-Dämmschicht dünn. Schon aus diesem Grund muss ich mich mit effektiven Lösungen auseinandersetzen, um das ganze Malwerk schonend wieder loszuwerden. Zwar sind die meisten Make-ups heute sehr pflegend, und Omas »Weisheit«, dass sie die Poren verstopfen, stimmt zum Glück schon lange nicht mehr. Aber erstens möchte ich nicht täglich mein Bett neu beziehen und zweitens gibt es auch bei der Reinigung ein, zwei Dinge zu beachten.

»Abschminken ist wichtig. Denn wenn man das nicht macht, sieht man mit 92 aus wie 102.«
Brigitte Mira

Fette Falle: Abschminktücher

Jahrelang habe ich mir mein Show-Make-up mit Babyöl-Tüchern entfernt und war extrem stolz auf diese effektive und günstige Methode. Aber auch ein Beauty-Orakel wie ich lernt noch was dazu: Völlig entsetzt las ich in dem Buch eines Dermatologen, dass ich damit irgendwann relativ sicher Couperose und Rosacea, auf gut Deutsch: rote Äderchen, bekommen würde! Der Grund: Wir schmieren fleißig Fette in die Visage – mit öligen Abschminkprodukten oder mit Pflegecremes, die Fette, Öle und Wachse enthalten. Die gehören in die Kategorie »Filmbildner«, sie dichten die Haut ab wie Spachtelmasse und verhindern eine normale Funktion. Das heißt, sie wird an ihrer nächtlichen Regeneration gehindert. Außerdem führt das über Jahre hinweg zu einer Milieuverschiebung der Haut, von sauer – darum redet man auch von »Säureschutzmantel« – zu neutral. Dadurch sterben unsere hauteigenen Schutzbakterien ab, und fremde Biester können einziehen. Die verursachen dann ständig Mini-Entzündungen, die sich in zunehmenden roten Äderchen

– also Couperose – äußern. Da unsere nun (scheinbar!) »alternde Haut« sich jetzt außerdem so schrecklich trocken anfühlt, muss – darauf baut die Beauty-Industrie – natürlich noch mehr geschmiert werden. Nach ein paar überpflegten Jahrzehnten hat man dann eine schöne Couperose, trockene Haut und mit ein bisschen Glück vielleicht sogar eine »Altersakne«. Aber dagegen gibt's in der Parfümerie ja wieder tolle teure Mittelchen …

- **Bei ungeschminkter Haut** funktioniert die Gesichtsreinigung auch ab und zu mit klarem Wasser. Schont und geht schnell.

- **Zum Abschminken am besten: ölfreie Produkte!** Die gibt's auch für wasserfestes Make-up. Achten Sie auf die Zutatenliste auf der Packung: Lassen Sie alle Produkte im Regal stehen, die Stearyl, Cetearyl, Triglyceride, Oleum, Palmitat oder Paraffinum bzw. Paraffinum Liquidum enthalten. **Faustregel: Bevorzugen Sie flüssige, klare Abschminkwasser**. Abschminkpads, Abschminktücher und alles, was cremig ist, sind erst mal höchst verdächtig.

- **Eine gute Ergänzung: Syndets**. Syndets sind milde Waschlotionen aus der Apotheke oder Drogerie. Sie greifen den Säureschutzmantel nicht an, wie es Seife tun würde. Syndets sind auch die perfekte Reinigungsmöglichkeit für Aknehaut.

CLEVER-TIPP NR. 10

Das Luxus-Döschen

Wo wir gerade beim Thema Aufräumarbeiten und Entsorgung sind: Teure Lippenstifte von Designermarken sind oft wunderschön anzusehen und eine Zierde für jede Handtasche. Um so trauriger, wenn die Luxusdinger leer sind und die schicken Hüllen in den Müll wandern. Stattdessen können Sie aber auch einfach die Plastikhülse, in der die Lippenfarbpaste verankert war, mit einer kleinen Zange oder einer Pinzette herausziehen. So bekommen sie ein hübsches kleines Döschen für Haarnadeln, Vitaminpillen oder Q-Tips in praktischer Reisegröße.

Der Hammer: Schicke Nägel im Handumdrehen

Hurra! Endlich Frühling, was gibt es Schöneres, als bei Sonnenschein im Garten zu buddeln? Was Balsam für Leib und Seele ist, war das Todesurteil für meine liebevoll gezüchteten Ein-Millimeter-Fingernägel: Nach getaner Arbeit waren die nicht nur völlig verdreckt, sondern auch bis aufs Nagelbett abgebrochen. Und morgen stand ein Foto-Shooting an: SOS!

Über eine Stunde Zeit und stolze neunzig Euro hätte mich die Montage von Ersatznägeln im professionellen Nagelstudio gekostet, und das war mir die Sache nicht wert. Weil ich auch passionierte Heimwerkerin bin, hätten die Dinger ohnehin nicht lange gehalten. Per Zufall entdeckte ich in meiner Drogerie eine Notfalllösung für feine Fotopfoten (siehe »Sonyas Liebling Nr. 15«).

Und auch für die Füße habe ich eine stressfreie Lösung gefunden:

SONYAS LIEBLING NR. 15

Fingernägel für 24 Stunden in 240 Sekunden

Die Fake-Fingernägel gibt es fertig zartrosa lackiert im »French Manecure-Look«. Sie sind »pre glued«, das heißt, der gummiartige Kleber ist schon unter den Fingernägeln. Nur schnell mit dem beiliegenden Alkoholpad die eigenen Nägel desinfizieren und dann – zack, zack, zack – die Ersatzteile auf die Nägel pappen und andrücken. Hält bombe für einen Tag, Abend oder auch die Nacht. Nur bitte vorsichtig Finger waschen, dann kommen Sie auch auf die versprochenen 24 Stunden. Das Tolle: Der Spaß kostet nur ca. acht Euro und lässt sich mit etwas Druck einfach, ohne Lösungsmittel, wieder abziehen. Selbst ist die Frau (www.fingrs.de)

Alles im Lack im Erdgeschoss

Wie Sie sich denken können, wenn Sie bis hierher gelesen haben, habe ich keine Geduld (und Zeit), meine Zehennägel täglich liebevoll zu bearbeiten, Lack zu entfernen, neu aufzutragen und so weiter. Trotzdem möchte ich natürlich auch an den Füßchen schön aussehen, insbesondere wenn ich sie im Urlaub auf meiner Lieblingsinsel Ibiza in Flipflops und Sandalen spazieren führe. Darum hier die ultimative Anleitung für die Ratzfatz-Fuß-Beauty:

CLEVER-TIPP NR. 11

Profi-Fußnägel – gegen Probleme mit dem Bodenbelag

Sehen Ihre Zehen so schrecklich aus, dass Sie seit Jahren keine offenen Schuhe mehr tragen? Mittlerweile kann man auch völlig verkümmerte Zehennägel im Nagelstudio zu Fetischteilen für Fuß-Fans pimpen lassen. Gleichzeitig spart man sich das Lackieren: Die gegelte French Manicure oder auch das erotische Rot halten etwa sechs Wochen. Kostenpunkt: um die 25 Euro.

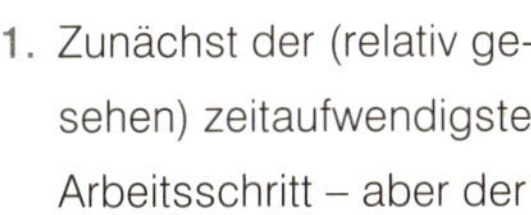

1. Zunächst der (relativ gesehen) zeitaufwendigste Arbeitsschritt – aber der ist selbst in der Fuß-Freiluftsaison höchstens einmal pro Woche notwendig: Die Fußnägel kurz mit einer **Nagelpolierfeile** aus dem Drogeriemarkt polieren. Diese Teile mit den durchnummerierten Polierflächen (von grob bis fein) gibt es für ein paar Euro, und sie sind übrigens auch das ideale Tool, um selbst ohne Lack mit gepflegten Nägeln zu glänzen.

2. Anschließend **Unterlack** oder – nach Bedarf – **Rillenfüller** auftragen. An den Füßen sehen übrigens etwas längere, gerade gefeilte Nägel sehr hübsch aus.

3. Das Geheimnis der Pflegeleichtigkeit ist die perfekte Farbe: **Dunkelrot!** Denn anders als bei empfindlichen Perlmutt- oder rosa Lacken, funktioniert bei Dunkelrot das **Schichtprinzip**: Wenn irgendwo was abgeblättert ist, pinseln Sie einfach neuen Lack drüber. Lack entfernen? Wochenlang nicht notwendig!

Dachaufbauten mit Spezialeffekten: Hairstyling für Fortgeschrittene

Der richtige Schnitt und die richtige Farbe sind das eine, sozusagen die Basisausstattung unseres Dachgeschosses. Aber natürlich lässt sich hier oben noch einiges verändern – kurzfristig für einen Abend oder längerfristig mit lustigem Zubehör ...

Ist man mit seidigem Glatthaar gesegnet, träumt man den Traum von der üppigen Lockenmähne. Hat man, wie ich, von Natur aus einen leichten Lockenkopf, scheint einem nichts erstrebenswerter als seidige, aalglatte Spaghettihaare. Doch für jedes Problem gibt's eine Lösung:

Das Bügeleisen gegen lästiges Gekrause

Dabei handelt es sich um ein sogenanntes **Glätteisen**, das im Friseurbedarf oder in gut sortierten Elektronikgeschäften erhältlich ist. Klar, schon Oma hatte so ein Ding, aber falls sie so eins auf dem Dachboden finden: Lassen Sie es liegen, denn davon ist die neueste Glättgeneration so weit entfernt wie ein Hamburger bei Mäckes von einem Dinner im Gourmettempel. Die aktuellen Haar-Bügeleisen sind klein, handlich und haben eine **Glättfläche aus beschichteter Keramik**, so dass Haarsträhnen nicht ankleben können. Ein Spritzer Glanzspray vollendet die seidige Haarpracht, die leider nur bis zur nächsten Haarwäsche hält.

Vorsicht! Auch wenn das dolle Ding eine Typveränderung im Handumdrehen ermöglicht, übertreiben sollte man es mit dem Glätten nicht, denn sonst droht Haarbruch. Und: Verbrennen Sie sich nicht die Finger! Aber vielleicht haben Sie ja glatte Haare und hätten gern vorübergehend Locken? Dann brauchen Sie das ...

Zubehör für den Loreley-Locken-Look

Der einfachste Weg, eine schnelle Walla-Walla-Mähne zu zaubern, sind **elektrische Heizwickler** oder, wenn die Locken nur partienweise gewünscht sind, **ein Lockenstab**. Egal, welches der Geräte Sie benutzen, machen Sie nicht den Fehler, den ich jahrelang gemacht habe: Ich habe mir immer nach dem Waschen Schaumfestiger in die Haare gepappt und sie dann noch feucht aufgewickelt. Und mich immer gefragt: Wieso sehen die so komisch aus und glänzen nicht? Bis mir mein Friseur erklärte, dass ich dadurch die Haarstruktur aufraue. Darum:

1. Verteilen Sie ein Styling-Produkt sparsam in den Haaren – zum Beispiel Schaumfestiger.
2. Sprühen Sie einen Hauch Hitzeschutzspray über die nassen Zotteln.
3. Föhnen Sie die Haare jetzt unbedingt fast trocken – höchstens eine minimale Restfeuchte ist erlaubt.
4. Erst jetzt kommen Wickler oder Lockenstab zum Einsatz!

Wer diese Geräte aber dauerhaft benutzt, schädigt übrigens leider zwangsläufig die Haarspitzen – es sei denn, er (oder sie) ergreift Vorsichtsmaßnahmen wie die Profis. Hollywoodstars werden während Dreharbeiten fast täglich frisiert und haben trotzdem gesunde Traummähnen. Damit sie keinen Ärger mit der anspruchsvollen Kundschaft kriegen, verwenden die kalifornischen Hairstyling-Profis beim Frisieren nämlich teures **Spitzenpapier**, das im Friseur-Fachhandel erhältlich ist. Aber für den Hausgebrauch geht es auch viel günstiger (siehe linker Kasten).

SONYAS DO-IT-YOURSELF-TIPP NR. 7

Schutz für die Spitzen – selbst gepflückt

Das Haarspitzen ebenso wie das Portemonnaie schonende Spitzenpapier gibt's im Supermarkt: **mehrlagiges Toilettenpapier**. Einfach in Blätter reißen und dann die einzelnen Papierlagen voneinander trennen. Die hauchzarten Einzellagen kann man jetzt wunderbar zum Hitzeschutz der Spitzen und als Aufwickelhilfe verwenden, da auch dieses »Spitzenpapier« die fragilen Spitzen vor dem Umknicken bewahrt.

Wenn man das Gestrüpp einmal so aufwendig gestylt hat, möchte man es natürlich fast immer am nächsten Tag »wieder verwenden« und nicht nachts platt liegen oder verfilzen lassen. Darum direkt der nächste Tipp (siehe rechter Kasten).

Wer schon mal mit einem Glätteisen oder Lockenstab hantiert hat, weiß, wie heiß solche Teufelsdinger werden und wie schnell man sich die Pfoten daran verbrennen kann. **Dünne Baumwollhandschuhe**, die zum Beispiel im Friseur- oder Fotobedarf erhältlich sind, schützen Ihre Finger vor Verbrennungen und erleichtern den Umgang mit dem heißen Eisen.

Was sonst noch so mit einem Lockenstab passieren kann? Lesen Sie weiter:

CLEVER-TIPP NR. 12

Wickeln Sie Ihre Haare um den Finger – Sonyas Frisur-Fixierung!

Wenn mein Kopfputz von mir oder einem Profi aufwendig in Schuss geföhnt wurde, möchte ich natürlich am liebsten bis zur nächsten Haarwäsche genau so damit rumlaufen. Leider headbange ich anscheinend während meiner Nachtruhe: Morgens sehe ich immer aus wie Struwwelpetra. Die Lösung: Haarfixierung mit Bobby Pins! (Das sind diese Klämmerchen, im Süddeutschen auch »Schieberle« genannt, die die meisten noch aus ihrer Kindheit kennen.) Abends, bevor ich mich ins Nirwana verabschiede, wickle ich meine Matte am Stirnhaar beginnend auf:

- Sehr breite Strähnen über Zeige- und Mittelfinger wickeln
- Achtung: Spitzen nicht abknicken!
- Entstandenes Haarröllchen am Oberkopf (da liegt man nicht direkt drauf!) mit jeweils zwei großen Bobby Pins festpinnen

So trägt man am Ende maximal acht bis zehn weiche Röllchen auf der Dachluke. Keine Angst: Bobby Pins sind so flach, dass man problemlos darauf liegen kann, ohne dass irgendwas drückt oder gar wehtut. Das mag nachts nicht unbedingt sexy wirken, wenn man die Dinger jedoch morgens löst, sieht man aus wie frisch vom Friseur. Damit hat man nicht nur Zeit gespart und Nerven geschont, sondern den Haaren auch die Strapazen durch Hitze und Co. erspart.

Viva Las Vegas
oder: Some like it hot

»Sonya, wir haben einen geilen Job für dich! Und suuuuper bezahlt ...« Diana, offizielle Event-Beauftragte meines Managements, war ganz aus dem Häuschen.

Da frau vom Fernsehen allein nicht reich wird – außer sie heißt Günther Jauch –, vermiete ich gelegentlich meinen »Luxuskörper« an den Meistbietenden. Um Missverständnissen vorzubeugen: nicht stundenweise! Aber ein »geiler« Job? Bei mir klingelten die Alarmglocken: »Diana, was soll ich tun? Barbusig im Baumarkt Rasenmäher verkaufen?«

Diana bemühte sich, meine Bedenken zu zerstreuen: »Quatsch! Riesennummer: Gala-Abend im Las-Vegas-Style für die Motorsportpresse, und du sollst dich für jede Moderation umziehen ...«

Nicht Ausziehen, sondern Umziehen – meine Spezialität.

»... ach, und Tupf & Zupf sind natürlich auch gebucht!«

Na, das fand ich mal wirklich »suuuuuper«, denn »Tupf & Zupf« ist das Codewort für Make-up und Styling, für makellose Schönheit und sensationelle Klamotten, für die professionelle Verwandlung von pfui auf hui. In meinem Fall waren das meine Perle, Klamottenkönigin Petra, und ein rosarot verzauberter Prinz namens Matthias, zwecks Coolness auch »Mat« genannt.

Und so fand man sich Wochen später in der Großraumtaxe auf dem Weg von Berlin Tegel Richtung ostdeutsche Pampa wieder. An Bord: Drei Engel für Sonya, denn Diana hatte ich als Babysitterin natürlich auch noch im Schlepptau. Hey, sechzig Kilogramm Übergepäck, fünf Schrankkoffer und eine echte Entourage! Ich kam mir vor wie die Dietrich auf ihrem Weg, Las Vegas zu erobern.

Über zwei Stunden und 200 Kilometer später landeten wir zitternd bei minus 5°C im Schnee vor dem tristen Event-Hotel.

»Welcome to Vegas ... Mitten in Thüringen!«

Mat konnte seinen Mund natürlich nicht halten. Schwuppen können so zickig sein: »Na gut, Schnee gibt's in Vegas ja auch. Der hat nur 'ne andere Konsistenz!«

Jetzt fing auch noch Petra an: »Also lange Unterhosen hab ich aber für dich nicht dabei!«

Diana schaltete sich ein: »Genossen und Genossinnen, jetzt mal ganz sachte, das wird bestimmt alles ganz suuuuuuper!«

Und Gouvernante Diana behielt recht: Der Kunde, ein großer schwedischer Autokonzern, hatte den riesigen Veranstaltungsbereich komplett in Cesar's Palace verwandelt, mit einarmigen Banditen, Roulettetischen, Eisskulpturen, Springbrunnen, Wedding Chapel und all dem anderen typischen Glitter. Ich war schwer beeindruckt: Für das Deko-Budget hätte man mindestens zwei Reihenhäuser in Frankfurt kaufen können ...

Petra sagte: »So viel zur Unbestechlichkeit von Auto-Testern! Ich kündige sofort meine Autozeitschrift!«

Während PS-Petra noch an der journalistischen Neutralität zweifelte, schwebte Matthias schon tänzelnd durch den Saal, vorbei an festlich mit Blumen geschmückten Tafeln unter Kronleuchtern, auf die Bühne zu: »Mädels, ich flipp' aus: 'ne Showtreppe!«

Auch meine Künstlergarderobe ließ keine Wünsche offen: Direkt hinter der Bühne, zwischen Zauberern und Showtanztruppe, hatte man mir mit Paravents einen garagengroßen Bereich abgetrennt, in dem Dirk Bach mit den Weather-Girls auch noch Platz gehabt hätte.

»Hier lässt sich's aushalten!«, verkündete Petra beim Bestücken der drei Kleiderständer mit unfassbaren Fummeln, die Mat die Tränen in die Augen trieben: »Warum hat mir der böse liebe Gott bloß dieses Scheiß-Y-Chromosom in die Gene geschoben? Ich will auch mal lila Paillette mit Federboa tragen!«

Ich beschwichtigte ihn: »Sorry, Schätzchen, aber der Travestie-Künstler für heute Abend ist schon gebucht. Außerdem – willst du wirklich Cellulite am Arsch und im Sitzen pinkeln?« Das erzielte prompt die erhoffte Wirkung: »Iiiiieeeeh!«

Tröstend schob ich ihn zum Schminkplatz hin, schnappte mir die Pulle aus dem Eiskübel und flößte ihm ein Gläschen Schampus ein. Der Showbiz-Nerventee wirkte. Mat breitete brav den Inhalt seiner Make-up-Kiste aus. »So Prinzessin, komm brav zu deinem Puder-Luder, ich brenn' dir schon mal die Haare.«

Widerstand war zwecklos. Kaum hatte ich mich in den Maskenstuhl gehievt, stürzte sich Mat mit seinem Folterwerkzeug auf mein Haupt. Mit einem Ondulierereisen kringelte er unermüdlich Strähne für Strähne meine Mähne. Aber vielleicht hatte der gute Mat das mit dem Brennen meiner Haare ein wenig zu wörtlich genommen? »Sag mal, Mat, ... ist das normal, dass Dampf aufsteigt und es verbrannt riecht, wenn du mit dem Eisending meine Haare malträtierst?«

»Jetzt zick' nicht rum! Die Zotteln sollen ja die ganze Umstyling-Aktion überleben. Glaub mir, Baby: They like it hot!« Ich glaubte ihm kein Wort und orderte im Geiste schon den nächsten Satz Extensions.

»Ich hab mal die Lage sondiert ...« Diana wedelte mit dem Ablaufplan. »Zum Umziehen hast du jeweils nur zweieinhalb Minuten, während die einzelnen Shownummern laufen. Dann musst du neu frisiert, im neuen Outfit ...«

»... als neuer Mensch am Bühnenaufgang stehen?«, vollendete ich ihren Satz.

»Richtig!«

Na, das hörte sich ja nach einem gemütlichen Abendprogramm an. Mit lauter kleinen Haarschnecken auf der Birne machte ich mich an die Anprobe meiner zehn Bühnenoutfits. Von Marilyn bis Marlene, von Showgirl bis Cowgirl, Petra hatte alles aufgefahren, was nur annähernd mit Las Vegas zu tun hatte. Sogar zwei weiße Steiff-Tiger mit Strassleinen hatte sie für die Anmoderation der Zauberer mitgeschleppt.

»Also Ladys, bei den aufwendigen Kostümen schaffen wir das niemals, wenn nicht alle mit anpacken. Matthias, du machst die Haare neu und bist für Hut und Kopfputz zuständig. Diana, du bist Herrin übers Schuhwerk: Schön alle Schnallen festgurten, damit mir La Kraus auf der Showtreppe nicht aus den Latschen kippt. Sonya, du schnappst dir Handschuhe, Ringe, Armbänder und Ohrbehang. Ich mach den Rest. Verstanden?!«

Mit Petra im Arbeitswahn war nicht zu spaßen. »Jawohl, Frau Feldmarschall!«

Eine Generalprobe und eine Gesichtsrenovierung später konnte es endlich losgehen: »Ladys and Gentlemen! Welcome to Las Vegas ...«

Während die versammelte KFZ-Journaille an ihren Hummerschwänzen knabberte, schwebte ich von Kunstnebelschwaden begleitet in einem Glitzertraum mit Schleppe huldvoll die Showtreppe hinab. Doch kaum hatte ich meine Sätzchen aufgesagt und war in das Dunkel des Backstage-Bereichs eingetreten, verwandelte ich mich von der lasziven Glamourgöttin zum hysterischen Nervenwrack: »Platz da! Ich muss hier durch!«

Mit körperlicher Gewalt drängte ich an drei Dutzend leicht bekleideten Revuegirls vorbei, riss mir im Laufen die Hacken von den Füßen und fummelte mir das Geschmeide von den Ohren. Röchelnd, aber immerhin schon fast nackt, stürmte ich in meine Garderobe. Sechs Hände rissen mir den Rest vom Leib und verpackten mich in einen pinkgoldenen Federfummel, für den jede Samba-Queen getötet hätte. »Fertig!« Und wie: Fix und fertig ...

Spätesten nach dem fünften Umzug plus Moderation wusste ich, mit Anfang dreißig war ich einfach Jahrzehnte zu alt für diesen Job! Apathisch torkelte ich im Marlene Dietrich-Damenfrack in die Irrenanstalt hinter den Paravents: »Okay, jetzt das Cowgirl!«

ZACK!!! Mat schlug mir den Zylinder vom Schädel, öffnete mit einem beherzten Griff den strengen Haardutt und begann mit seinem Brennstab, meine Locken zu restaurieren. Der elegante Frack war schon verschwunden und durch etwas, das man wohlwollend als ‚pikant' bezeichnen könnte, ersetzt worden: Mein Torso war bis zum Oberschenkelansatz mit einer zweiten Haut aus Pailletten in orangefarbenem Neon überzogen. Man hätte fragen können:

Wo ist denn da bitte der Rock? Tja, ich wusste es besser. Der war schlichtweg nicht existent! Stattdessen trug ich Cowboyhut, selbstverständlich in Orange, sowie gleichfarbige Cowboystiefel mit Stiletto-Absätzen.

Mat war außer sich: »Wow! Geil! Den Fummel müsst ihr mir für den CSD ausleihen.«

Okay, spätestens jetzt wusste ich: Bei meinem Anblick würde der Wilde Westen weinen! Zumindest ein wenig Würde gab mir der mit Strass besetzte Pistolengürtel zurück. Doch auch ein Pistolengürtel hat seinen Stolz! Er wehrte sich gerade standhaft, an Frau Neonbarbie montiert zu werden. Petra wurde panisch: »Shit, ich krieg' die Schnalle nicht zu!«

»Ach du Schnalle, lass das mal John Wayne machen...« Mat schmiss alles von sich und kniete auch schon grinsend vor meinem Schritt: »... auf der Höhe arbeite ich am liebsten!«

Das wurde doch nie was. Ich verkündete: »Okay, vergesst Vegas! Wir sind gerade auf dem Brokeback Mountain gelandet. Ich geh ohne das Ding!«

»Fertig!!!« Er hatte es tatsächlich geschafft.

Diana sah auf die Uhr: »Du, Sonya, wir haben noch über eine Minute!«

Eine ganze Minute?! So musste man sich fühlen, wenn man drei Wochen Karibik-Urlaub geschenkt bekam. Eine Minute! Was sollte ich mit so viel Zeit anfangen? Da hatte ich eine Superidee: »Wasser!« Schwupps, hatte ich auch schon einen Becher kühles Nass in meiner Hand. Eine Minute!

Was jetzt? Oh ja: hinsetzen! Mit einem tiefen genüsslichen Seufzer ließ ich mich auf dem Maskenstuhl nieder. Die Welt war wieder in Ordnung. Ich liebte meinen Job, mein Puls fiel unter hundert, und meine Füße konnte ich auch wieder spüren ... Spüren? ... Spüren!!!

»AAAAAAAAAAAAHHHHHHHHHHHHHHHHHH!«

Ein unbeschreiblicher Schmerz durchfuhr mich von den empfindlichsten Teilen an aufwärts. Ich sprang auf. Vor mir: drei schockgefrorene Gestalten, die beobachteten, wie ich mir hüpfend den blanken Hintern hielt. Ich versuchte jammernd zu erklären: »AUA! AUA! Mein A...« Ganze Sätze gingen einfach nicht. Okay, dann eben Babysprache: »Da! Da!«

Mit dem Zeigefinger deutete ich auf die Sitzfläche des Maskenstuhls. Da lag es unschuldig metallglänzend. Das Lockeneisen!

»Ohhh ... mein ... Gott!!!« Mats Miene sah aus, als hätte man gerade seinen Allerwertesten mit einem heißen Eisenstab gebügelt. Absolute Stille! Kein böser Spruch über die Ausmaße meines Hinterteils, keine fiese Bemerkung über die welke Beschaffenheit der Oberschenkel. Stattdessen ein leises weinerliches Wimmern: »Es tut mir so leid ...«

Das klang nicht gut. Ganz und gar nicht. Von Diana kam wenigstens Klartext: »Ach du Scheiße, ich hol' 'nen Arzt.« Und weg war sie.

Auch in Petra kam plötzlich Bewegung: »Wir müssen kühlen!«

Das war Mats Stichwort. Kalkweiß im Gesicht stürzte er sich auf den Champagner, nahm einen beherzten Schluck aus der Flasche, feuerte sie in die Ecke und stand mit dem Eiskübel neben mir: »Bück dich!«

»Waaaas?!«

Ungewohnt dominant wurde ich grob bäuchlings auf den Maskentisch gedrückt. Zum zweiten Mal innerhalb von wenigen Minuten kniete Mat zu meinen Füßen. Diesmal allerdings im Doggy-Style. »Achtung: Kalt!«

Und schon hatte ich zwei Männerhände voller Eiswürfel am Hintern hängen. Zischte es gerade? Oder war ich schon im Fieberwahn? Ein unterdrückbares »Ahhhhh!« entfleuchte meiner Kehle, als der Vorhang zu meiner Garderobe hektisch aufgeschoben wurde. Mein Hitchcock-Todesschrei war anscheinend doch nicht in der Musik untergegangen. Da standen sie, die lieben Kollegen von Technik, Tanztruppe und Travestie, und begafften, wie ich mir stöhnend meinen nackten Po verwöhnen lies. Petra brüllte die Menge an: »Ein Ei. Wir brauchen ein rohes Ei!«

Ein Ei!? Stopp! Zeit, aufzuwachen. Das konnte nicht wahr sein: Ich hing hier im Neon-Nuttenfummel vornübergebeugt mit einer zeppelingroßen Verbrennung am After, während eine homosexuelle Schminkschlampe vor Publikum dafür sorgte, dass mir Sturzbäche von Eiswasser die Haxen lang in meine Cowboystiefel liefen. Und jetzt verlangte meine geisteskranke Stylistin noch nach rohen Eiern? Lieber Gott, lass mich aufwachen!

Gott kam nicht. Diana kam. Mit Sanitätern. »Sonya, es tut mir leid. Um deinen Po kümmern wir uns gleich, aber du musst raus!«

Ach ja. Da war doch noch was. Mein Job! Hallo? Von einem Lockenstab lass ich mich doch nicht bremsen. »Mat! Lass sofort meinen Hintern los!«

Verbissen zog ich an meinem Ultramini (keine Chance, das Teil blieb ein breiter Gürtel) und schoss erhobenen Hauptes an den Schaulustigen vorbei zum Bühneneingang, wo ich mit Elvis zusammenstieß. Vielleicht doch ein Traum? Nein, denn Elvis hatte zwei unversehrte Eier in der Hand.

»Klasse! Danke!«

Petra schnappte sich die Eier, zog mir den Poppes blank und klatschte mir eins rechts, eins links auf die demolierten Backen.

Ich war fassungslos: »Sag mal, spinnst du?!«

»Altes Hausmittel meiner Oma – wirkt Wunder!«

»Was? Rührei auf verbranntem Speck?«

Keine Zeit für einen hysterischen Lachanfall, keine Zeit zum Abwischen: Der Schlussapplaus für die Zauberer war schon verebbt. Ich musste jetzt raus. Der adrenalinbetriebene Autopilot übernahm die Kontrolle und steuerte mich zielsicher auf meine Position, wo ich wie in Trance selig lächelnd mein Sätzchen aufsagte. Zwei wichtige Fragen beschäftigten mich dabei:

Woher kam dieses uncharmant furzende Geräusch – war etwa doch mehr kaputtgegangen als nur meine Orangenhaut? Und wie kam ich von der Bühne, ohne den Gästen meine Pizza-Salami-Seite zu zeigen?

Showtreppe? Ausgeschlossen! Da half nur ein lustiger Squaredance-Seitwärtsschritt. Hey, wozu war ich denn ein Cowgirl? Hochmotiviert setzte ich sprungstark zur Hüpfaktion an, und schon beim ersten Hopser hatte sich auch Frage eins geklärt. Vielleicht hätte ich doch besser mich selbst anmoderieren sollen: »Sehen Sie jetzt Sonya Kraus, die hoppelnde Neonbarbie, und ihre furzenden Cowboystiefel!« Denn in genau denen hatte sich das Eiswasser mit dem Ei zu einer herrlich geräuschvollen Pupskissen-Pampe verquirlt.

Mein Showbiz-Schutzengel war gnädig: Das Publikum lachte, applaudierte und behielt sogar den Nachtisch bei sich. Ich? Ich überstand die Nacht auch irgendwie, um am nächsten Morgen mit zwei kondomgroßen Brandblasen aufzuwachen, die mich die nächsten Wochen am Sitzen hinderten. Für diejenigen, die all das für frei erfunden halten, habe ich noch heute den unwiderlegbaren Beweis ziemlich plakativ quer über den Po gebrannt.

Sehen wir's positiv: Der einzige Kerl, der bei mir schwere psychische und physische Narben hinterlassen hat, ist ein rosaroter. Es hätte mich im Leben schlimmer treffen können.

Zurück zu den Haaren: Lockenstab, Glätteisen oder Wickler – manchmal sind die Haare für solche Maßnahmen einfach (noch) zu kurz. Was hilft da? Genau:

Auch ohne Turmanbau verwendbar: Rapunzel-Turbos

Lange, dichte Haare, und die auch noch fast im Handumdrehen, hat sich nicht nur Rapunzel in ihrem Turmverlies gewünscht. Klingt zu schön, um wahr zu sein? Wenn Sie das glauben, dann muss ich Ihnen jetzt versichern: Auch Träume werden manchmal wahr!

Die können länger: Extensions

Wer dünne Haare hat und sich eine lange Walla-Mähne wünscht, für den sind Extensions eine Offenbarung, denn die zusätzlichen Haarsträhnen bringen sogar bei Fisselköpfen enorme Fülle. Allerdings ist das Vergnügen nicht ganz billig, und die Klebeprozedur dauert bei einem guten Friseur um die drei Stunden. Wie viel die Haarverlängerung genau kostet, hängt vom Stundenlohn des Coiffeurs, der Haarqualität und Anzahl der Extensions und der gewünschten Haarlänge ab. Eine Verdichtung ist ab etwa 300 Euro zu haben und eine Verlängerung kostet mindestens 500 Euro auf der nach oben offenen Richterskala!

Dafür halten die Extra-Strähnen bis zu sechs Monate und können – je nach Qualität – wieder verwendet werden. Mein Tipp: Verwenden Sie bloß einige einzelne Strähnen, um Ihre Frisur aufzupeppen – das ist deutlich günstiger und geht ganz fix.

■ Hochwertige Extensions bestehen immer aus Echthaar. Dabei handelt es sich in vielen Fällen um indisches Haar, das von den Inderinnen vor der Hochzeit in Tempeln geopfert wird und das dem europäischen Haar strukturell ähnlicher ist als ebenfalls angebotenes Echthaar aus anderen Teilen Asiens. Da zum Beispiel chinesisches Haar fast immer viel dicker ist als unsere Zotteln, wird es durch ein Säurebad künstlich »verdünnt«. Das geht aber auf Kosten von Struktur und Glanz. Europäisches Echthaar stammt oft aus Osteuropa, da aber in Russland und Umgebung Haarefärben gang und gäbe ist, ist auch hier die Qualität unterschiedlich. Ein guter Friseur wird Sie beraten! An den Enden der Haarsträhnen sitzen kleine Bondingplättchen (von engl. »bond« = Verbindung) aus Kunststoff oder Keratin. Diese Miniverbindungen werden per Ultraschall, Wärme oder Luftdruck unsichtbar am Eigenhaar befestigt. Neu sind Extensions, die mit einem Klebebandstreifen am Haar befestigt werden.

■ **Der richtige Farbton** ist nie uni! Die Natur kennt keine einfarbigen Haare, darum wird Ihnen ein guter Friseur Strähnen in mindestens vier verschiedenen Nuancen zusammenstellen. Apropos Strähnen: Mit ein paar Extensions können Sie Ihrem Haar Strähnchen verpassen, ohne es färben zu müssen – und haben on top noch eine dichtere Matte!

■ **Die richtige Pflege** ist unkompliziert. Beginnen Sie aber mit dem Kämmen oder Bürsten immer vorsichtig an den Spitzen und arbeiten Sie sich langsam nach oben vor. Unbedingt Bürsten mit Naturborsten verwenden, Metallbürsten mit Noppen können die Pracht beschädigen. Tabu sind öl- und alkoholhaltige Produkte – etwa einige Glanz- oder Haarsprays –, denn sie können die Befestigungen lösen. Sie sollten die Haare außerdem nicht über Kopf waschen. Nach der Haarwäsche sollten Sie sie sanft im Handtuch ausdrücken, statt sie wie wild trocken zu rubbeln (was sowieso immer schlecht fürs Haar ist). Binden Sie Ihre Mähne über Nacht locker zu »Palme« oder Dutt auf dem Kopf, damit nichts verfilzt.

■ **Das Styling** mit Echthaar-Extensions funktioniert genauso wie mit Ihrem eigenen Haar. Im Gegensatz zu Kunsthaar: Das verträgt Föhnhitze schlecht und schmilzt im Glätteisen oder beim Kontakt mit einem Lockenstab einfach dahin. Auch darum rate ich entschieden davon ab.

■ Bei Haarausfall: Finger weg von Extensions!

Damit ist starker Haarausfall im medizinischen Sinne gemeint – falls Sie den Verdacht haben, dass Ihnen mehr Haare ausgehen, als normal ist, rate ich dazu, einen Arzt zu konsultieren und den Hormonstatus überprüfen zu lassen. Zwar wünscht man sich natürlich gerade dann dichteres Haar, aber die Extensions können die Sache deutlich verschlimmern, weil sie wie kleine Gewichte am Eigenhaar und dessen Wurzeln zerren. Auch sehr strapazierte oder extrem kurze Haare vertragen keine Extensions. Die absolute Mindestlänge des

Eigenhaars: bis zum Kinn. *Warnung:* Extensions machen süchtig, denn frau gewöhnt sich schnell an eine Meerjungfrauenmähne. Ich hab' den Absprung geschafft: Seit bald zwei Jahren bin ich »oben ohne« unterwegs. Der Entzug war hart, denn trotz intensiver Pflege waren meine Haare doch an einigen Klebestellen abgebrochen. Dank liebevoller Zucht bin ich jetzt wieder natürlich lang, aber eben im Oberstübchen nicht ganz so dicht.

Schicht für Schicht dicht: Tressen

Nach meiner Extensions-Phase trickse ich inzwischen mit Haartressen aus dem Afroshop. Das sind auf eine Schnur aufgefädelte Haare. Tressen gibt es wie die Extensions in verschiedenen Farben, Längen und Strukturen und auch hier ist Echthaar die bessere Wahl. Der Vorteil von Tressen: Die Haarverlängerung ist viel schneller und günstiger als mit Extensions. Zusammen mit einer Freundin kann man Tressen sogar in »Heimarbeit« anbringen. Leider hält die Pracht aber nur bis zur nächsten Haarwäsche.

- Die Voraussetzungen: Anders als bei Extensions müssen Sie für die Verwendung von Tressen leider einigermaßen dichte eigene Haare mit einer Mindestlänge von zehn Zentimetern haben, weil die Tressen insgesamt schwerer sind als Extensionsträhnen. Nicht notwendig zu erwähnen, dass Sie bei Haarausfall die Finger von Tressen lassen müssen.

- Die Befestigung im Haar funktioniert mit sogenanntem Bondingkleber auf Silikonbasis, je nach Haarfarbe in einem dunkleren oder helleren Ton.

- Entfernen kann man Tressen mit einem chemischen Lösemittel – das greift leider die eigenen Haare extrem an, und danach sind mindestens die

Spitzen fällig. Ich mache es anders: Ich lege mich in die heiße Badewanne und lasse die Haare ein bisschen einweichen. Die Hitze macht den Silikonkleber weich, und ich kann die Tressen nach einer Weile vorsichtig lösen. Bitte Geduld und Fingerspitzengefühl – wer zerrt, schadet den Tressen ebenso wie den eigenen Haaren.

■ Die Pflege der Tressen funktioniert ähnlich wie die von Extensions. Allerdings wird die Silikonschicht durch den Kleber mit der Zeit immer dicker. Um einer Beulenoptik am Hinterkopf vorzubeugen, sollte man hier ab und zu mit der Nagelschere etwas abtragen. Ich verwahre meine Tressen in Zipper-Plastikbeutelchen auf und gebe ein bisschen Haarkur darauf. Vor dem Wiedereinsetzen spüle ich sie aus, und wenn sie nur noch leicht feucht sind, drehe ich sie auf Klettwickler auf – für den perfekten Schwung.

SONYAS DO-IT-YOURSELF-TIPP NR. 8

Tressen-Haarteil, Marke Eigenbau

Ich als passionierte Heimwerkerin bastele mir aus Tressen nach der Dachziegelmethode gern richtige Haarteile, die ich mir anschließend unter die Matte klebe oder noch besser klipse. Und das geht so:

- Ich schneide die Tressen (verschiedene Farbnuancen!) in acht Zentimeter breite Stücke, die ich dann wie Dachziegel immer mit ein bisschen Versatz aufeinanderklebe – maximal drei Stück übereinander.
- Dann ziehe ich quer über den Hinterkopf einen Scheitel und klappe die obere Hälfte der Haare nach oben, wo ich sie feststecke.
- Die fertig gebastelten Tressen klebe ich jetzt auf meine eigenen Haare, rund um den Kopf: Ich verwende in der Regel vier der Acht-Zentimeter-Stücke. Fertig!
- Alternative: Sie können an die gebastelten Haarteile auch Toupetclips nähen – das ist haarschonender. Die Clips (Mischung zwischen Kämmchen und Haarspange) bekommt man zum Beispiel bei www.fancyhair.de. Dann toupiert man die Haare, an denen die Tressen montiert werden sollen, kurz an und klipst mal schnell die Matte ein – voilà!
- Detailtuning vom Profi: Nehmen Sie Ihr selbst gebasteltes Haarteil das nächste Mal mit zum Friseur und lassen Sie es auf Ihr Haupt anpassen. Dadurch ist gewährleistet, dass sich das Teilchen problemlos in Ihre Haarpracht einfügt.

Haarteile, the next generation – Wunder bei Haarausfall

Sie haben starken Haarausfall? Und sind jetzt total frustriert, weil für Sie weder Extensions noch Tressen infrage kommen, obwohl gerade Sie so ein »Mehr« an Haar wirklich gebrauchen könnten? Bevor Ihnen vor Gram jetzt noch mehr Zotteln ausgehen: Die Lösung für Sie sind Haarteile von Microbellargo (www.microbellargo.com). Diese individuell angefertigten Haarteile können gezielt lichte Stellen auffüllen. Aber keine Angst: Ich rede nicht von Toupets, sondern von einer speziellen Sorte Tressen – die auch garantiert nicht beim nächsten Windstoß davonflattern. Bei dieser Methode wird Echthaar auf einem Netz befestigt. Das Netz wird direkt auf die Kopfhaut gelegt, und die eigenen Haare werden durchgezogen – dadurch ist die Gewichtsbelastung aufgehoben – und wie bei den Extensions dahinter mit einem Wärmeverfahren verbunden. Alle vier Wochen muss das Netzteil neu angepasst werden, die Kosten sind ähnlich wie die von gewöhnlichen Extensions. Die gute Nachricht: Wenn Sie krankhaften Haarausfall haben und Ihnen Ihr Arzt das per Attest bescheinigt, geben die Krankenkassen Zuschüsse.

Falls Sie keine Tressen, Extensions oder anderen Schnickschnack im Haar haben möchten, sondern einfach eine brandneue Sofortfrisur, dann gibt's nur eins:

Das Fertigdach: Die Perücke aus dem »Zweithaarstudio«!

Models und Berühmtheiten schwören drauf: Perücken! Mit ihnen lässt sich radikal der Look für ein paar Stunden verändern – und hinterher hängt man das gute Stück einfach in den Schrank und ist wieder ganz die Alte. Egal ob Cher, Naomi Campbell oder Beyoncé Knowles, in Amerika arbeiten unendlich viele Showgrößen mit den Teilen. Aber Perücke ist nicht gleich Perücke. Die weißblonde Synthetikhaarmütze, die man für 19 Euro für die Faschingsparty kauft, hat den Namen »Perücke« nicht verdient. Die »Fifis« der Stars sind dagegen meist speziell für ihre Trägerinnen angefertigt worden, so dass sie absolut natürlich wirken.

Aber es gibt auch Alternativen für Normalsterbliche: Sogenannte »Zweithaarstudios«, deren Kunden meist glatzköpfige Herren, ältere Damen oder Chemotherapiepatienten sind und wo es Perücken in natürlichen Farben aus echtem Haar gibt, die gut und gerne ein paar Hundert Euro kosten können. Aber wenn Sie vor einer drastischen Veränderung Ihrer Haarfarbe oder -länge auf Nummer sicher gehen wollen, dann probieren Sie doch dort erst mal Zweithaar aus bzw. an!

Wenn es statt Wallehaar doch mal eine elegante Hochsteckfrisur oder ein Pferdeschwanz sein soll, Sie aber – wie ich – eher der Spezies der Segelohrler angehören, interessiert Sie möglicherweise der nebenstehende Tipp:

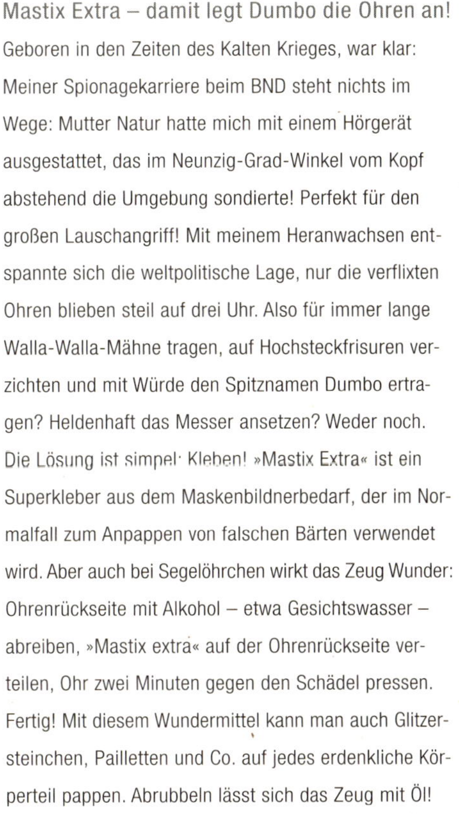

SONYAS LIEBLING NR. 16

Mastix Extra – damit legt Dumbo die Ohren an!

Geboren in den Zeiten des Kalten Krieges, war klar: Meiner Spionagekarriere beim BND steht nichts im Wege: Mutter Natur hatte mich mit einem Hörgerät ausgestattet, das im Neunzig-Grad-Winkel vom Kopf abstehend die Umgebung sondierte! Perfekt für den großen Lauschangriff! Mit meinem Heranwachsen entspannte sich die weltpolitische Lage, nur die verflixten Ohren blieben steil auf drei Uhr. Also für immer lange Walla-Walla-Mähne tragen, auf Hochsteckfrisuren verzichten und mit Würde den Spitznamen Dumbo ertragen? Heldenhaft das Messer ansetzen? Weder noch. Die Lösung ist simpel: Kleben! »Mastix Extra« ist ein Superkleber aus dem Maskenbildnerbedarf, der im Normalfall zum Anpappen von falschen Bärten verwendet wird. Aber auch bei Segelöhrchen wirkt das Zeug Wunder: Ohrenrückseite mit Alkohol – etwa Gesichtswasser – abreiben, »Mastix extra« auf der Ohrenrückseite verteilen, Ohr zwei Minuten gegen den Schädel pressen. Fertig! Mit diesem Wundermittel kann man auch Glitzersteinchen, Pailletten und Co. auf jedes erdenkliche Körperteil pappen. Abrubbeln lässt sich das Zeug mit Öl!

IV.
Die Fassadenverkleidung: Stylingtricks für Profis

Eins ist klar: Sie ist eine launische Diva, schlimmer als 'ne schizophrene Schwuppe auf Prosecco. Das Einzige, worauf bei dem durchtriebenen Luder Verlass ist, ist, dass es immer schön nach dem Motto handelt: »Was interessiert mich mein Geschwätz von gestern?« Sie ist bindungsunfähig, geht ständig fremd und nennt das dann »Inspiration«. In einer Saison preist sie bauchfreie Leibchen, in der nächsten muss unbedingt alles lila sein, die Jeans sind mal Röhre, mal Marlene, Glitzer ist eine Saison top, dann flop ...

Und natürlich ist alles, was vorher als das Nonplusultra galt, drei Monate später die Styling-Todsünde.

Von wem ich rede? Von der Mode natürlich. Und statt dieser Verrückten mal die Meinung zu sagen, freuen wir wahnsinnigen Weiber uns auch noch über das wankelmütige Miststück! Werfen der Diva und ihren Dealern von H&M bis Hèrmes freudig unsere sauer verdiente Kohle in den Rachen und tragen wie ferngesteuert, was angesagt und modisch ganz weit vorne ist. Grundsätzlich nix gegen zu sagen. Vorausgesetzt, dass wir uns dafür nicht verschulden, super aussehen und uns vor allem gut fühlen.

Egal, ob jetzt gerade der Westernstil das Hippste vom Hippen ist oder Ankle Boots oder Blümchenkleider: Wir sollten uns immer nur das rauspicken, was uns steht und wirklich gefällt. Sonst werden wir zum Opfer – besser bekannt unter der Bezeichnung »Fashion Victim«.

»Es gibt nichts Erotischeres als eine selbstbewusste Frau, die den Raum betritt.«
Beyoncé Knowles

Denn auch in jedem sich in irrwitzigem Tempo drehenden In-Out-Kreisel gibt es immerwährende Gesetze. Klamotten, die jede Frau meiden sollte wie der Teufel das Weihwasser, und solche, die immer funktionieren. Und jede Menge Tricks, um in beinahe jedem Outfit eine super Figur zu machen. Aber das Wichtigste bei alldem ist: Die richtige Einstellung. Mit einem gesunden Selbstbewusstsein können wir (fast) alles tragen – im Prinzip sogar 'nen Kartoffelsack. Dass Fräulein Knowles (siehe Zitat links) in diesem Punkt mehr als richtig liegt, beweist die folgende Story:

Agentin 00Sex – Mit der Lizenz zum Flachlegen

Halleluja! Sie hatte ihn endlich gefunden, ihren Traumprinzen! Meine Freundin Lilly war schwer verliebt, und das schon seit unglaublichen sechs Monaten. Nach etlichen »Trial and Error«-Versuchen stimmte diesmal alles: Der Charakter, die Optik und die Finanzen – ergo, der Kerl musste sofort geheiratet werden.

Widerstand von seiner Seite? Zwecklos! Nun, unsereins träumt von einer lockeren Hochzeit mit den engsten Freunden barfuß am Strand. Bei Lilly hatte allerdings die Live-Übertragung von Lady Dis Hochzeit offenbar auf ewig Spuren hinterlassen. Eine Märchenhochzeit sollte es sein. Nicht irgendwo, nein! In Venedig, selbstverständlich im luxuriösesten Hotel am Platz und bitteschön ein ganzes Wochenende lang. Dass dabei mal locker das Budget für eine mittlere Eigentumswohnung draufging, störte unsere Prinzessin wenig.

Während Lilly enthusiastisch das Event des Jahrhunderts plante, liefen bei mir die ersten Emergency-Calls ein:

»Du, auf der Einladung steht: ›Dresscode strictly evening‹! Meinste, da kann ich meine neue True-Religion-Jeans mit 'nem Glitzeroberteil anziehen?«

»Ähm ... Steffi, eindeutig: Nein!«

»Shit! Das heißt, ich brauch ein Abendkleid! ... Duu, Sonya ...?«

Glücklicherweise war ich ja aus beruflichen Gründen im Besitz eines gut sortierten Klamottenfundus, in dem sich auch glamouröse Abendroben befanden. Normalerweise moderten die exklusiven Teile gut verpackt in Kleidersäcken im Keller vor sich hin und kamen nur für Gala-Moderationen aus ihrem Mottenpulververlies. Jetzt sorgten meine Hühner dafür, dass die Fummel mal wieder ans Tageslicht kamen.

Ein paar Wochen später war dann endlich der große Tag ..., Entschuldigung, das große Wochenende gekommen. Die Reisetruppe aus Frankfurt tingelte freitags gut gelaunt und perfekt gestylt Richtung Venezia. Allerdings ohne mich, denn ich musste noch bis Samstagnachmittag ackern und durfte auf den letzten Drücker zur Hochzeit hetzen.

Als ich endlich im Hotel ankam, waren die Gäste schon mit den Shuttles zur Location unterwegs. Immerhin wartete an der Rezeption eine Nachricht von meinen Mädels auf mich: »Wir sehen bombe aus. Danke dafür. Gib Gas!«

Das tat ich. Die Visage war ja schon poliert, das Haar onduliert und die

Abendhandtasche hatte ich schon im Flieger eingeräumt. Ich musste nur noch schnell aufs Zimmer sausen und in meinen Fummel schlüpfen. Keine zehn Minuten später war ich schon wieder im Aufzug auf dem Weg nach unten in die Lobby. Die Schiebetüren öffneten sich, ich trat aus dem Lift, als jemand meinen Namen schrie: »Sonya?!«

An der Rezeption stand eine sehr elegant gekleidete, mir gänzlich unbekannte brünette Dame, Ende dreißig, die meinen Namen brüllte. »Sonya!?«

»Eh, ja ...«

»Halleluja!«, sprach's, rannte auf mich zu und rammte mich mit der Kraft eines Panzers zurück in den Aufzug.

In Aufzügen fühle ich mich grundsätzlich nie wohl und immer von potenziellen Triebtätern bedroht. Dass mein Schicksal jetzt ausgerechnet von einer Hardcore-Lesbe besiegelt werden würde, hatte ich mir aber nie träumen lassen. Die Irre drückte mich an die verspiegelte Rückwand und blickte mich eindringlich an: »Du musst mir helfen!«

»Helfen?«

Bestimmt nicht, ich hatte vor, mich zu wehren. Meine Vergewaltigerin nickte hektisch. »Ich hab eben noch Lilly auf dem Handy erwischt und sie hat gesagt, du bist die Einzige, die mir helfen kann. Alle anderen sind ja eh schon weg ...«

Wie? Die wollte gar nicht mit mir Dose klappern?

»Wobei brauchst du denn meine Hilfe?«

Jetzt fing die Durchgeknallte auch noch an zu schluchzen. Oh je, das sah nicht gut aus. Aber es war die Gelegenheit, mich aus meiner Sandwichposition zwischen Gaga-Girl und Spiegelwand zu befreien. »Es« weinte immer noch. Drama war ja so gar nicht mein Genre. Ich nahm ihre Hand.

»Was ist denn passiert?«

Tränen strömten ihr übers Gesicht. Heulsusen waren ja erst recht nicht mein Fall. Also fragte ich entnervt: »Ist jemand gestorben?«

»Ja ...« Sie wischte sich die Wangen ab.

»Oh, Mist!« Toll, Sonya. Mal wieder ganz feinfühlig! Aber immerhin hörte sie auf zu heulen. Eine Hochzeit und ein Todesfall – mir wurde ganz schlecht.

Ihr anscheinend auch, denn sie drehte mir den Rücken zu, ließ ihren schwarzen Kaschmirmantel von den Schultern gleiten, beugte sich vornüber und sagte: »Giorgio Armani ist tot!«

»Armani?«

»Ja, verdammt! Jedenfalls, wenn ich das Arschloch, das eine 38 so eng schneidert, in die Finger bekomme ...« Und damit zeigte sie mit einer wütenden Handbewegung auf ihren Po.

»Ohhh! Ach so!«

Giorgios Werk zumindest war schon hinüber. Um präzise zu sein: explodiert. Die Couture-Robe aus schwarzer Spitze auf silbernem Seidenbrokat war geplatzt. Ein riesiger Riss, von der Taille bis zum Oberschenkel, gab tiefe Einblicke auf den käsigen Allerwertesten seiner Trägerin frei.

»Also wenn du den hautfarbenen String weglässt, bist du der Knaller auf jeder Fetischparty!«

»Cool! Besorg mir Maske und Peitsche, und wir können los.«

Wir mussten beide lachen. Die Heulboje war anscheinend doch ganz witzig.

»Okay, ich guck mal, was sich da machen lässt ...«

Kurze Zeit später kniete ich mit meinem Näh-Notfallset vor dem Poppes meiner neuen Bekannten.

»Du, das sieht ... irgendwie schlecht aus!«

»Ich hoffe, du meinst nicht mein welkes Sitzfleisch!?«

»Nee. Egal, wo ich hier flicke, da fehlt immer irgendwo Stoff.«

»Flick's zusammen, ich ess im Stehen und stell die Atmung ein.«

»Keine Chance, das platzt trotzdem. Hast du vielleicht noch einen schwarzen Chiffonschal? Den näh ich dir als Schleppe über den Hintern.«

»Shit, hab ich nicht. Hast du denn nicht noch ein Kleid für mich?«

Ach so, jetzt begriff ich: Meine Reputation als Kleiderfundus war mir vorausgeeilt.

»Tut mir leid, ich bin nur mit Handgepäck gekommen.«

Ich ging zu meinem Köfferchen und kramte die paar Sachen raus. »Also, ich kann dir T-Shirts, Netzstrümpfe, pinke Turnschuhe und einen schwarzen Trench anbieten!«

Geschockte Stille. Dann: »Gib her!«

»Was?« Aber sie hatte mir meinen neuen Zara-Trenchcoat schon aus der Hand gerissen.

»Du kannst mir natürlich auch gern ein Bettlaken an den Hintern nähen ...«

»Du kannst doch nicht im ...«

»Klar kann ich! Mach mir mal den Scheiß-Fetzen auf ...«

Schwupps, das schweineteure Designerkleid landete auf dem Boden, und sie stand nackt vor mir. »Ach, ich bin übrigens die Minki.«

»Ja, freut mich. Sonya.«

»Wo sind die Netzstrümpfe?«

»Hier ...«, ich zog die Strümpfe aus dem Tütchen: »Bitte schön!«

»Weißt du, und ich hab extra drei Kilo abgespeckt, damit ich in den Drecksfummel passe.«

»Was willst du denn drunter ziehen?«

»Wo drunter?«

»Unter den Trenchcoat?«

»Nix!« Und damit schlüpfte Minki in meinen knielangen Satinmantel, knotete den Gürtel in der Taille, zog ihre hohen Hacken wieder an und warf sich in Pose.

»Und? Wie sehe ich aus?«

An irgendwas erinnerte sie mich ... Ach ja: »Wie 'ne Exhibitionistin auf Opfersuche.«

Bei Minki konnte man wohl auf Diplomatie verzichten.

»Sexy?«

»Eher Porno.«

»Sehr gut. Ein Opfer hab' ich nämlich schon. Kennst du David Rosemann? Ein göttlicher Typ. Sieht aus wie Daniel Craig und ist endlich solo – aber nicht mehr lang.« Sie grinste mich anzüglich an. »Ach, warte mal, wo ist denn meine Handtasche?«

»Hier.« Das tolle Strasskästchen hatte ich nicht aus den Augen gelassen. Minki öffnete es und holte eine riesige, wunderschöne Brillantbrosche heraus.

»Eigentlich wollte ich mir die in die Haare stecken, aber ich glaube, jetzt sieht sie am Kragen besser aus.«

Die Wirkung war verblüffend. Mein 150-Euro-Satin-Trench sah plötzlich aus wie von Gucci. »Sag mal, ist die echt?«

Minki zeigte mir den Vogel: »Fake or real: No big deal! Wie du was trägst, das ist entscheidend.«

Wie recht meine neue Bekannte damit hatte, konnte ich den ganzen Abend lang beobachten. Die Hochzeit war ein rauschendes Fest, und in der mit edlen Roben bekleideten Masse wirkte Minki wie ein gefährliches Bond-Girl zwischen lauter aufgehübschten Prinzessinnen. Statt unsicher zu sein oder sich dafür zu schämen, dass sie »unpassend angezogen« war, genoss sie völlig cool und souverän all die Aufmerksamkeit. Minkis »Mantelkleid« schien bei den Herren ein erotisches Kopfkino auszulösen. Mann stellte sich automatisch die Frage: Hat die da was drunter? Und wenn ja, was? Alle hätten der Dame so gern den Mantel abgenommen ...

Nachdem Minki auf der Damentoilette einen Trupp Mädels mit ihrer Story vom toten Giorgio-Armani-Fetzen zum Lachen gebracht hatte, erlegte sie gekonnt ihren James Bond auf der Tanzfläche, bevor sie ihn wenig später – ohne Auftrag Ihrer Majestät – flachlegte.

Quick-Guide Verhüllung: Flops und Tops

Wenn Sie sich selbst dabei großartig finden, können Sie also anziehen, was Sie wollen. Trotzdem gibt es einige Modesünden, die wir uns sparen sollten. Schon allein, damit beim zufälligen Blick ins nächste spiegelnde Schaufenster unser wunderbares Selbstbewusstsein nicht vor lauter Schreck in tiefes Koma versinkt – und den Höhenflug jäh beendet.

Modefallen (Untergeschoss)

- **Unten Weiß ist Scheiß!** Zugegeben, wenn man Jeansgröße 0 und zwei Meter lange Beine hat, kann eine weiße Jeans tatsächlich vorteilhaft aussehen. Alle anderen Mädels: Nicht mal dran denken, egal, was gerade angesagt ist! Weiß tritt optisch hervor, lässt also unsere klassischen weiblichen »Problemzonen« Po, Bauch und Becken doppelt so »gebärfreudig« aussehen. Grundsätzlich fahren Sie mit der Faustregel »**Das Unterteil muss dunkler sein als das Oberteil**« richtig. Hellblaue Jeans sind aus Traditionsgründen erlaubt – dunklere allerdings aus genannten Gründen vorteilhafter!

- **Finger weg von 3/4- oder 7/8-Hosen!** Alle Jahre wieder sind die Teile modern, und ich tippe dabei auf reinen Sadismus der Modemacher, die ihre gutgläubige weibliche Kundschaft demütigen wollen. Denn solche Hosen machen vor allem eins: kurze Dackelbeinchen. Das Bein wird durch den Hosenabschluss in Wadenhöhe quasi optisch amputiert. Ähnliches passiert übrigens, wenn man sich einen Ring um die Fußfessel tätowieren lässt, oder bei Sandaletten mit Riemchen um die Fesseln.

▪ **Jeans in Stiefeln? Lieber nicht!** Auch diese Mode hält sich hartnäckig, macht aber leider in fast allen Fällen kurze Beine. Wir Damen, die wir nicht Kate-Moss-Maße oder Nadja Auermann-Storchenstelzen haben, können hier optisch nur verlieren.

▪ **Kompromisse bei der Passform sind verboten!** Egal, was Sie sich kaufen, die Klamotten müssen passen. Nicht nur, weil es ein echter Gute-Laune-Killer ist, wenn die Jeans ständig kneift und für Verdauungsprobleme sorgt. Klassische Falle: Sachen »für nach der Diät«. Meine Mutter ist da Expertin drin, ein Flügel ihres Schranks ist besetzt von nie getragenen Modepreziosen mit Preisschild dran. Wenn Sie Pech haben, passen die Sachen nie! Zu große Klamotten in Zeltform sind aber auch nix: Die kaschieren nicht etwa, sondern tragen auf.

▪ **Bitte meiden: Hüfthosen bei kurzen Beinen!** Dadurch wirken kurze Beine noch kürzer, der Oberkörper dagegen extrem lang. Macht eine Figur wie Goofy.

▪ **Machen Sie einen Bogen um Satinröcke!** Satin wirft Falten, glänzt wie Speckschwarte und macht dadurch – wir erinnern uns an die Gesetze der Optik – selbst leptosome Frauen zu Miss Piggy. Wenn überhaupt, dann gehen Satinröcke nur mit Glossis drunter (siehe »Die Instant-Traumfigur«, S. 259).

Modefallen (erste Etage)

▪ **Nein zu Rüschen und Gerafftem!** Denn beides trägt auf! Darum sind diese Extras für alle über Größe 36 bzw. Körbchengröße A nur in Spurenelementen geeignet. Eine Girlande über dem BH wirkt bereits in Größe C wie Charlys Tante mit Gummimöpsen im Karnevalskostüm.

Bitte keine »Krawattenmotive« auf Blusen! Diese kleinen oder großen Muster finden ihren Weg immer mal wieder auf Damenblusen. Das macht sie allerdings nicht schöner und flimmert nicht nur vor Augen, wenn wir so was auf der Mattscheibe sehen. Kaufen Sie lieber unifarbene Blusen.

Gold und Silber mögen sich nicht! Gegensätze ziehen sich – beziehungsweise Sie – in diesem Fall nicht gut an. Eine goldene Handtasche und eine silberne Kette? Klassischer Stilfehler! Denken Sie dran: Gleich und gleich gesellt sich gern. Beim Stichwort »Schmuck« fällt mir außerdem ein:

»Bei einem großen Busen braucht man Tops mit einer Form. Ich muss Sachen tragen, die eng in der Taille sitzen, oder ich sehe schwanger aus.«
Jessica Simpson

Nie zu viel Schmuck! Ein Spruch meiner Mutter, den ich immer im Kopf habe, lautet: »Je mehr Schmuck, desto geringer das Selbstbewusstsein.« Wenn ich eine Frau (oder auch einen Mann) mit der Tendenz zum Weihnachtsbaum sehe, muss ich immer dran denken, dass Mütter leider immer recht haben. Also: Seien Sie selbstbewusst und verzichten Sie drauf, dass man Sie schon von Weitem bimmeln hört wie den Schlitten des Weihnachtsmanns.

Vorsicht vor U-Booten und Schildkröten! Ob »Yellow Submarine« oder jede andere Farbe: U-Boot-Ausschnitte sind bei Brüsten, die nicht mehr ganz »auf der Höhe« sind, schnell ein optisches Desaster. Der halsnahe Kragen lässt den Abstand zur Brustwarze nämlich schier unendlich erscheinen. Sprich: Man sieht vielleicht – Verzeihung! – Hängetitten, wo gar keine Hängetitten sind. Einen ähnlichen Effekt haben Turtlenecks, also Rollkragenpullover. Andersrum gesagt: Enge Rollis sehen nur gut aus, wenn Sie sehr schlank sind und einen langen Hals haben.

Keine Neckholder ab Größe 40! Durch halsnahe Träger werden nicht nur leichte Hängeschultern betont, sondern die Hüfte wirkt auch breiter als sie ist – Neckholder stehen leider nur schlanken Frauen mit gerader Körperhaltung oder Mädels mit sehr breiten Schultern.

Modetricks (Untergeschoss)

So! Finito mit den Don'ts. Jetzt kommen die Tricks, die jede Frau größer, schlanker, kurviger oder ganz einfach besser aussehen lassen. Die Tipps sind gründlich erprobt, nicht nur von mir selbst, sondern auch von meinen Kolleginnen aus Show- und Modelbusiness.

- **Lange Hosen + High Heels = Endlosbeine!** Kaufen Sie Ihre Jeans extralang. Auch wenn Sie barfuß damit den Boden wischen – mit hohen Absätzen haben Sie auf einmal auf einen Schlag **bis zu zehn Zentimeter längere Beine**! Vollkommen unsichtbar. Dieser Trick wird gerne von etwas kurz geratenen Beauties aus dem Showbiz, wie Anastacia, JLo oder Madonna, genutzt.

- **Sofort größer mit Fersenpolstern!** Sie tragen gern Turnschuhe und anderes flaches Schuhwerk, ärgern sich aber immer drüber, dass Ihre Beine dann so kurz aussehen? Ein paar Zentimeter gewinnen Sie ganz unsichtbar mit Silikon- oder Leder-Fersenpolstern aus dem Schuhgeschäft oder vom Schuster – für besondere Anlässe können Sie auch zwei oder drei übereinander tragen.

- **Gürtel in Hosenfarbe für längere Beine!** Ein Gürtel in der gleichen Farbe wie die Hose zaubert zwei, drei Zentimeter Beinlänge dazu, denn er streckt das Bein optisch – weil der farbliche Bruch ausbleibt.

- **Jeans mit Taschen auf dem Po sind Figurformer!** Die Dinger sind ein modisches Paradox: Taschen auf der Hosenrückseite machen einerseits voluminösere Frauen schlanker und geben gleichzeitig Frauen mit Minipos Volumen am Allerwertesten. Nur wichtig: Die Jeans muss super sitzen.

Hell-Dunkel-Kontrast ausnutzen! Egal, was wir anziehen, immer dran denken: Unsere »Problemzonen« wirken in dunklen Farben weniger massiv. Ein Kleid, das in der Hüften- und Po-Zone dunkel ist, macht schlank – das muss nicht unbedingt Schwarz sein. Dunkelrot, Schokobraun, Dunkelgrün oder Marineblau sind genauso talentierte Schlankmacher.

A-Linie und Bahnenrock lassen optisch Pfunde purzeln! Ein ausgestellter Rock in A-Linie kaschiert absolut vorteilhaft breite Hüften und füllige Oberschenkel. Ein Bahnenrock umschmeichelt sogar sehr füllige Figuren – da sieht man locker bis zu zehn Kilo dünner aus, als man in Wirklichkeit ist.

Modetricks (erste Etage)

Ausrufezeichen Taille! Schmale knabenhafte Frauen profitieren von breiten, auffälligen Gürteln, die eng geschnürt werden – so wird die Taille hervorgehoben und die Hüfte erscheint breiter. Etwas voluminösere Mädels sollten ihre Taille ebenfalls betonen. Allerdings nicht mit eng geschnürten Gürteln, über die oben und unten Speckröllchen quellen. Hier funktioniert's etwas dezenter. Zum Beispiel mit abgenähten Blusen, Hemden, Jacken oder T-Shirts. Oder mit Korsagen, denn da quillt unser Speck kontrolliert – siehe Seite 261.

Oft unterschätzt: Der gute alte V-Ausschnitt ... Gerade korpulentere Mädels sollten unbedingt ihr Dekolleté betonen. Es gibt ganz wenige Frauen, bei denen dieser Körperbereich nicht schön ist. Ein V-Ausschnitt bei Pullis und T-Shirts streckt optisch absolut vorteilhaft und lenkt den Blick auf Ihre Schokoladenseiten.

... und der wunderbare Carmen-Ausschnitt! Das Sophia-Loren-Outfit der Fünfziger verbreitert die Schultern und lässt die Hüften schmaler erscheinen. Wenn Sie gleichzeitig die Taille betonen, haben Sie Kurven, die jedes Männchen mit dem Schwänzchen wedeln lassen.

Schmeichler Wasserfallkragen! Diese Kragenform ist ebenfalls sehr schön und macht ein tolles Dekolleté. Einzige Schwierigkeit: So ein weich fallender Ausschnitt lässt gern mal tief blicken. Ziehen Sie was »Anständiges« drunter und Achtung beim Bücken ...

SONYAS DO-IT-YOURSELF-TIPP NR. 9

Tuch-Tops Marke Eigenbau

Halsreif + Tuch = tolles Top. Ich kaufe mir manchmal auf Märkten im Urlaub wunderschöne Tücher, die ich dann aber gar nicht benutze. Absolute Verschwendung! Schließlich lassen sich daraus – zum Beispiel in Kombination mit einem Halsreif aus Holz, Metall oder einer engen Strasskette – mit ein paar Stichen tolle Tops basteln. Keine Angst, um das hinzukriegen muss man nicht John Galliano heißen!

1. Ich falte das Tuch in der Diagonale, so dass zwei Dreiecke entstehen.
2. Den oberen Zipfel schlage ich um den Halsreif und nähe ihn mit ein paar Stichen zu einem kleinen Tunnelzug fest.
3. Die beiden verbliebenen Zipfel kann man nun im Rücken zusammenknoten. Fertig!

Träger-Tricks Ich versetze mir Träger bei Kleidern oder Tops oft weiter nach außen. Das verbreitert optisch die Schultern, dadurch erscheinen Hüften und Hintern automatisch schmaler.

BH-Träger-Fixierung
In Kurzwarenläden gibt es für wenig Geld kleine Schlaufen mit Druckknöpfen, die die BH-Träger exakt mit den Trägern ihres Oberteils synchronisieren und fixieren. Die unsichtbaren Helferlein kann man an Trägern ab zwei Zentimetern Breite mit ein paar Stichen annähen. So bleiben Büstenhalter unsichtbar.

Bikini-Befreiung Liegen Ihre Bikinis von September bis Juni in einer Kiste? Schade! Bikinis sind – im Gegensatz zu BHs – fürs Tageslicht gemacht. Sie haben sozusagen die offizielle Genehmigung zum Rausblitzen, was bei BHs streng verboten ist! Gleichzeitig versprühen sie einen Hauch von Sommer-Feeling, wenn sie unter Tuniken oder Pullis zu erahnen sind.

Halblange oder lange Ärmel bei fülligen Oberarmen! Und zwar nicht hauteng, sondern mit ein bisschen Spiel. Super Schlankmacher sind auch ausgestellte Trompetenärmel, wie sie oft bei folgendem Kleidungsstück zu finden sind ...

Die richtige Tunika Die Tunika-Mode hält und hält sich – weil sie so schön ist. Ich liebe die Dinger, weil sie viel Bewegungsfreiheit geben. Im Sommer am Strand trage ich auch gern einen Bikini unter einer transparenten Tunika. Natürlich wird dabei nicht unbedingt die Taille betont, aber um der Figur trotzdem eine vorteilhafte Silhouette zu geben, sollten insbesondere die Kleineren und Fülligeren unter uns auf zwei Dinge achten: **Einen großen Ausschnitt und ein breites Unterbrustband, auch »Empire-Taille« genannt!** Dadurch machen die Dinger sogar schlank.

Übrigens: Wenn Sie stilistisch mal ins Klo greifen, ist das kein Weltuntergang. Wer immer mit dem kleinen (oder großen) Schwarzen auf Nummer sicher geht, liegt zwar nie daneben – aber auf Dauer ist das zum Gähnen. Ich bewundere Frauen, die modemutig sind. Die dürfen dann auch mal übers Ziel hinausschießen. Das sage ich jetzt natürlich aus reinem Selbstschutz. Denn, wie Sie sich wohl vorstellen können, gehörte auch ich schon zu den Opfern der gerade angesagten Mode ...

»Wer interessieren will, muss provozieren.«
Salvador Dalí

Zur Roten Ritze oder: Der Kleine ist drin

»Wie, zu eng?« Ich stand in meinem rattenscharfen roten Catsuit im »talk talk talk«-Studio und war kurz davor, meinen Regisseur mit dem Kamerakabel zu erwürgen: »Wo ist der denn bitteschön zu eng?«

Meine zweite Haut saß dank Elasthan perfekt.

»Sonya, glaub mir, das Ding ist zu klein.«

Entschuldigung, aber musste ich jetzt tatsächlich mit einem Mann über Klamotten diskutieren? Ich musste: »Also: Das hier ist ein sogenannter Catsuit, und der sitzt nun mal knackig, sonst hieße das Teil Strampelanzug. Klar?«

»Tut mir leid, Sonya, aber so bekommen wir echt Ärger mit dem Jugendschutz!«

»Im Gegensatz zu dem Ärger, den ich mit ProSieben bekomme, wenn alle Kerle Sportschau im Ersten gucken, nur weil ich keinen Mini anhabe und mein Dekolleté nicht zum Handball einlädt, ist das echt lächerlich!«

Na hoppla: Meine Stimme hatte mittlerweile Zickenlevel eins erreicht.

Stylistin Petra war ganz auf meiner Seite. »Genau! Und die Fuß-Fetischisten gehen eh schon alle zum Weinen in den Wald, weil Sonya heute Stiefel anhat.«

»Meine Damen, der ist zu eng. Besonders um die Schenkel ...«

Wollte mir der Typ damit etwa sagen, ich sei zu fett? Jetzt wurde ich sauer: »Liebster Andi, solange ich noch ohne Gleitgel in den Fummel komm, wird der auch getragen! Basta!«

Dass sich an meinen Hüftknochen langsam ein gewisses Taubheitsgefühl breitmachte, wollte ich ihm jetzt nicht auf die Nase binden. Mit trotzig verschränkten Armen standen Petra und ich wie »Die Rote-Catsuit-Fraktion« Seite an Seite und kämpften um das Überleben des Einteilers.

Hilfe suchend schaute sich Andi nach seiner Studio-Crew um: »Jungs, jetzt sagt doch auch mal was!« Unser durchweg männliches Team verhielt sich ... recht still. Zu still für meinen Geschmack. Normalerweise kam große Freude auf, wenn ich in meinen sexy Barbie-Outfits das Studio betrat. Vielleicht war diese ungewohnte Zurückhaltung ja nur männliche Diplomatie? Loyalität gegenüber einem Geschlechtsgenossen?

Na, so 'ne Scheiße konnte ich in meiner Emanzen-Arena auf keinen Fall dulden:

»Genau, Jungs, sagt doch mal! Los, traut euch!«

Schweigen.

Jannis, unser griechischer Aufreißer und Frauenversteher, wagte sich aus der Reserve: »Sonya, der Andi hat recht. Du hast da drin 'nen brutalen Camel-Toe ...«

Camel-Toe?! Einen Kamel-Zeh? Meine Zehen steckten gerade in schweinegeilen ferrariroten Wildlederstiefeln mit Zwölf-Zentimeter-Absätzen und litten. Ich schaute auf meine Füße. Hatte sich mein Hallux-Valgus-Ballen durch die ewige Folter tatsächlich schon so stark ausgebildet?

»Also Jannis, wo siehst du denn hier bitte 'nen Zeh? Nix, die sind astrein, die Füße!«

»Mensch, Sonya, es geht doch nicht um deine Treter! Guck doch mal auf den Monitor. Dein kleines Mädchen ... hat eine Hasenscharte.« Die versammelte Belegschaft fing an zu lachen. Petra und ich schauten uns an. »Wovon redet der?«, fragte ich. »Sagt mal, habt ihr zwei heute Klebstoff geschnüffelt?!«

Andi griff sich an den Kopf. »Ohhhh!«

Ich kannte dieses »Ohhh« und mochte es gar nicht. Das war so ein scheißüberhebliches ›Blondie rafft mal wieder gar nix‹-Ohhhh!

Mein Möchtegern-Steven Spielberg zeigte auf den Monitor, der das Kamerabild wiedergab. »Da! Siehst du's?«

Wollte der mich veräppeln? Was war denn los? War das hier die ›Versteckte Kamera‹? Nee, wohl eher ›Ein Käfig voller Narren‹, und wenn ich hier nicht gleich ein Machtwort sprach, hätten wir bald die ›Meuterei auf der Bounty‹.

»Ich sehe da gar nix.«

Der feine Herr Regisseur stöhnte, als hätte er es mit einer Grenzdebilen zu tun.

»Sonya, guck doch mal da …« Mit diesen Worten tippte Jannis mit seinem Zeigefinger auf dem Monitor direkt aufs genitale Bermuda-Dreieck.

Meine Perle Petra pirschte mit prüfendem Blick zum Monitor.

»Oh-oh!« Teletubby-Petra drehte sich zu mir:»Klarer Fall von ›Pussy frisst Hose‹!«

Entgeistert schaute ich mir in den Schritt und dann die versammelte Mannschaft an. Hätte ich drei Kilo Schnittlauch zwischen den Zähnen gehabt, keinem wäre was aufgefallen. Kneift's Höschen am Döschen, kriegt's jeder Mann mit.

»Okay, dass ihr mir zuerst zwischen die Beine schaut, ist mir eigentlich ziemlich wurscht. Dass sich aber dann keiner traut, das Maul aufzumachen und Klartext zu reden, ist wirklich schwach.«

»Entschuldige mal bitte, Sonya! Wir haben ja gedacht, du merkst es selbst. Das muss doch höllisch wehtun!«

Wehtun? Was wussten Männer bitteschön von Schmerzen?

»Nur weil ihr Kerle am Nahkampfstachel so empfindlich seid!« Ich trommelte mir wie King Kong auf die Brust: »Tussi, aber noch lang keine Pussy! Alles totes Fleisch, ne?« Ich stieß Petra in die Rippen, doch Petra war gerade nicht für Späßle zu haben:

»Du, Sonya, das schaut schon ein bissl komisch aus.«

Na sauber, ich mache hier auf toughes Weib, und meine Geschlechtsgenossin fällt mir in den Rücken. Mein Hirn arbeitete fieberhaft an einem Ausweg aus der Affäre. Es ging hier bei diesen Machos um mehr als nur um eine Klamotte. Nein, es ging um die Frage: Wer hat hier die Hosen an? Und ich würde meine Hosen garantiert nicht runterlassen.

Die Begeisterung für meinen roten Ritzenkitzler hatte bei Petra sichtlich abgenommen: »Was machen wir denn jetzt?«

»Ausstopfen!«, bestimmte ich.

Meine Mannschaft war schockiert: »Waaaas???«

Anscheinend war da mit dem »Ausstopfen« was falsch angekommen:

»Jungs, was wohl? Die Hose!«

»Mit 'ner Socke?«

»Jannis, mein Schatz, so 'ne Socke hat dir sicher schon gute Dienste geleistet. Aber bei mir sähe das vielleicht etwas seltsam aus.«

Ich bekam den Finger gezeigt. Auf Witze über Penisgrößen stehen unsere Testosterontierchen ungefähr so wie der Papst auf Kondome. Für den Notfallrammschutz meines Pfläumchens schwebte mir allerdings wirklich ein etwas formstabileres Baumaterial vor: »Haben wir irgendwo ein Stückchen Pappe?«

Mir wurde ein Bierdeckel gereicht.

»Kinder, Kinder, ich will mir doch keinen Keuschheitsgürtel bauen. Wir brauchen was flexibleres. Mit dem Ding gibt's nur Pflaumenmus!«

»Kinder!« Petra starrte mich mit weit aufgerissen Augen an und fuchtelte aufgeregt mit dem Zeigefinger herum: »Das isses!«

Und schon sauste sie zu ihrer Handtasche. Strahlend hielt sie mir kurz darauf eine Packung Kinder-Schokolade hin.

»Nein danke, ich hab gerade noch Platz zum Atmen. Essen is' nicht!«

»Du sollst die nicht essen!« Sie kippte die Kinderriegel in ihre Tasche und riss die Packung auseinander: »Hier: Pappe! Stabil, dünn und flexibel!«

Meinte sie das ernst? Wollte sie wirklich, dass ich mir – sozusagen – ein Stück Kinder-Schokolade ... Nein!

»Na los!« Okay, sie wollte.

»Na, wenn das mal keinen Ärger mit dem Jugendschutz gibt!«

Andi, Jannis und der Rest der Crew grinsten, während Petra mich hinter die Kulisse drängte. Als ich mit aufgeknöpftem Anzug dastand, bekam ich plötzlich ernsthafte Skrupel. Irgendwie hatte ich das Bedürfnis, mich bei dem unschuldig lächelnden Kinder-Schokolade-Jungen für die Zweckentfremdung zu entschuldigen. Tut mir leid, Kleiner! Augen zu und – rein! Er behielt die Augen trotz Warnung offen, und ich platzierte ihn dort, wo's nötig war.

»Und?«, fragte ich Petra.

Es folgte ein prüfender Blick auf Leibeshöhe. Als Petras Kopf wieder auftauchte, schien sie mit unserem Do-it-Yourself-Suspensorium zufrieden: »Alles anständig! Bist wieder fernsehtauglich.«

Und so schob ich mich, leicht breitbeinig, im rattenscharfen ferrariroten Einteiler mit Siegerlächeln vor die Kamera. Der kleine Grinse-Junge und ich waren ein super Team, wir hielten jeglichem Druck stand! Gemeinsam waren wir stark und überstanden nicht nur die Sendung, sondern auch den Spott der Studiocrew. Mein Verhältnis zur Kinder-Schokolade? Tja, seitdem ein wenig »gespalten«. Aber auch wenn der Tragekomfort eher zartbitter ist, setze ich in kniffligen Kneiffällen noch heute mein süßes Geheimnis ein.

Wirkstoff Farbe

Ja, ja, der rote Catsuit! Wenn nicht gerade Kamelfüße Ablenkungsmanöver gefahren haben, war er wirklich sexy. Und das lag nicht nur am hautengen Schnitt, sondern an seiner Farbe: Rot. Die Farbsymbolik wird bei Klamotten leider immer unterschätzt. Dabei entscheidet die Farbe darüber, ob wir als unschuldiges Engelchen, politisch korrekter Wurzelsepp oder erotisches Teufelchen mit Sexappeal rüberkommen. Und da ist Rot der heißeste Kandidat:

■ Lady in Red. Sorry, wenn ich Ihnen jetzt die Chris-de-Burgh-Schnulze über eine Sexbombe ganz in **Rot** ins Hirn gepflanzt habe. Aber in einem Punkt hat der olle Chris recht: »And I never will forget the way you look tonight.« Denn: **Rot macht sexy!** Sie wollen sich bei *ihm* visuell einprägen und garantiert nicht vergessen werden? Roten Fummel überwerfen, dann kann gar nix passieren. Sogar die Kohle können Sie zu Hause lassen: Er zahlt heute. Zwei amerikanische Psychologen von der Uni Rochester konnten nämlich beweisen: Männer lieben Frauen in Rot. Fotos von Frauen, die rote Klamotten oder rote Accessoires trugen, wurden von den Probanden mit XY-Chromosom als viel attraktiver bewertet als die andersfarbig gekleideten. Weiteres Ergebnis: Die Jungs würden für die Ladys ein opulentes Abendessen springen lassen. In Grün, Lila oder Gelb? Keine Chance! Rot ist so attraktiv, weil es stark wirkt. Es steht für Mut und Dominanz. Und sagt unheimlich viel über die Trägerin aus. Denn eine Frau im roten Abendkleid muss den Mut haben, die ganzen Blicke überhaupt auszuhalten, die ein solches Outfit automatisch auf sich zieht.

Black Beauty. Erst mal die positiven Aspekte: **Schwarz** ist klassisch, sexy, puristisch, festlich – und es passt zu allem, darum ist das »Kleine Schwarze« ja auch der Klassiker in der Mode. Es eignet sich wie keine andere Farbe zum Kombinieren mit anderen Farben – eine Grundzutat im Kleiderschrank. Schwarz macht außerdem schlank und ist die traditionelle Farbe aller Frauen, die in der Modeindustrie und in den Medien arbeiten. Die das Ganze dann aber meistens ein bisschen übertreiben: Falls Sie sich mal zu einer Modenschau in Paris oder anderswo verirren, könnten Sie beim Blick aufs kollektiv schwarz verhüllte Publikum meinen, es sei jemand gestorben. Schwarz ist leider auch ein harter Kontrast – es betont alle Unregelmäßigkeiten der Haut wie Fältchen, Pickel und Rötungen. Und immer nur pures Schwarz ist auf Dauer ziemlich langweilig. Auch wenn Brad Pitts Frau da anderer Ansicht ist (siehe rechts).

»Schwarz, das bin ich. Und es ist praktisch, weil ich keine Zeit habe, mir so viele Gedanken über Kleidung zu machen.«
Angelina Jolie

Für blaue Stunden. Die Lieblingsfarbe der meisten Menschen ist **Blau** – das fand kürzlich ein Forscherteam von der britischen Newcastle University heraus! Warum, darüber wird noch spekuliert. Blau und Türkistöne (die eine Mischung aus Blau und Grün sind) symbolisieren Reinheit, Freiheit, einen Hauch von Mysterium und Urlaub im Süden. Der unendliche blaue Himmel und das weite Meer sind schließlich ebenso klar wie unergründlich. Blau war früher eine der teuersten Farben, weil Blau in der Natur sehr selten vorkommt – heute sind blaue Klamotten – dank Chemie – zum Glück genauso günstig oder teuer wie alle anderen. Blau hat wie Rot starke Signalwirkung, hält aber durch seine Kühle andere eher auf Abstand.

Schneeweißchen. **Weiß** ist die Farbe der unschuldigen Engel und der Hauptfiguren in Tampon-Werbespots! Denn Weiß sieht immer sauber, gepflegt und rein aus. Vorausgesetzt natürlich, Sie gehören nicht wie ich zu den Menschen, die Flecken geradezu magisch anziehen (mehr zum Thema Fleckentfernung gleich). Außerdem ist Weiß – wie gesagt – eher was für oben- als untenrum, weil es extrem aufträgt. Ausnahme ist natürlich, Sie gehen ganz in Weiß – zum Beispiel als Braut!

»Wenn alles schiefgeht, trag ein weißes Oberteil!«
Kate Hudson

Richtig, liebe Kate! Weiße Oberteile kann ich Ihnen ausnahmslos ans Herz legen. Wenn ich bei einem Termin oder Date so gar nicht *weiß*, was mich erwartet, trage ich eine perfekt sitzende dunkle Jeans, Stiefeletten und eine weiße, sexy eng anliegende – so »rein« wollen wir ja auch nicht sein – Bluse. Unter der verbirgt sich selbstverständlich noch ein weißes discotaugliches Top. Besonders gut sitzen Body-Blusen, die wie ein normaler Body im Schritt zugeknöpft werden. Für abends aber ungeeignet: Man kann sie so schrecklich schlecht lasziv aufknöpfen ...

Frisch, frischer, Gelb. **Gelb** ist die Farbe der Sonne – und damit die strahlendste und frischste aller Farben. Coco Chanel hat zwar mal gesagt, dass eine Frau alles tragen kann außer Gelb. Aber, hey, die gute Coco ist keine Päpstin, deren Doktrin man sich unter allen Umständen unterwerfen muss. Sattes Gelb steht Dunkelhaarigen wunderbar, aber auch Blondinen wirken mit vanillig-duftigem Pastellgelb ganz fantastisch. Apropos:

■ Zarte Versuchung. **Pastellfarben** wie **Mintgrün**, **Zartgelb** oder **Apricot** wirken immer weich, zart und mädchenhaft. Und stehen uns am besten, wenn wir zart gebräunt sind. Auch Fältchen und Unregelmäßigkeiten erscheinen durch den sanften Kontrast weniger sichtbar.

■ Natürlich unauffällig. **Oliv-, Grün- und Erdtöne** strahlen Zufriedenheit und Naturverbundenheit aus. Sie signalisieren aber auch: Die Trägerin will nicht aus der Masse hervorstechen. Naturfarben sind immer **Tarnfarben**: Denken Sie an die Camouflage-Overalls unserer Jungs bei der Bundeswehr! Falls Sie gern solche Farben tragen und darunter leiden, immer übersehen zu werden: Es könnte eventuell an Ihrer schlammfarbenen Cordjacke zum erdbraunen T-Shirt liegen. Naturtöne sind allerdings ein perfekter Kontrast für Rothaarige – denn hier sorgt die leuchtende Matte für den Signaleffekt.

■ Rosarote Falle. **Rosa** beziehungsweise **Pink** ist bekanntlich die klassische Mädchenfarbe: verspielt, frisch, feminin und sehr jung. Aber aus gutem Grund gibt es keine rosafarbenen Business-Kostüme, und wer im Job ernst genommen werden möchte, sollte sich lieber nicht komplett in Barbie-Baby-Rosa hüllen. Das verwandte **Violett** – der Mix aus Rot und Blau – ist auch eine Lieblingsfarbe von uns Mädels – Männer haben aus unerfindlichen Gründen leider nicht viel Verständnis dafür, die meisten finden die »Emanzenfarbe« einfach nur scheußlich.

Die perfekten Baustellen-Outfits – für alle Fälle

Er hat angerufen! Das Schnuckelchen, auf das Sie schon seit gefühlten fünf Jahren scharf sind, das aber leider seinen Wohnsitz um den halben Globus verlegt hat. Er ist zufällig in der Gegend, fliegt schon morgen zurück nach

Timbuktu, New York, Honolulu oder wo er eben jetzt wohnt. Die Sensation: *Er* will *Sie* unbedingt sehen. Ihn erst mal zappeln lassen, geht ausnahmsweise nicht. Sie haben keine Bedenkzeit, Sie müssen zugreifen. Jetzt oder nie! Denn die Chance auf ein nächstes Date innerhalb von Jahresfrist ist geringer, als dass Karl Lagerfeld auf seine alten Tage entdeckt, dass er doch hetero ist. Das Treffen: in exakt einer Stunde. Das nur noch mit Klimawandel, Weltwirtschaftskrise und abgebrochenen Fingernägeln vergleichbare Problem: Was ziehen Sie an?

»Style dich – und bleib dabei bei dem, was funktioniert. So bin ich aufgefallen.«
Dita von Teese

Ich habe für solche Fälle meine SOS-Outfits. Für jeden denkbaren Anlass habe ich eine Kombi, die sich bewährt hat, in der ich mich – ganz wichtig! – wohlfühle und die ich noch mit verbundenen Augen im Kleiderschrank finden würde. Für mich sind Klamotten natürlich auch Arbeitsutensilien: Ich bin zwar normalerweise die totale Chaos-Schlampe, aber in meinen Schränken herrscht eine Ordnung, die schon fast pedantisch zu nennen ist. Ich finde ein Outfit in zehn Sekunden. Darum habe ich einen Job für Sie – das nächste Spontan-Date kommt bestimmt: Stellen Sie sich bitte am nächsten verregneten Sonntag jeweils Outfits für die folgenden »Aufgabenstellungen« zusammen:

- Business
- Date
- Event (wie Hochzeit, Jubiläum, Gala)
- Party und Piste

Am besten mindestens zwei pro Problemstellung, denn erfahrungsgemäß ist garantiert ein Teil in der Wäsche, nicht auffindbar, kaputt oder passt im Moment nicht so ganz optimal. Mein Standard-Outfit fürs erste Date war (ich bin da etwas eingerostet – habe die Liebe schon länger gefunden) immer die – bereits gepriesene – Kombi: knackig sitzende Lieblingsjeans mit weißer Hemdbluse. Das sieht elegant aus, ohne aufgetakelt zu wirken.

Je nach Knopföffnung können wir entscheiden, wie sexy wir wirken möchten. Für Business-Termine schwöre ich dagegen auf klares Schwarz-Weiß. Und so weiter ...

Denken Sie bei Ihren persönlichen Evergreens unbedingt auch an Schuhe, Unterwäsche, Gürtel, Strumpfwaren, Schmuck, Tücher und Jacke beziehungsweise Mantel. Diese Basis-Outfits können Sie sich fertig zusammengestellt auf Bügel hängen und müssen dann im Zweifel nur noch schnell zugreifen.

Übrigens: Sehr oft sehe ich in Deutschland leider eine Tendenz zum Underdressing auf Hochzeiten. Die Gäste erscheinen in Turnschuhen und Jeans oder in anderen sehr legeren Outfits. Hey, geht's noch? Es ist doch eine Hommage an die Braut und den Bräutigam, sich bei so einem Anlass festlich zu kleiden und sich Mühe zu geben. Dass für alle Mädels außer der Braut Weiß und Creme tabu sind, sollte klar sein. Was viele nicht wissen: Auch Schwarz ist nicht die beste Wahl für Hochzeiten – es gibt dabei ja (hoffentlich) nichts zu betrauern.

Fundament eines jeden Auftritts: Ihr Schuhwerk

»Normalerweise trage ich eher flache Schuhe, aber um auf dem Roten Teppich ladylike auszusehen, immer nur High Heels.«
Scarlett Johansson

Es ist eine unumstößliche Wahrheit: Für den richtigen Auftritt braucht man die richtigen Schuhe! Und da komme ich ohne Umwege zu meiner Zahnärztin. Die Gute hat sich vor einer Weile von ihrem Mann getrennt, und ihr Selbstbewusstsein lag danach erst mal gefühlte 110 Grad unter null. Und das, obwohl sie dazu überhaupt keinen Grund hat, denn sie ist eine intelligente und schöne Frau. Aber wie wir alle wissen, haben ja die Mistkerle oftmals die Fähigkeit, uns Mädels jedes Selbstbewusstsein zu rauben.

Ein (Ab-)Satz Selbstbewusstsein

Meine liebe Zahnärztin hat nach ihrer Trennung meine »Baustelle Mann« gelesen und meinte, das Buch hätte ihr total gutgetan, ein neuer Mann sei aber leider trotzdem noch nicht in Sicht. Also fühlte ich mich ermutigt, ihr noch ein paar mehr Tipps zu geben. Denn natürlich trug meine Zahnärztin – wie alle Ärzte – Gesundheitslatschen, die aussahen, als hätte sie die Dinger bei einem Nilpferd geliehen. Nicht nur in der Praxis, auch in der Freizeit. Ich hab ihr gesagt: »Fang doch mal bei den Schuhen an! Kauf dir Schuhe mit ein bisschen Absatz.« Und sie meinte: »Ach, Sonya, ich kann da drin nicht laufen.« Ich hielt dagegen: »Reine Übungssache.«

Ich bin davon überzeugt: Schuhe – speziell Stiefel – geben einer Frau Souveränität. Nicht umsonst gehört zu Uniformen immer schweres, hohes Schuhwerk – mit Absatz! Wenn ich irgendwohin muss, wo ich mich unsicher fühle, ziehe ich immer Stiefel an. Etwa ein Casting, bei dem man als Bewerberin um irgendeinen Moderationsjob mit hochgezogener Augenbraue von oben bis unten abgescannt wird, als sei man eine gut abgehangene Rinderhälfte auf dem Viehmarkt. Trage ich aber meine Stiefel mit dem massiven, fast militärischen Absatz, verändert sich dadurch meine ganze Körperhaltung. Dann fühle ich mich automatisch selbstsicherer und strahle das auch aus. Dadurch behandeln mich die Leute nicht wie die blonde Dumpfbacke, für die sie mich halten (manche wundern sich ja sogar, dass ich lesen und schreiben kann!). Dadurch fühle ich mich wieder ein bisschen besser und selbstbewusster ... So was nennt man Kettenreaktion.

Und meine Zahnärztin? Na, seit sie hohe Schuhe trägt, ist sie selbstverständlich ein »steiler Zahn« und männermordender Vamp! Im Ernst, sie hat sich brav mehrere Paare gekauft, deren Absätze stolze vier bis fünf Zentimeter hoch waren, hat gelitten, geflucht, geübt und ist nach ein paar Wochen auf die nächste Ebene geschwebt: Pumps mit Acht-Zentimeter-Absatz. So stöckelte sie dann stolz zu meiner Theaterpremiere und hat ihren Auftritt mindestens genauso genossen wie ich den meinen. Die ganze Frau hat sich verändert. Sie trägt inzwischen auch mal einen Klecks Make-up, hat sich die Haare mit goldenen Strähnchen aufpeppen lassen und zeigt ihrem Ex-Mann, der sie immer kleingehalten hat, wo der Hammer hängt.

Einen neuen Kerl hat sie auch schon. Ich hab sie gefragt, ob's denn an den Schuhen lag? Ihre Antwort: »Nicht unbedingt, aber sie haben mir geholfen, über mich hinauszuwachsen. Sie sind, im wahrsten Sinne des Wortes, eine Stütze!«

So weit das Plädoyer pro Pumps. Und es ist okay, wenn man seine Füße ab und zu mal strapaziert. Aber: Wir reden hier von ein paar Stunden! Wichtig ist, dass wir danach wieder barfuß laufen oder zu Hause Turnschuhe oder von mir aus auch Gesundheitstreter tragen. Denn wer ausschließlich auf Stilettos durch die Weltgeschichte stöckelt, erlebt irgendwann sehr wahrscheinlich den Fuß-Super-GAU und kann nur noch Birkenstocks tragen. Alle Hohe-Hacken-Hörigen jetzt bitte aufgepasst:

CLEVER-TIPP NR.13

Der V-Ausschnitt für die Füße

Wenn der im Schuh sichtbare Teil des Fußes möglichst groß ist, der Spann also blank liegt, verlängert das optisch das Bein. Aus diesem Grund sollten Sie bei kürzeren Beinen auch einen Bogen um Sandaletten mit Fesselriemchen machen, die verkürzen noch zusätzlich. Gleiches gilt für Stiefeletten zum Rock – greifen sie lieber zu Ankle-Boots, die einen schrägen Ausschnitt haben. Oder auch im Sommer am Strand: klassische Badelatschen sind nicht gerade eine Zierde für unsere Füße. Optimale Fuß-Bademode sind dagegen zum Beispiel Havaianas: Die Riemen dieser brasilianischen Flipflops haben V-Form. Das macht 'nen schlanken Fuß!

Einsturzgefahr im Kellergewölbe: Der Hallux Valgus

»Gib einem Mädchen die richtigen Schuhe, und es wird die Welt erobern.«
Bette Middler

Hallux Valgus heißt im Medizinerlatein eine große Zehe, die – in den allermeisten Fällen durch zu enges und hohes Schuhwerk – so verformt ist, dass sie massive Beeinträchtigungen verursacht. Und leider auch alles andere als hübsch aussieht: Bei älteren Frauen steht der Knochen am Ballen oft wie eine Fischflosse zur Seite raus, und der große Zeh macht eine unnatürliche Biegung nach innen: Meine Damen und Herren, das ist ein Hallux Valgus! Die meisten der darunter leidenden Frauen bekommen gemeine Entzündungen an dieser Stelle, die das Tragen von supersexy High Heels komplett unmöglich machen. Dann heißt es: »Bye bye Stöckelschuhe!« Schluss mit Manolo Blahniks und Salvatore Ferragamos. Im fortgeschrittenen Stadium können die Betroffenen nicht mal mehr normale Schuhe tragen, selbst keine Sneakers. Nein, Mädels, wenn das Monster Hallux Valgus bei uns einmal zugeschlagen hat, gehen wir nur noch auf orthopädischem Schuhwerk mit Spreizfußeinlagen. Und das sieht so aus, wie es sich anhört: So sexy wie eine permanente Schlammmaske. Es gibt zwar eine – schwierige – Operation, die Ärzte bei starken Schmerzen anraten. Aber die ist erstens ebenfalls schmerzhaft, und zweitens ist es danach trotzdem für immer vorbei mit Glamour am Fuß. Also lassen Sie es nicht so weit kommen. Und das geht so:

- **Wechseln Sie die Absatzhöhe!** Tragen Sie mal flache Ballerinas, mal mittelhohe Stiefel, mal halbhohe Schuhe. Dann dürfen Sie es zu besonderen Anlässen auch mit den schwindelerregenden Stilettos krachen lassen!
- **Schuhe aus, wenn's keiner sieht!** Ob im Büro, im Restaurant oder im Kino: Ganz egal: Freiheit für die Füße!!!
- **Laufen Sie barfuß, so oft es geht!** Nicht nur im Urlaub mit den Füßen im Sand, auch zu Hause auf dem Teppich. Das trainiert auch die »Wadenpumpe«, die das Blut mit Muskelkraft zum Herzen zurücktransportiert, und beugt so Krampfadern und Besenreisern vor.

Fußgymnastik und Fußmassagen sind übrigens auch sehr gesund, reichen aber als alleinige Vorbeugung nicht aus.

- **Achten Sie beim Kauf darauf, dass die Zehen nicht eingequetscht werden!** Eine zu enge Schuhspitze in Kombination mit zu hohen Absätzen ist der Hauptgrund für den Hallux Valgus. Faustregel: Streichen Sie den Satz »Die muss ich bloß noch ein bisschen einlaufen« aus Ihrem Wortschatz. Was im Laden schon drückt, wird nicht gekauft, basta.

Die optimale Säulenverkleidung – die fünf güldenen Strumpfhosen-Regeln

Genauso wichtig wie der richtige Schuh ist in Kombi mit Röcken und Kleidern der richtige Strumpf. Denn der bildet mit der Fußbekleidung eine logische Einheit – und bestimmt entscheidend mit darüber, welchen Eindruck unser Outfit hinterlässt. Übrigens: In Europa kann man als Business-Lady im Sommer auch mal ohne Strumpfhose gehen. In den USA wäre das in etwa so, als würden Sie komplett nackt erscheinen.

1. Strumpf bitte stumpf Zumindest, wenn es um Hauttöne geht. Was glänzt – wir erinnern uns an die Gesetze der Optik –, wirkt massiver. Ist darum nur erlaubt, wenn Sie ganz dünne Stelzchen haben und die dicker erscheinen lassen möchten. Bei Strumpfhosen in Schwarz oder Anthrazit gleicht die streckende Wirkung der dunklen Farbe den Dickmacheffekt »glossiger« Strümpfe teilweise wieder aus.

2. In Qualität investieren Strumpfhose ist nicht gleich Strumpfhose! Ich empfehle dringend, in einige gute Strumpfhosen zu investieren und nicht

die Billighöschen aus dem Supermarkt zu kaufen. Wenn man im Business-Kostüm Bein zeigen möchte, sind gute Strumpfhosen, die nicht überall Fädchen ziehen, ein Muss. Von Firmen wie Wolford oder Hudson gibt es wunderschöne pudrige Exemplare in tatsächlichen Hauttönen (also ohne Rosa- oder Graustich), die perfekt sitzen und fast unsichtbar sind. Aber solche Strumpfhosen kosten auch schon mal satte zwanzig Euro, darum sollte man die Dinger wie seinen Augapfel hüten, immer schön im Schonwaschgang im Feinwäschenetz waschen – und sie vor allem nicht unnötig damit verschleißen, sie unsichtbar unter Hosen zu tragen. Die Schätze gehören in eine extra Schachtel und kommen nur zum Einsatz, wenn das Gestell blank liegt!

CLEVER-TIPP NR. 14

Die Notfallfeile

Keine Feile zur Hand, aber einen fies gesplitterten Nagel, mit dem man überall hängen bleibt – damit ist es nur eine Frage der Zeit, dass die Strumpfhose das Zeitliche segnet? In so einem Notfall muss man nur vom nächsten Raucher ein Streichholzbriefchen schnorren. Die Reibefläche, an der sich das Streichholz entzündet, eignet sich auch wunderbar als SOS-Nagelfeile.

3. Alternative: Netzstrumpfhose Die sind heutzutage salonfähig und ideal, um sie in offenen Schuhen zu tragen. Es muss ja nicht immer die sexy Schwarze sein, auch hautfarben sieht eine Netzstrumpfhose gut aus. Die besten Netznylons bekommt man in Tanzgeschäften, in denen Turniertänzer und Sambatruppen ihre Klamotten kaufen. Die Teile sind zwar wahnsinnig schwer anzuziehen, aber dafür gemacht, aus stinknormalen Beinen und Popos Brazilian Traumbodys zu pressen – und dabei noch jede Menge Bewegungsfreiheit zu bieten.

4. Muster verboten Muster auf Strumpfhosen machen dick und ruinieren jedes Outfit. Punkt.

5. Reparaturset mitführen Teure Strumpfhosen gehen nicht so leicht kaputt. Aber wenn es doch mal passiert, wäre es schade, das schöne Geld quasi in den Mülleimer werfen zu müssen. Nagellack ist der altbekannte Trick, alternativ tun es aber auch Nagelhärter, Universal-Klebstoff oder Haarspray. Bei sehr wichtigen Terminen wie ersten Dates oder Vorstellungsgesprächen sollten Sie auch immer ein Strumpfhosen-Ersatzexemplar in der Handtasche mitnehmen – falls sich die Laufmasche im sichtbaren Bereich befindet.

Unser Balkon – alles zur Befestigung und Verschönerung

»Mag sein, dass ich in meiner Karriere so manche Rolle wegen meiner üppigen Brüste bekommen habe. Doch mal ehrlich: Das sind ja auch zwei prächtige Dinger.«
Jamie Lee Curtis

Unsere Titties – sie sind doch immer wieder für Gesprächsstoff gut. Kürzlich kam eine britische Studie zum Ergebnis, dass Männer, die täglich zehn Minuten nackte Frauenbusen betrachten, ihre Lebenserwartung um bis zu fünf Jahre steigern können. Der Grund: Die gesteigerte Durchblutung (wir wissen, wo …) mache fit wie eine Stunde Sport.

An Angela Merkels (bemerkenswertem!) Dekolleté bei der Einweihung der neuen Osloer Oper erhitzten sich die bundesdeutschen Gemüter, und auch, wenn es um die wichtige Frage geht, ob man einen BH tragen soll oder nicht, teilt sich die Menschheit in zwei Lager.

Apropos, ich selbst trage nur dann einen, wenn meine Klamotte eine gewisse »Ausstattung« erfordert. Denn wie man optisch und OP-frei auch aus einem verhältnismäßig kleinen Körbchen das Optimum rausholt, darin bin ich Expertin.

Eine Stütze in Gesellschaft: Möpse zum Mitnehmen

Da liegt sie, die Einladung zu Gala-Abend, Hochzeit oder Opernball! Leider ist nicht jede Frau von Natur aus mit dem nötigen Fett- und Drüsengewebe gesegnet, um ein perfektes »Popöchen« aus dem Abendkleid herausblitzen zu lassen. Doch das ist auch gar nicht notwendig. Denn für ein spektakuläres Dekolleté gibt es mittlerweile eine ganze Reihe unblutiger Tricks.

»Der Push-up-BH wird völlig unterschätzt. Ich habe damit viele Illusionen kreiert.«
Eva Longoria

■ Push-up-BHs erwähne ich nur der Vollständigkeit halber, denn sie haben dank Neckermann, Otto und Co. längst Einzug in deutsche Kleiderschränke gehalten. Bitte merken: Die besten Push-ups sind die, die sich unter der Brust regulieren lassen. Je enger die Körbchen zusammenstehen, umso größer ist der Push-Effekt. Wem das nicht reicht oder wer seinen normalen BH dezent aufrüsten möchte, der greift zu:

■ Schaumstoff- oder Silikoneinlagen Solche BH-Einlagen bringen ein bis zwei Körbchengrößen mehr. Gibt's preisgünstig im Sanitätshaus oder im Internet, zum Beispiel bei www.kronederschoepfung.de.

■ Und noch mal Silikon Aber auch diesmal auf der Haut, nicht drunter! Die Rede ist von selbstklebenden Silikonpads, ebenfalls in Sanitätshäusern, im Transvestiten-Bedarf (www.transvestiten-transformation.de) oder bei meinem Lieblings-Internetshop Robens Trading (www.robens-trading.de) erhältlich. Ich greife zu meinen künstlichen Kurven immer dann, wenn sich mit Push-up-BHs nicht tricksen lässt. Etwa bei Spaghettiträger-Tops oder schulter- oder rückenfreien Abendkleidern. Und wenn auf keinen Fall was verrutschen darf, weil damit zu rechnen ist, dass wild getanzt wird? Das ist ein Fall für Super-Sonya ...

SONYAS DO-IT-YOURSELF-TIPP NR. 10

Der ultimative Balkon-Bausatz

Die patente Frau wird auch mal handwerklich tätig, und zwar mit dem guten doppelseitigen Klebeband aus dem Baumarkt! Und so bastele ich mir meinen Bomben-Ball-Busen:

- Die Haut unterhalb der Brustwarze wird großflächig mit Alkohol (zum Beispiel Gesichtswasser) entfettet.
- Oberkörper nach vorne beugen und »Originalbusen« zusammendrücken.
- Klebeband von einer Achsel unter den Brüsten entlang zur anderen kleben (mit Zug). Notfalls nachkleben und die Außenseiten der Brüste stabilisieren.
- Das Entfernen wird bitter! Am besten geht's mit Öl oder in der heißen Badewanne.

Optimal für das Hochkleben der Brüste ist übrigens braunes Extra Power Gewebeband von Tesa – es klebt wie die Hölle. Das Band sollte mindestens 3,8 Zentimeter breit sein. Das Tape ist auch äußerst nützlich zum Abkleben von Brustwarzen. So eine »Kindersicherung« hilft bei transparenteren oder sehr knapp sitzenden Oberteilchen. Achtung: Wenn Sie sehr empfindliche Haut haben oder zu Allergien neigen, sollten Sie vor der Bastelarbeit zunächst an einer kleinen Stelle – zum Beispiel in der Armbeuge – testen, wie ihre Haut auf den Kleber am Powerband reagiert. Entstehen Pusteln oder starke Rötungen, müssen Sie leider auf den Eigenbau-Busen verzichten.

Balkon in Übergröße? Aus groß mach kleiner

Es ist ja fast immer so: Man will lieber das, was man nicht hat. Manch eine hätte statt Doppel-D lieber eine schöne Handvoll. Aber keine Sorge, auch hier kann man völlig unblutig einiges tun.

■ Minimizer-BHs Das Gegenstück zum Push-up. Gibt's wie Letzteren in jedem gut sortierten Dessousladen und mogelt ein bis zwei Körbchengrößen weg.

■ Ablenkungsmanöver Wer glaubt, mit Hängerchen einen großen Vorbau verstecken zu können, ist leider auf dem Holzweg: Die betonen einen übergroßen Balkon nur noch und machen dazu unnötig dick. Figurbetonung ist auch hier das A und O! Und natürlich gilt die Regel: Dunkle Farben kaschieren – darum sind helle und glänzende Oberteile tabu.

▪ Die Kaffee-Offensive Wenn Sie obenrum wirklich weniger wollen, ist es einen Versuch wert: Laut einer aktuellen schwedischen Studie sorgt der Genuss von bereits drei Tassen Kaffee am Tag bei vielen Frauen zu einem Schrumpfen des Busens – und schützt gleichzeitig vor Brustkrebs.

▪ Der richtige Ausschnitt! Großbusige Mädels bitte merken: V-Ausschnitt und Carmen-Top sind hui, Rolli und U-Boot-Kragen pfui.

Der Unterbau macht's möglich: Die Instant-Traumfigur

Manchmal muss nicht nur der Frontspoiler hochgewuchtet und getunt werden – es gibt Tage, an denen braucht die komplette Figur eine Generalüberholung. Aber mit ein bisschen Schnüren und Pressen an den richtigen Stellen muss die Sanduhrfigur, die Studien zufolge die Jungs an uns so attraktiv finden, auch ganz ohne Diät kein rosa Wunschtraum bleiben.

Verhüllung mit Turbo-Effekt: Schlank in dreißig Sekunden!

Was mussten wir nicht alles überstehen: Den Tod von unzähligen Schokoladenweihnachtsmännern (oder -osterhasen), das Aussterben diverser Plätzchenpopulationen (oder Ostereier) und das Versickern von einigen Hektolitern Alkohol – und wir sind immer noch nicht geplatzt! Allerdings läuft unsere Jeans jetzt Gefahr, genau das zu tun: nämlich zu platzen. Leider ist heute diese Party, auf der Ihr Schwarm auflaufen wird. Der Speck

SONYAS DO-IT-YOURSELF-TIPP NR. 11

Wespentaillen-Mieder

Ein paar Jungs, die sich gelegentlich gern in Divas verwandeln, verrieten mir einen alten Travestie-Trick. Sie wickeln sich mit Cellophanfolie ein Wegwerf-Wespentaillen-Mieder selbst. Von unterhalb der Brust bis runter zum Schniedelwutz (bei uns wäre es eben das Schneckchen) werden mit kräftigem Zug alle Pölsterchen weggewickelt, wobei die Cellophanfolie von selbst klebt. Die thermoaktive Alternative für den absoluten Notfall! Bitte nur bei Temperaturen unter 25°C anwenden – sonst Schmelzgefahr.

muss also weg. Und zwar pronto! Bedeutet: Es muss gezaubert werden! Sollte David Copperfield gerade nicht abkömmlich sein, lautet die Lösung für solche Situationen: Das gute alte Miederhöschen! Diese Dinger, heute etwas moderner »Glossis« genannt, sind ganz und gar nicht altmodisch und gehören in jeden Kleiderschrank. Es gibt sie in Schwarz, Weiß sowie hellen und dunklen Hautfarben in jedem guten Miederwarengeschäft in Form von Radlerhosen (die schon unter der Brust anfangen), Bauchweggürteln und ganzen Unterkleidern. Solche Teile halten ein Leben lang, pressen alles zusammen, was nur ansatzweise schwabbelt, und vertuschen jegliche Problemzonen, selbst unter Satinröcken, unter denen sich sonst jede Delle abzeichnet. Nebeneffekt: Sie werden am Buffet garantiert nicht übermäßig reinhauen, denn der Magen wird effektiv zusammengepresst. Etwas »schickere« Alternative: Spanx. Das sind hauchdünne Bodyformer, die alles zusammenpressen, was wabbelt (www.spanx.com). Leider sind die Dinger bisher nur in den USA oder Großbritannien zu bekommen. Doch wie so oft habe ich auch hier eine preiswerte Alternative, wenn gerade weder Miederhöschen noch andere Figurformer zur Hand sind (siehe Tipp oben).

Damit wären wir beim Stichwort für noch mehr Unterwäsche mit tollen Figur-Effekten. Eine ehemalige Kollegin von mir mit sehr knabenhaften Hüften schwor bereits in den Neunzigern auf die folgende Erfindung:

■ Push-Up-Höschen Solche Wunderhöschen bringen jeden Popo in knackige Copacabana-Form. Im Dessous-Fachhandel gibt es auch Slips, in die man zusätzlich noch Einlagen stecken kann.

■ Push-Up-Strumpfhosen Ungefähr gleicher Effekt – aber zusätzlich werden die Beine geformt, damit sich auch bei etwas kräftigeren Damen unterhalb des Popöchens nichts abzeichnet.

■ High-Tech-Korsetts Auch bei der eigentlich klassischen Unterwäsche hat sich dank neuer Materialien wie Elasthan und Lycra eine Menge getan. Während die Damen früherer Zeiten in Korsetts kaum Luft holen konnten, sind die heutigen Modelle elastisch, atmungsaktiv und trotzdem formschön – absolut up to date! Auch gern für obendrüber:

»Meine Figur finde ich ziemlich in Ordnung. Bloß wenn ich meinen Po sehe, denke ich: ›Mehr!‹«
Cameron Diaz

■ Schön geschnürt: Korsagen, Korsagen, Korsagen ... Eine schwarze Samt- oder Seidenkorsage ist eine echte Investition, denn gute Korsagen sind zeitlos. Und eine fantastische Möglichkeit für »fraulich« ausgestattete Mädels, ihre Weiblichkeit auch zu zeigen. Dazu gehört ein bisschen Mut, aber die Dinger machen einfach eine Wahnsinnsfigur. Gute Vollkorsagen aus dem Dessous-Fachhandel beginnen tief – in der Mitte der Hüfte – und drücken von dort aus alles nach oben,

CLEVER-TIPP NR. 15

Das Universal-Outfit

Einer meiner Lieblingslooks ist streng, hochoffiziell – und sexy! Und man kann dieses Multitalent sowohl zu Business-Anlässen als auch zu Partys tragen. Ein dunkler Bleistiftrock, eine eng geschnittene weiße Hemdbluse und drüber: die dunkle Korsage. Daran sieht man auch, wie man optimal die optischen Gesetze für sich ausnutzt: Die weiße Bluse gibt Fläche und Volumen an Busen und Schultern, die dunkle Korsage betont die Taille und der dunkle, gerade geschnittene Rock kaschiert ein Zuviel an Po und Hüften.

das sich dann als hübsches »Mehr« am Dekolleté zeigt. **Vorsicht bei kürzeren Korsagen!** Hier haben alle nicht ganz dürren Frauen das Problem, dass am unteren Ende eine Fettwulst herausquillt. Darum beim Kauf unbedingt darauf achten, dass die Korsage den Hüftknochen mit umhüllt. Einer meiner Lieblingsläden für Korsagen, Burlesque-Mode und schräges Zeug ist übrigens das winzige Lädchen »Sündige Mode« in Frankfurt! Dort kaufe ich gelegentlich für Moderationsjobs ein (www.suendige-mode.de).

Beim perfekten Styling machen Klamotte, Frisur und Makeup gemeinsame Sache – und manchmal gehört auch ein bisschen Mut dazu, was Neues auszuprobieren. Doch wenn ich mal wieder massenhaft Mails von »verliebten« schwulen Friseuren bekomme, weiß ich: Mein Fernsehstyling war genau richtig.

Das erinnert mich an eine weitere Fernsehstudio-Geschichte, die sich vor einigen Jährchen zutrug ...

Skandal im Studio: Wie es mir mein Stylist bretthart besorgte

Meine »Perle« Petra kam gerade von einem Job aus Amerika zurück und war völlig aus dem Häuschen.

»Sonya, Sonya, Sonya!!! Das Neueste vom Neuesten, es wird uns alle umhauen: Drei Engel für Charly! Die Eighties sind back! Aber was ich eigentlich sagen wollte: Du brauchst dringend 'ne Außenwelle!«

Der Film mit Drew Barrymore, Cameron Diaz und Lucy Liu war damals hier in Deutschland noch nicht angelaufen, aber in den USA war der Hype schon völlig hysterisch.

Weil ich Petra blind vertraue und nie widerspreche, war klar: Das wird gemacht.

Petra besorgte mir ein sexy lila Glitzerkleidchen und ich nötigte meinen Hair-Stylisten vor der nächsten Sendung »talk talk talk«, mir eine Außenwelle zu brennen, die es mit jeder Regenrinne aufnehmen konnte. Der Arme war nassgeschwitzt und total überfordert, mit »so was« hatte er keine Erfahrung. Eine Außenwelle hatte seit geschätzten hundert Jahren niemand mehr von ihm haben wollen, man hat die Haare immer schön brav nach Innen geföhnt und gut war's. Mat brauchte mehrere Anläufe, bis das Ding endlich hielt, und ich habe dabei bestimmt 400 Gramm Haare gelassen. Aber am Ende saß das Ding wie 'ne Eins.

Bretthart. Umwerfend. Shocking.

Jeder, der mich sah, verstummte. Offene Münder auf den Fluren des Senders. Menschen, die im Gespräch hüstelten, den Kaffee auf den Boden kleckerten und mir mit den Blicken folgten, wenn ich mit einem fröhlichen »Hallo« an Ihnen vorbeischritt. Ja, »so was« war man einfach nicht mehr gewohnt. Man kann sich das so vorstellen, als käme ich heute auf die Idee: Ich mach mir 'ne schöne Atze-Schröder-Minipli und erkläre das zum letzten Schrei.

Während ich in Glitzerfummel und mit Welle meine Sendung moderierte, stand der Hair-Stylist nervös mit dem Lockenstab in der Kulisse, um bei einem potenziellen Frisuren-Breakdown helfend herbeieilen zu können. Doch das Ding hätte auch 'nen Orkan mit Windstärke zweihundert überstanden. Alles lief perfekt. Als die Sendung zu Ende war, ging der Hurricane allerdings los. Und die Welle wurde zum Tsunami.

Es fing damit an, dass Stefan Raab in »TV Total« einen Mitschnitt der Sendung zeigte und am Schluss fragte: »Wer macht so 'ne Scheiß-Frisur?«

Ich, oder besser: meine Welle, wurde also zum Gesprächsthema in Fernseh-Deutschland. Während sich die Nation das Maul zerriss, wurde ich immer stolzer auf mein bahnbrechendes, innovatives, in den letzten dreißig Jahren in Deutschland nie gesehenes Styling.

Hey, ich war der Trend! Die Avantgarde! Wo ich war, war vorne!

Sogar mein damaliger Senderchef Nico bemühte seinen Chef-Hintern zu mir und sagte: »Sonya!!! Was war denn das für 'ne Scheiße? So was will ich nie wieder an dir sehen!«

Ich war mittlerweile ob der ganzen Anfeindungen wegen meiner »unmöglichen« Haartracht auf Krawall gebürstet und griff an: »Nico, lass uns 'ne Wette abschließen. Wenn innerhalb der nächsten zwei Monate alle Hühner, die hip sein wollen, mit 'ner Außenwelle rumlaufen, dann redet mir von ProSieben nie wieder jemand in meine Klamotten und mein Styling rein. Sollte das nicht so sein, darfst du mir alles verbieten, sogar den Mund – auf Ewigkeit!«

Amen! Der Deal stand.

Es dauerte nicht zwei Monate, sondern zwei Wochen. Da brachte Madonna ihre neue CD raus. Auf dem Cover: Madonna im Früh-Achtziger-Outfit mit Außenwelle. In den Videos: Außenwelle. Bald war auch auf deutschen Straßen eine Epidemie ausgebrochen: Außenwelle, wohin das Auge sah. Krethi und Plethi liefen auf einmal mit »meiner« unmöglichen Frisur rum, bis hin zur sonst doch eher konservativ gekleideten Kollegin »Nicole – Entscheidung am Nachmittag«. Ich habe das alles genüsslich fotografisch dokumentiert. Dann bin ich in Nicos Büro stolziert und hab ihm mit nur einem Wort die Bilder auf den Tisch geknallt: »Und?!«

Die Reaktion war sehr kleinlaut: »Ja ja, ist ja schon gut, ich sag' ja gar nichts mehr.«

Und weil Nico ein Mann war, der sein Wort hielt, durfte ich fortan im Sender in punkto »Look« tun und lassen, was ich wollte ...

Wenn man die Sendung heute sehen würde, würde einem gar nichts Besonderes daran auffallen. Und was lernen wir daraus?

1. Auch unsere Sichtweise ist der Mode unterworfen. Ein anderes Beispiel sind die guten alten Leggings. Vor fünf Jahren hätte das Tragen dieses Teils noch riesige Debatten ausgelöst, denn die Einzigen, die aus reiner Verzweiflung noch Leggings trugen, waren Frauen um die 200 Kilo. Darum nur Mut! Sie können alles anziehen, wenn Sie es mit Selbstbewusstsein tun!

2. Niemals etwas wegschmeißen, sie werden es irgendwann wieder tragen können. Ich hab noch Teilchen aus den frühen Neunzigern, die konnte ich einfach nicht wegschmeißen, weil sie so schön sind – und die trage ich jetzt wieder! Naja, zumindest die Teile aus Stretch-Stoff. Denn bei den anderen Sachen gibt es ein Problem. Als ich kürzlich beim Kellerausmisten auf eine total tolle, verwaschene Levis 501 stieß und begeistert hineinsprang, blieb mir das gute Stück am Knie hängen ... Tja, die Modelfigur von '92, ich werde ihr wohl für immer Goodbye sagen müssen. Aber der Abschied fällt mir nicht schwer – ich fühle mich heute einfach viel wohler.

Ein paar Worte zur Instandhaltung: Textilpflege

Nix gegen Rebellion und Punk, aber wenn ich bei einem Casting als wilde Hilde aufkreuze, mit Löchern unter den Achseln, dem halben Mittagessen in Klecksform auf der Bluse (»Ah, Frau Kraus, gab's heute Spaghetti Napoli?«) und Laufmaschen an den Haxen, kann mich das nicht weniger als den Job kosten. Darum ist meine Garderobe immer im Top-Zustand. Und das bedeutet ganz spießig: gewaschen, gereinigt und gebügelt. Was kaputt ist, wird umgehend repariert oder aussortiert. Schuhe werden geputzt und mit Spannern bestückt, Flecken mit entsprechenden Mitteln so schnell es geht behandelt – und nicht erst, wenn der Fleck bereits eingetrockneter ist als die Sahelzone zur Dürrezeit. Auch Pullis »entknote« ich regelmäßig mit einem Einmalrasierer, mit dem ich die lästigen Wollknübbelchen einfach wegmähe.

Diese Instandhaltungsarbeiten erledige ich ganz in Ruhe, wenn ich mal einen Tag frei habe. Aber auch unterwegs bin ich für alle (Un-)Fälle gerüstet. Ich ziehe leider Flecken und andere Katastrophen magisch an, hetze oft von Termin zu Termin und habe nur selten Zeit, mal eben nach Hause zu fahren und mich umzuziehen.

Das Notfallkit für die Handtasche

In meinem Emergency-Set befinden sich nur Klein- und Kleinstverpackungen, die kaum etwas wiegen, denn die üblichen Frauen-Handtaschen, die so schwer sind, dass man damit jemanden erschlagen kann, sind nicht nur unbequem, sondern auch alles andere als gut für den Rücken. Doch jetzt der Reihe nach:

Das Sewing-Kit (oder auf gut Deutsch: Nähset) Falls ein Knopf abplatzt, die Naht aufgeht oder die Bluse reißt: Ich nähe es mit ein paar Stichen. Perfekt sind die kleinen Pappbriefchen mit Nadeln in verschiedenen Dicken und Fäden in unterschiedlichen Farben und Stärken, die man in guten Hotels bekommt. Selbst in der briefumschlaggroßen Clutch Bag beim Abendempfang lässt sich so ein Ding unterbringen.

Sicherheitsnadeln Wenn nicht mal für ein paar Stiche Zeit ist, sind diese Teile der unverzichtbare Klassiker.

Doppelseitiges Klebeband habe ich ebenfalls immer bei mir. Damit lässt sich ein heruntergetretener Saum in Sekunden reparieren. Natürlich nehme ich nicht die ganze Rolle mit, sondern nur ein zurechtgeschnittenes Stück von ein paar Zentimetern. So ein Teppichboden-Klebeband klebt übrigens besser als das gehypte »Hollywood Star Tape«. Das ist zwar unauffällig durchsichtig, klebt aber weniger gut und ist um ein Vielfaches teurer. Eine schöne Rolle aus dem Baumarkt kostet ein Drittel davon, und Sie kommen damit eine Dekade lang aus.

Ein Papiertaschentuch Diese Regel stammt von meiner Mama: Eine Dame geht niemals ohne Tempotaschentuch. Ob ich eine »Dame« bin, ist durchaus anzuzweifeln, aber ich halte mich dran. Denn ich bin eine alte Kleckertante. Da ich ungern deswegen auf

CLEVER-TIPP NR. 16

Zipper Bags

Ich organisiere den Inhalt größerer Handtaschen immer in diesen praktischen Tütchen. Sie wissen schon, diese Gefrierbeutel, die man seit einiger Zeit haben muss, um Flüssigkeiten im Flieger mit ins Handgepäck zu nehmen. In eine der Bags kommt das Reparatur- und-Klecker-Kit, in die nächste ein Notizblock und Stifte, dann habe ich eine für iPod und Kopfhörer, eine für Reisezahnbürste, Mini-Zahnpastatube und Zahnseide ...

Nahrung verzichte, brauche ich solche »Tuchwaren«. Frisch gekleckst, kommt darum erst das Tempo zum Einsatz und anschließend wahlweise:

- **Alkoholgetränkte Erfrischungstücher** Die lassen sich hervorragend dazu verwenden, frische Flecken aus einem Kleidungsstück zu reiben. Für stärkere Flecken auf unempfindlichem Material wie Jeans sind auch Desinfektionstücher super geeignet. Bei sehr empfindlichem Material greife ich allerdings zur schonendsten Waffe gegen Flecken:

- **Reinigungstücher für Seidenkrawatten** Auch die sind einmal verpackt erhältlich – im Krawattenladen natürlich. Bitte schnell handeln, das Waschbenzin verfliegt sehr schnell. Also: Aufreißen und Action!

- **Ein Deotuch** Damit ich nicht nur ordentlich aussehe, sondern auch ordentlich rieche.

- **Mein WC to go** Jede Frau kennt die Situation: Vollsperrung auf der Autobahn, Mörderdruck auf der Blase – und nicht mal ein Bonsai-Busch in Sicht, geschweige denn eine Toilette. Das ist zwar kein direkter Styling-Notfall – kann aber schnell einer werden. Darum will ich Ihnen nicht vorenthalten, was ich kürzlich an der Kasse im Trecking-Laden entdeckte: Den Pinkeltrichter aus Kunststoff für die Frau namens **Whiz Freedom** (www.globetrotter.de)! Damit können auch wir endlich im Stehen! Das Ding nehme ich zwar nicht gerade mit auf 'nen Abendempfang, aber es gehört mindestens ins Handschuhfach und am besten auch (im Zipper-Beutel!) ins diskrete Seitenfach jeder gut sortierten Reisetasche. Der Trichter kann sogar in der Waschmaschine gewaschen werden.

- **Ein Ersatz-Stringtanga** Man weiß ja nie. Da man den Schlüppi natürlich nicht unbedingt sehen soll, wenn ich in meiner Tasche rumwühle –

auch die Zipper-Beutel sind ja transparent – knülle ich das Höschen zusammen und quetsche es in eine **Plastikverpackung aus einem Überraschungsei** – und schon ist die Diskretion gewahrt! Übrigens auch super für Tampons – oder gerollte Slipeinlagen. Letztere sind ein wahres Multifunktionstool:

SONYAS LIEBLING NR. 17

Mein Deo-SECRET

Auch dieses Geheimnis teile ich gern. Doch zunächst die schlechte Nachricht: Man kann dieses echte Anti-Schwitz-Wunder in Deutschland nicht kaufen – ich versteh's einfach nicht! Beschwatzen Sie jemanden, es Ihnen aus den USA mitzubringen. Denn in Amiland ist das Zeug Marktführer und man bekommt es in jeder Drogerie: SECRET (so heißt's wirklich!) ist das einzige Deo, das mich so trocken hält wie Pampers, und das für 24 Stunden. Den hellblauen Deostift gibt's in einem Dutzend Duftrichtungen, mein Favorit: SECRET Platinum Powder Fresh. Kostet etwa 4,50 Dollar und hält für Monate fresh.

■ **Meine Schwitz-Stopp-»Pads«** Es gibt kaum etwas, das unangenehmer ist als Schwitzflecken unter den Achseln. Egal, ob 35°C im Schatten sind, Sie in einer schwierigen Prüfung sitzen oder einen Vortrag halten: Gründe fürs stärkere Transpirieren gibt es viele. Da gibt's nur eins: **Billige Slipeinlagen**. Wichtig ist, dass sie ohne Plastikverstärkung auskommen und darum gut knickbar sind. Die klebt man unter die Achsel in die Bluse, den Blazer oder das T-Shirt. Der Trick ist bühnenerprobt: Als ich im Frühjahr 2008 in dem bereits erwähnten Stück im English Theatre in Frankfurt auf der Bühne stand, herrschten da oben gefühlte 100°C. Ich trug eine Seidenbluse, musste scriptgemäß schreien und weinen und war jedes Mal nach der Vorstellung klatschnass geschwitzt. Nur meine Achseln waren furztrocken – und das war wirklich ein gutes Gefühl.

Jetzt wird's heiß – die goldenen Bikini-Regeln

Da eben von 35°C im Schatten die Rede war: Im Sommer am Strand ist das Kleidungsstück der Wahl natürlich der Bikini. Hier kann man viel falsch und einiges richtig machen:

1. Stringtanga-Bikinis sind unsere Feinde ... Die Dinger sind ausschließlich (!) für sechzehnjährige Brasilianerinnen mit Knackarsch erlaubt. Für alle anderen sind die alles entlarvenden Teilchen tabu. Auch wenn wir eigentlich meinen, noch ganz gut in Schuss zu sein. Reicht nicht – der Popo ist nun mal traditionell unsere unperfekteste Zone.

»Wir alle haben Cellulite – sogar Supermodels. Ich war bei Fashion-Shows und hab's gesehen!!! Ohne Cellulite bist du nicht menschlich.«
Sandra Bullock

2. ... und gepolsterte Bikinis sind unsere Freunde! Mittlerweile sind ja nicht mehr nur Bügel-Bikinis wattiert und gepolstert, sondern sogar die Triangel-Bikinis. Dadurch gibt so ein Bikini richtig Halt und sitzt wie 'ne Eins – wie ein guter BH.

3. Vorsicht vor Bandeau-Bikini-Oberteilen! Die sind zwar nicht nur für brasilianische Teenie-Mädels geeignet, aber ausschließlich kleine oder extrem knackige Brüste sehen darin gut aus. Denn Bandeaus betonen bereits auch nur leicht der Schwerkraft folgende Tittchen ungünstig. Also: Finger weg. Das Gleiche gilt bei großen Busen. Ausnahme sind Oberteile, die zwar Bandeau-Form haben, aber – siehe oben – durch Stäbchen und gepolsterte Körbchen Stabilität geben.

4. Das Höschen muss sitzen! Auch wenn sich die kleinere Größe irgendwie »sexier« anhört, es sieht niemals so aus: Bikinihöschen bitte nie zu klein kaufen, sie müssen sitzen. Das Problem: Überall dort, wo in den

dehnbaren Elasthanstoff Nähte eingearbeitet sind, schnüren die Höschen ein. Also genau dort, wo wir in der Regel am voluminösesten sind: auf der Hüfte und am Po. Und so eine Quell-Optik macht richtig dick!

5. Must-Have-Strand-Accessoire: Der Pareo Fürs Eisholen am Kiosk schlingen wir Damen von Welt uns dieses Tuch elegant um die Hüften. Ohne so ein Ding begibt sich jedenfalls auch eine Frau Kraus am Strand nicht in die Vertikale. Ich möchte meinem Image als knackige Mittdreißigerin nicht damit schaden, dass ich den neugierigen Touris auf dem Weg zur Strandbar meinen Popo präsentiere. Denn im gnadenlosen Sonnenlicht wird leider auch der kleinste Hauch von Cellulite sichtbar. Mein Favorit: Ein farblich zum Bikini passendes leichtes Chiffon-Fransentuch. Das bewegt sich schön im Wind und schmeichelt der Figur.

Ach ja, das Bein-Make-up von S. 174 lässt sich natürlich auch fabelhaft mit Sonnencreme zubereiten und kaschiert wunderbar kleinere Makel. Wenn die Creme wasserfest ist, sogar auch noch während und nach dem Schwimmen ...

Pimp your Bikini

Nichts ist langweiliger als Standardbikins von der Stange. Doch auch ein ganz simples Basisteil von H&M lässt sich easy zum Unikat aufmotzen – und nach Lust und Laune immer wieder mal umstylen.

- Am Bikini-Bändel können Sie **kleine süße Sachen aus dem Bastelladen** auffädeln. Perlchen aus Holz, Plastik oder Metall, kleine Quasten oder Plastik-Moosröschen, an die Sie einen Kettenverschluss genäht haben. Hauptsache, es passt zur Farbe des Bikinis.
- **Federohrringe** ziehe ich gerne statt durchs Ohrloch durch den seitlichen Knoten an einem Schnürbikini.
- Ich mag es bei Bikinis nicht, wenn die Höschen an der Seite nicht schmal geschnitten sind. Da aber das Band des Oberteils meistens überlang ist, schneide ich mir davon zwei kleine Stückchen ab und **raffe** mir damit **das Höschen** seitlich mit einer Schleife.

■ Auch eine sehr schöne Idee: Man kauft **zwei identische Broschen**, Klassiker sind zwei Schmetterlingsbroschen. Davon pinnt man eine ans Höschen und setzt die zweite zwischen die Brüste. Achtung: Vor dem Schwimmen abnehmen!

■ **Ich tausche bei Tunnelzug-Bikinis oft die Bänder aus.** Statt der Standardschnüre ziehe ich geflochtene Lederbänder oder ein Seidenband durch den Tunnel.

■ **Künstliche Ansteckblumen** aus der Gartenabteilung im Baumarkt verwende ich gern zur Verschönerung. Das sind zwar meistens ganze Rispen, davon kann man aber wunderbar die einzelnen Blüten abschneiden und dann mit einer Sicherheitsnadel festpinnen. Die restlichen Blümchen können Sie mit der Heißklebepistole (siehe Kasten) auf eine einfache Haarspange oder die Flipflops kleben.

SONYAS LIEBLING NR. 18

Die Heißklebepistole

... ist ein Utensil, das in keinem emanzipierten Haushalt fehlen darf! Damit können Sie nicht nur künstliche Blüten auf Spangen befestigen. Ich benutze das Ding für alles Mögliche: Ich klebe damit Muscheln auf Geschenke, Blumen auf Basttaschen und Perlen auf Tücher. Ich verziere per Heißkleber Postkarten oder Strohhüte. Ich habe mir sogar im Badezimmer oberhalb des Fliesenspiegels eine breite Muschelbordüre aus den Hunderten Muscheln gezaubert, die ich jahrelang bei allen Fotoproduktionen am Meer gesammelt hatte. Das war vor zehn Jahren, die Bordüre hält dank Heißkleber noch immer – und sieht sensationell aus. Und das, obwohl mir der beleidigte Fliesenleger prophezeit hatte: »Mädsche! Dess hält doch nedd!«

■ Bei www.tanzmaus.de gibt es einen **Strass-Applikator**, mit dem man Strasssteine auf Kleidungsstücke kleben kann. Nicht nur für Bikinis toll – auch fürs Abendoutfit.

■ Wenn ich früher bei Modeproduktionen abends im Hotelzimmer saß, habe ich mir die Zeit oft damit vertrieben, dass ich meine Klamotten aufgemotzt habe. Eines Abends in der Karibik habe ich mir **große schillernde Pailletten** auf einen Bikini genäht. Als am nächsten Tag die Fotoproduktion erledigt war, habe ich mich mit dem guten Stück ins Wasser gestürzt – und mich fürchterlich erschrocken. Denn innerhalb von Minuten war ich umringt. Von Fischen. Großen, bunten, wunderschönen Fischen. Seitdem ist dieser Bikini für mich der »Köder-Bikini«. Funktioniert garantiert nicht nur bei Meeresbewohnern ...

V.
Anbau, Umbau, Renovierung

Vor fünfzehn Jahren hieß es noch: »Iiiiih, guck mal, die hat falsche Fingernägel!« Heute locken künstliche Krallen kein Lästermaul mehr hinter dem Ofen hervor. Kein Wunder, schließlich ist die Renovierung sämtlicher Körperbereiche durch den Onkel Doc aus der zwielichtigen Tabu-Ecke gerückt und zum Lifestyle-Thema geworden. Promis lassen sich live im Fernsehen operieren, und in Frauenzeitschriften sind die neuesten Trends in Sachen Beauty-OPs nachzulesen ...

Busenvergrößerung, High-Tech-Peelings, Faltenunterspritzungen, Fettabsaugung, Botox ... Wenn man sich die Kataloge der Schönheitskliniken und Angebote im Internet so anschaut, könnte man meinen, dass es für jedes Beauty-Problemchen eine Lösung gibt und »Älterwerden« sowieso Schnee von gestern ist. Grundsätzlich ist auch nichts dagegen einzuwenden, sich ein bisschen generalüberholen zu lassen. Denn, machen wir uns nichts vor: Wir leben in einer visuellen Welt. Wenn mit 45 mein Gesicht bis aufs Dekolleté hängt und ich mich im Spiegel nicht mehr leiden mag, weil ich einfach nicht mehr aussehe, wie ich mich fühle, dann wird eben auch ein bisschen gezurrt.

»Teile von mir sind 55 Jahre alt, der Rest geht niemanden etwas an.« *Goldie Hawn*

Aber ein paar Dinge sind wichtig, bevor wir uns dazu entscheiden, uns professionell tunen lassen. Erstens: Ein geringes Selbstbewusstsein lässt sich nicht wegoperieren. Selbst wenn wir hinterher aussehen wie Germany's Next Topmodel. Natürlich gibt gutes Aussehen Sicherheit. Trotzdem wird niemand allein durch einen Satz Luxus-Titties von einem Häufchen Elend zum souveränen Supergirl. Der nächste »Makel« findet sich dann bestimmt, der »unbedingt« noch »gemacht« werden muss. Und man kann auch süchtig nach Schönheits-OPs werden. Glauben Sie nicht? Dann gucken Sie sich doch mal Michael Jackson an ...

Zweitens: Jede Operation ist immer auch ein Risiko und mit Schmerzen verbunden. Das in Kauf zu nehmen, weil man seit der Grundschule unter seinem Riesenzinken leidet, ist legitim. Aber ich habe von Fällen gehört, da wurde aus reiner Bequemlichkeit Fett abgesaugt, weil das ja »einfacher« ist, als auf die tägliche Gyros-Spezial-Platte zu verzichten. Da kann ich nur sagen: Hallo?! Bitte Birne anschalten – und es erst mal mit Sport und gesünderer Ernährung probieren.

Drittens: Es ist von Vorteil, wenn wir hinterher noch als wir selbst zu erkennen sind. Nicht nur, weil es nervig ist, den Personalausweis erneuern zu müssen. Falls bei kleineren Verschönerungsaktionen wie bei Botox mal was danebengeht und die Augenbraue hängt oder die Lippe beim Aufspritzen zu dick geraten ist, kann man noch mit den Schultern zucken und sagen:

Hey, shit happens! So was ist blöd, aber geht spätestens in ein paar Monaten wieder weg. Doch ein versautes Facelift ist eine »Anschaffung« fürs Leben. Was da wie sehr in die Hose gehen kann, lässt sich wunderbar an Promis besichtigen: Mickey Rourke oder Tatjana Gsell wirken doch, nun ja, drücken wir's diplomatisch aus: sehr speziell. Cher und Priscilla Presley sind zwar schön glattgebügelt, sehen dabei aber verdächtig nach Schaufensterpuppe aus. Gut gelungen sind dagegen (wahrscheinlich) Michael Douglas und Demi Moore. So gut, dass sie es sich leisten können, zu sagen: Wir sind gar nicht geliftet. Eine gute Schönheits-OP erkennt man nämlich daran, dass man sie nicht erkennt.

Ich habe mich jedenfalls mal umgehört, was möglich ist, was wirklich etwas bringt und wie viel der Kram kostet. Und wovon wir besser unsere Fingerchen lassen sollten. Da fällt mir doch glatt mal wieder ein Anekdötchen ein ...

Sündige Lippen oder: Ich geh nur noch zu Professionellen!

Wochenlang hatten mich meine Mädels diskret und sensibel auf den Zustand meiner Hände hingewiesen: »Brauchst du ein Peeling? Lass dich von Sonya streicheln.«

Oder: »Sag mal, Sonya, gibt's das hübsche Braun unter deinen Nägeln auch als Lack?«

Blöde Tussis! Schließlich hatte sich mein neues Häuschen in den letzten Monaten durch harte Knochenarbeit von einer Bruchbude zu einer durchaus bewohnbaren Casa gemausert, und darauf war ich, verdammt noch mal, stolz!

»Entschuldigung, die Damen! Zufälligerweise habe ich mit Mitte zwanzig ein kleines Eigenheim gekauft und bin deswegen jetzt pleite! Wer keine Kohle für Handwerker hat, muss eben selbst heimwerken, wie man an meinen ...

meinen Klauen sehen kann!« Kriegsverletzungen mussten eben in Kauf genommen werden.

»Aber dafür kann sich Madonna an deinen Oberarmen noch 'ne Scheibe abschneiden!«, besänftigte mich Steffi und drückte mir einem Umschlag in die Hand. »Wir …«, sie deutete auf Sunny und Alexia, »… haben die gemeinnützige Gesellschaft zur Rettung deiner Hände gegründet und beschlossen: Du wirst jetzt mal renoviert: Morgen um fünf gibt's neue Nägel!«

»Ich will aber keine angeklebten …«

»Keine Diskussionen, Fräulein! Du gehst da hin.« Hatte ich mich verhört, oder hatte meine koreanische Freundin Sunny, die Sanftheit in Person, eben tatsächlich die Stimme erhoben? Sie hatte! Höchste Zeit, klein beizugeben.

So saß ich also am nächsten Tag im Kosmetikstübchen »Chez Ingrid« und ließ mir die Bauarbeiterpranken auf Hochglanz polieren. Die Chefin höchstpersönlich hatte sich des »schweren Falls« (Originalton!) angenommen. Ingrid war Mitte vierzig, mit »magischen« Kristallen behangen, faltenfrei und selbstverständlich blond.

In Lichtgeschwindigkeit flog die Feile über meine Finger, während im gleichen Tempo Ingrids Lebensgeschichte auf mich einprasselte: »… dann hat er mich wegen ihr verlassen und ist nach Mallorca abgehauen. Nachdem ich dann in psychiatrische Behandlung musste, hab ich den Erik kennengelernt und …«

Ich war fasziniert. Dramatische Schicksalsschläge wurden mir offenbart, und ich empfand nur eins: unbezwingbare Müdigkeit! Mit Ingrid musste man unbedingt eine CD aufnehmen. ›Einschlafen im Handumdrehen! Ingrid quasselt dich ins Land der Träume!‹

Einzig die schmerzhaften Ausflüge unter die UV-Lampe, die dafür sorgte, dass das Gel auf meinen Ersatznägeln antrocknete, hielten mich wach. Oder doch nicht? Ooops! Erstaunt stellte ich fest, dass ich das Ende ihrer Biografie wohl verpennt hatte, denn jetzt waren Frankfurter Bettgeschichten das Thema.

Schnell gab ich einen hochinteressierten Grunzlaut von mir, legte den Kopf auf die Brust und startete das Programm ›Powernapping – Starring Ingrid‹.

Ein wenig später erwachte ich aus meiner Trance: »... und wenn du nach dem Algen-Aktiv-Peeling dann noch das Gesicht mit Kaviar-Serum verwöhnst, dann fühlt sich die Haut an wie Frosch-Fötzchen-Leder ...«

Aha, wir waren beim Beauty-Talk angekommen. Um es mit Andrea Boccellis Worten zu sagen: »Time to say Goodbye!« Gerade wollte ich wieder gemütlich mein Nickerchen fortsetzen, als der Zaubersatz fiel:

»... und mit dem Zeug kann man in fünf Minuten ganz tolle Schmolllippen zaubern.« Stopp! Ich war auf einen Schlag hellwach! Das war doch mein Thema. Als der liebe Gott die Schmollmünder verteilt hat, habe ich vergessen, ›Hier!‹ zu schreien. War das etwa meine Chance?

»Du, Ingrid, wie funktioniert das mit den Lippen?«

»Ach, das ist gar keine Aktion. Ich spritz dir das Zeug in die Lippe, kann sein, dass die dann kurz ein bissl anschwillt, aber morgen früh bist du wieder ausgehfein!«

»Wirklich, so schnell?«

»Na klar. Das machen doch alle: Elizabeth Hurley, Kylie, und die Schnute von Angelina Jolie ist doch auch gemacht.«

»Ehrlich?« Ich dachte immer, zumindest die sei echt. »Was würde denn so was kosten?«

»Also normalerweise muss man schon so mit sechshundert Mark rechnen, aber ich mach's für meine Kundinnen schon für vierhundert. Dafür hast du auch für sechs Monate eine schöne Lippe.«

Vierhundert Deutsche Mark! Für mich abgebrannte frische Hausbesitzerin war das ein ernst zu nehmendes Vermögen. »Und dann?«

»Na ja, dann muss man nachspritzen. Der Körper baut die Hyaluronsäure leider wieder ab.«

»Gibt's denn da Risiken?«

»Nein! Das Schlimmste, was passieren kann, ist, dass du einen blauen Fleck auf der Lippe bekommst. Aber wozu gibt's denn Lippenstift?!«

»Ja, stimmt. Braucht man eine Narkose?«

Ingrid lachte sich scheckig: »Neeee, das ist doch bloß 'ne Spritze!«

»Aber tut das denn nicht weh?«

»Na ja, eben so, wie 'ne Spritze wehtut ...«

Okay, feige Sau Sonya hatte es kapiert: Alles pillepalle! Null Problemo! Kein Ding! Alle machen es. Alle überleben es. Und alle haben Schmollmünder. Wieso hatte ich trotzdem so einen furchtbaren Schiss?

»Fertig!« Ingrid präsentierte mir sichtlich zufrieden meine Tatzen, und ich war hingerissen! Meine Finger wirkten feingliedrig und schmal. Die Nägel waren lang und wurden gekrönt von blütenweißen Nagelspitzen! Wann hatte ich in den letzten Monaten jemals saubere Nägel gehabt?

Ingrid war ein Schatz, eine Künstlerin, eine ... ja, Zauberin!

»Schmolllippen zaubern ...!?«, schallte es durch mein von Glückshormonen benebeltes Hirn. Sollte ich es wirklich wagen? Jetzt oder nie. Frau musste sich ja auch mal was gönnen, was riskieren. Zum Beispiel: 'ne dicke Lippe! Und so ein Spritzchen? Ha, das wär' doch gelacht.

»Ingrid? Sag mal, würdest du mir eventuell, eh ... vielleicht die Oberlippe aufspritzen?«

»Jetzt sofort?«

»Ja, du hast gesagt, das dauert nur fünf Minuten, und mein Freund holt mich erst in zehn Minuten ab.«

»Na, dann komm mal mit.«

Juchu! Ich würde es tatsächlich tun. Unfassbar! Was war ich doch tapfer und verwegen, und in fünf Minuten wäre meine freche Schnauze dann auch endlich dicklippig.

Im Handumdrehen lag ich im Nebenraum auf einer Behandlungsliege, bekam von Ingrid die Lippen desinfiziert und eine Salbe draufgeschmiert.

»Die ist für kleine Weicheier und betäubt ein bisschen, und dann können wir auch schon loslegen.« Sprach's, lächelte und rammte mir die Spritze in die Oberlippe.

»Uuuuhhhhhmmmmuhhhmmm!« Oder wie sollte ich der blonden Metzgerin klarmachen, dass dieses Spritzchen, das gerade Atombomben auf meine Nervenenden abfeuerte, rein gar nix mit dem Piekser bei der Blutabnahme zu tun hatte? Die Finger in die Liege krampfend, schossen mir Sturzbäche aus den Augen.

»Na, wer wird denn da weinen. Ich nehme beim ersten Mal extra immer besonders wenig, und die linke Seite ist doch schon geschafft.«

Erstes Mal? Freundin, es wird kein zweites Mal geben, und was zum Henker heißt hier eigentlich schon? Bevor ich mir detaillierte Rachepläne ausmalen konnte, malträtierte Ingrid die rechte Seite meiner Oberlippe. Hiiiiiilfe! Dafür bezahlte ich die Hexe auch noch fürstlich. Schlimmer, ich hatte förmlich darum gebettelt.

»Sollen wir der Unterlippe eigentlich auch noch ein Tröpfchen verpassen?«

»Nhhheinn«

Noch an der Nadel hängend, machte ich meiner Foltermeisterin klar, dass ich definitiv keinen Nachschlag wünschte.

»So, dann sind wir auch schon fertig!«

Ja, fix und fertig. Der Gedanke, mich zu revanchieren und Ingrid mit Hilfe meiner Bauarbeiterarme eine kostenlose dicke Lippe zu verpassen, war verlockend. Doch der Handspiegel, der mir gereicht wurde, war verlockender.

Ja! Auf meinen Wangen zeichneten sich hektische Flecken ab, die Adern in meinen Augen waren geplatzt und insgesamt sah ich ziemlich verheult aus. Aber das war alles egal, denn da war sie: Eine Oberlippe wie aus dem Bilderbuch. Sanft weiblich geschwungen, aber nicht vulgär üppig.

»Ingrid, die ist perfekt!« Überschwänglich umarmte ich die Frau, die ich kurz zuvor noch töten wollte, als ich nebenan meinen Freund hörte:

»Sonya? Hallo?«

Na, der würde Augen machen! Obwohl, er war ja ein Mann. Ihm würde wahrscheinlich noch nicht mal was auffallen.

Mit gezückten Krallen sauste ich ins Kosmetikstudio und schmiss mich in Pose: »Guck mal Baby, wie toll meine Hände aussehen! Und die Lippe hat mir die Ingrid auch noch aufgespritzt.« Ich spitzte das Schnütchen und wedelte mit meinen Händen.

Was war los? Kein Applaus. Kein stürmischer Kuss auf meine immer noch schmerzenden, pulsierenden, aber unendlich erotischen Lippen? Nichts! Einfach nur Stille.

Und dann: »Bleibt das so?«

Er starrte auf meinen Mund.

Ah, typisch Mann. Jeden weiblichen Breitmaulfrosch sexy finden, aber wenn es sich um die eigene Frau handelt, dann maulen.

»Na hoffentlich!«, konterte ich, während ich Ingrid meine EC-Karte in die Hand drückte.

»Bis morgen früh schwillt das schon wieder ab«, meinte Ingrid und empfahl mit einem diskreten Seitenblick auf meinen Mund: »Zu Hause solltest du aber trotzdem noch ein wenig kühlen. Ich gebe dir auch noch meine Handynummer. Nur für den Notfall.«

Notfall? Wieso Notfall? Es gab doch nie Komplikationen.

Ich beschloss, mir meine Spitzenlaune weder durch grüblerische Gedanken, nörgelnde Kerle noch durch pochende Lippen vermiesen zu lassen. Nachdem ich mich von Ingrid verabschiedet hatte, schlüpfte ich in meinen Mantel und wollte gerade vergnügt pfeifend das Kosmetikstudio verlassen, als mein Blick in den Garderobenspiegel fiel:

Wow! War das vielleicht ein Verzerrspiegel? Nein. Alles sah ganz normal aus. Bis auf meine Lippe. Sagen wir's mal so: Angelina Jolie konnte man getrost als schmallippig bezeichnen. Der »sanfte Schwung« meines Knutschorgans war in wenigen Minuten zu einer massiven Schwellung mutiert!

Gut ..., ganz ruhig, Blondie! Ab ins Auto.

Schweigend bedachte mich mein Freund mit besorgten Seitenblicken, was mich zunehmend nervös machte. Was war los mit meiner Nervensäge? Kein blöder Kommentar, kein dummer Scherz über meine Schnute?

Ich beschloss, mit positivem Smalltalk die Stimmung zu lockern: »Du Schatz, wie war's eigentlich ... Aaaahhh!«

In Cobra 11-Stunt-Manier vollendeten wir einen astreinen U-Turn auf einer vierspurigen Schnellstraße, um mit quietschenden Reifen an einer Tankstelle zu halten.

»Scheiße! Spinnst du?« Bevor ich richtig losschimpfen konnte, war mein Freund schon in die Tanke gestürmt, um Sekunden später mit einem Calippo in der Hand wieder ins Auto zu springen. »Da!«

»Ich mag kein Wassereis!« Entrüstet schob ich das Calippo zurück.

»Verdammt, Sonya! Lutsch das Ding!«

Hallööööchen! Mein sexy Schmollmund zeigte also schon Wirkung. Wollte mein Freund mich etwa hier und jetzt zu einer unanständigen Handlung auffordern? Ich hätte mir fünf Jahre früher die Lippe aufpumpen lassen sollen.

»Mensch, du musst kühlen!« Panik stand meinem sonst so coolen Kerl ins Gesicht geschrieben, während er an der Eisverpackung zerrte.

»Oh!« Ich verstand: »Kühlen? Okay!«

Da schien jemand leicht erregt zu sein. Nur leider nicht auf die Art, die ich mir wünschte. Brav schweigend nuckelte ich an meinem Calippo-Cola, als mein Blick auf die Sonnenblende fiel. Ein Schminkspiegel. Sollte ich das Ding runterklappen und einen Blick riskieren? Nein. Ein hysterischer Anfall im Beisein des eigenen Freundes ist einfach würdelos. Tapfer widerstand ich und war zehn Minuten später zu Hause, wo meine Mutter mich mit den Worten: »O mein Gott!!!« begrüßte. Meine Mama sprach selten von Gott und war vor etwa zwanzig Jahren aus der Kirche ausgetreten. Sollte mich das jetzt beunruhigen?

»Dasss ssswillt wieder ab!« Hatte ich eben etwa gelispelt?

Scheiß auf würdevoll. Ich rannte vor den nächsten Spiegel. Was mir entgegenstarrte, erinnerte mich irgendwie an ... Ja, an was? Aquarium: Putzerfisch, er an der Scheibe klebt. Toll, vielleicht konnte ich mein Geld die nächsten sechs Monate im Frankfurter Zoo als seltene, bislang unbekannte Spezies verdienen?

Es war wohl an der Zeit, ein Statement abzugeben: »Ich seh' aus wie ...«

»... wie die Hauptdarstellerin aus ›Planet der Affen‹!«

Zumindest mein Kerl war wieder ganz der Alte. Bei mir würde das ja noch ein paar Monate dauern.

»Hier, schmier' das drauf!« Mama hatte die Hausapotheke auf dem Schoß und hielt mir eine Tube hin: »Heparin gegen Blutergüsse, und am besten, du schluckst gleich noch ein paar Arnika-Kügelchen.«

»Ich sssluck alles, Mama. Aber mach dassss dasss weggeht!«

»Na ja, sieh's mal positiv. Du bist so verschwollen, du hast jetzt sogar ein Stupsnäschen!«

Ein prüfender Blick in den Spiegel ergab: Mama hatte wie immer recht. Der einzige Grund, warum meine Oberlippe nicht die Nasenspitze berührte, war, dass diese sich niedlich zum Himmel reckte. Die Nase sah richtig gut aus. Vielleicht sollte ich doch mal über eine Nasen-OP ...? Nein! Stopp! Niemals wieder würde ich Mutter Natur ins Handwerk pfuschen.

Sagen wir's mal so: Ich würde es doch wieder tun. Aber definitiv nicht in Ingrids Kosmetikstübchen. Denn nach 24 Stunden mit einer Oberlippe in den Ausmaßen eines Leberwürstchens, etwa hundert Terroranrufen bei meiner

Erschafferin Frankenstein-Ingrid und ernsthaften Selbstmordgedanken war der Spuk plötzlich vorbei: Über Nacht hatte sich meine gigantische Schnute wieder zurückgebildet – und zwar auf Normalmaß! Die ganze Folter war also völlig umsonst gewesen. Und was lernen wir daraus? Bei Restaurationsarbeiten auf jeden Fall nur qualifiziertes Fachpersonal ranlassen ...

Wie finde ich den besten Beauty-Architekten?

Sobald es ums Schnippeln, Auf- oder Unterspritzen, Absaugen, Implantieren – kurz: unter die Haut – geht, ist die Wahl eines guten und erfahrenen Arztes das A und O. Zumindest, wenn man keinen gesteigerten Wert auf Experimental-Optik à la Elefantenmensch (oder eben, wie bei mir, Putzerfisch) legt. Aber auch chemische Peelings, die bei unsachgemäßer Anwendung ziemlich ätzend sein können, gehören in die Hände von Fachleuten. Und die arbeiten in der Regel nicht im Nagel- und Kosmetikstudio an der nächsten Ecke, sondern schon eher in der TÜV geprüften Klinik, die hohe Ansprüche an ihre Ärzte stellt.

■ Nehmen Sie sich Zeit! Auch wenn wir am liebsten von heute auf morgen unser »Problemchen« loswerden wollen, um zum schönen Schwan zu mutieren: Eine persönliche Recherche ist wichtig und braucht Zeit. Denn wir sollten nicht dem erstbesten Tipp oder Zeitungsinserat blind vertrauen. Auch nicht jeder Arzt, der im Fernsehen oder in der »Bunten« per Ferndiagnose seinen Senf zu ein paar Promi-Verschönerungen geben darf (»Also, ich habe den Eindruck, Uma Thurman hat ein Thermolifting mit Algenextrakt machen lassen ...«) ist deswegen gleich eine Koryphäe.

Böse Falle: **Der Begriff »Schönheitschirurg« ist nicht geschützt, ebenso wenig wie die blumigen Bezeichnungen »Facharzt für Schönheitschirurgie« oder »Facharzt für kosmetische Chirurgie«!** So darf sich theoretisch jeder Arzt nennen und dann lustig als Frankenstein Reloaded drauflos schnippeln ...

Die absolute Grundvoraussetzung: **Ihr Beauty-Doc muss »Facharzt für plastische Chirurgie« oder »Facharzt für plastische Operationen« sein. Zusätzlich sollte er eine mindestens zweijährige Ausbildung in der ästhetischen Chirurgie absolviert haben.** Das allein sagt allerdings leider noch nix darüber aus, ob der Gute jetzt auch tatsächlich besonders talentiert ist oder überhaupt schon mal eine richtige Schönheits-OP gemacht hat. Denn auch ein Arzt, der Leute nach Unfällen wieder zusammenflickt, ist ein plastischer Chirurg. Darum ist auch der nächste Punkt enorm wichtig:

■ Werden Sie zur Agentin! Die beste Empfehlung für einen Arzt ist jemand, der genau das hat machen lassen, was Sie auch haben wollen – und super damit aussieht! Gelungene Verschönerungsaktionen sind die Visitenkarte eines Arztes – nicht die schicke Broschüre, die ultramoderne Flash-Website oder die Klinik in der Jugendstil-Villa.

Das Problem ist hier in Deutschland leider eine gewisse Verklemmtheit: Keiner gibt zu, dass und was er (oder meistens sie) hat machen lassen. In den Zeiten von Vagina-OPs wird so was drüben in den USA ganz offen diskutiert – während wir uns hier in Europa tolle Geschichtchen von unseren Schönheiten im Oma-Alter erzählen lassen. Iris Berben, so hört man, futtert Anti-Aging Hormone, Christine Kaufmann schmiert ihre Cremchen und Sophia Loren ist schön dank Pasta, hab ich kürzlich gelesen! Meine Mama macht das alles auch und ist verzweifelt: Sie wird einfach nicht jünger – komisch, oder? Darum brauchen wir bei unserer Beauty-Spionage Geduld! Eine gute Informationsquelle sind Friseure und Kosmetikerinnen (sofern die nicht selber mit der Spritze auf uns losgehen wollen): Die sind Beauty-

Themen gegenüber grundsätzlich aufgeschlossen, erfahren von ihrer Kundschaft eine Menge – und können meist gleich den Vorher-Nachher-Vergleich ziehen ... Auch Hausärzte, Dermatologen oder Gynäkologen sehen und wissen viel über gelungene oder verpatzte Eingriffe.

■ Fragen, fragen, fragen! Sobald wir einige Dottores in die nähere Auswahl gezogen haben, heißt es: Auf sie mit Gebrüll! Machen Sie Termine für Beratungsgespräche aus. Gerade, wenn es um größere Eingriffe geht – alles, was eine Narkose erfordert –, sind im Gespräch die unten stehenden Punkte wichtig. Tipp: Ein Spickzettel hilft.

■ Wenn Sie eine OP haben möchten: Erkundigen Sie sich, wo Ihr potenzieller Doc ausgebildet wurde und ob er tatsächlich ästhetische Chirurgie gelernt hat – das ist nicht unbedingt selbstverständlich! Falls es um chemische oder mechanische Peelings geht, dürfen Sie neben einem ästhetischen Chirurgen nur noch Dermatologen an Ihre Pelle lassen. Wenn er rumdruckst oder nicht mit den Fakten rausrückt: Das ist nicht Ihr Mann! Wichtig ist auch, wie viele Eingriffe er schon durchgeführt hat und ob er »im Training« ist. Sie wollen schließlich einen erfahrenen Spezialisten für Ihr Problem und keinen Anfänger. Üben sollen die Jungs oder Mädels schön an einem Modell an der Uni – nicht an Ihrer Visage!

■ Erklären Sie, was Sie wollen, was Sie genau an Ihrem Körper oder Ihrem Gesicht stört und was Sie sich von der Operation erwarten! Ein guter Arzt wird versuchen, so exakt wie möglich herauszubekommen, was Ihnen vorschwebt. Er wird Ihnen außerdem Flausen wie »Also, ich hätt jern dat Näsken von der Nicole Kidman« ausreden und Ihre Haut und Ihr Gewebe ganz genau unter die Lupe nehmen. Er sollte auch wissen wollen, wie lange Sie schon von einer Beauty-OP träumen und ob Sie bereits operiert sind. Ein verantwortungsvoller Arzt beantwortet nicht nur Fragen, sondern hat selber viele!

■ Vorsicht, wenn der Doktor Ihnen das Blaue vom Himmel verspricht und von »perfekten Resultaten« faselt – oder Ihnen gleich mehrere Operationen aufschwatzen will: Hier will jemand Geld mit Ihnen machen. Der Nächste bitte!

■ Löchern Sie den Arzt, wie die Verschönerungsaktion abläuft. Speziell, wenn es um eine richtige Operation geht. Fragen Sie nach der Narkose, wie lange der Klinik-Aufenthalt dauern wird und was für Nachbehandlungen vorgesehen sind. Ein Anästhesie-Team während der Operation sowie ein Aufwachzimmer und die Möglichkeit einer stationären Behandlung im Falle von Komplikationen müssen drin sein! Es ist auch sehr nützlich zu wissen, wie viel Urlaub Sie einreichen müssen und wann Sie wieder ohne Ganzkörperverschleierung und Grace-Kelly-Sonnenbrille unter die Leute können.

■ Verlangen Sie einen Kostenvoranschlag. Apropos Kosten: Um Geld zu sparen, fahren mittlerweile viele Leute nach Osteuropa oder andere »Billigländer«, um an sich rumschnippeln zu lassen. Ich bin ja sonst ein Sparfüchschen, aber in diesem Fall muss ich warnen: Das kann nach hinten losgehen. Denn wenn was schiefläuft (was ja keiner hoffen möchte, egal wo), ist es sehr viel schwieriger, gegen Kliniken und Ärzte im Ausland vorzugehen als hierzulande – und auch die Nachsorge ist schwieriger, wenn man Tausende Kilometer entfernt ist. Übrigens: Der Vertrag mit dem Arzt beschränkt sich auch in Deutschland rechtlich auf die sachgerechte Durchführung des Eingriffs. Es gibt keine Garantie auf rattenscharfe Resultate.

■ Bedenkzeit nehmen! Ein Arzt, der uns zu einem möglichst schnellen Eingriff drängt, ist kein guter Arzt – die Jungs mit Basar-Mentalität sollten wir sofort von unserer Liste streichen. Gehen Sie erst mal wieder nach Hause und lassen Sie das Ganze ein paar Tage sacken. Wägen Sie alle Informationen ab, vergleichen Sie Preise und Leistungen. Nicht so sehr bei einer Botox-Spritze, aber insbesondere bei größeren Umbauten wie einer Brust-OP oder Fettabsaugung sollte die Chemie zwischen dem Doc und Ihnen stimmen. Dann ist es auch wichtig, am Tag vor dem Eingriff noch einmal mit dem Arzt zu sprechen – die Alarmglocken sollten schrillen, wenn da niemand drauf drängt. Sowohl der Operateur als auch der Anästhesist müssen unbedingt alles über Ihren Gesundheitszustand wissen. Ihr Blut sollte zuvor untersucht werden, und bei den Kreislauf stark belastenden Operationen wie Fettabsaugung ist oft auch ein EKG wichtig. Das macht der Chirurg selten selbst, sondern schickt Sie dafür zu Ihrem Hausarzt. (Zum Weiterlesen empfehle ich zum Beispiel den »Ratgeber Schönheitschirurgie« von Prof. Dr. Dr. Werner L. Mang, TRIAS.)

Kleinere Renovierungsarbeiten beim Fachmann – von Botox bis Laser

Okay, dann wollen wir mal. Beginnen wir unsere Bastelstunde am eigenen Body mit den kleineren Dekorationsarbeiten.

And the Oscar goes to: Botox …

… für die Rolle in »Hollywoods niemals alternde Schönheiten«! Das wundersame Anti-Falten-Mittelchen Botulinumtoxin A, eigentlich ein Gift, das in verdorbenen Konserven entsteht und heute in Bakterienkulturen gewonnen wird, hat Karriere gemacht: Die US-Presse meldet jedes Mal kurz vor der Oscar-Verleihung, in ganz L.A. gebe es kaum noch ein Tröpfchen davon. Alles wurde in prominente Gesichter gespritzt, damit Männlein wie Weiblein in der Nacht der Nächte garantiert glatt aussehen. Und ich gebe es hiermit zu: Ja, auch ich benutze Botox. Und ich find's super! Wer mit Mitte dreißig anfängt, spart sich härtere Eingriffe bis Ende fünfzig. Das ist jedenfalls mein Plan. Das Zeug legt für eine Weile die Muskeln lahm, die solche Falten wie die »Zornesfalte« zwischen den Augenbrauen, Krähenfüße oder Stirnrunzeln erzeugen. Wenn's richtig gemacht wird, sieht man damit entgegen anderslautender Gerüchte auch nicht maskenhaft aus. Machen Sie aber einen Bogen um »Botox-Partys«, wo eine Kosmetikerin zwischen Häppchen und Sekt mal schnell die Spritze setzt. Auch wenn die Sache vergleichsweise harmlos ist, gehört das Zeug in die Hände eines Arztes – oder sind Sie scharf auf hängende Dackel-Augenbrauen?

Effekt: Bügelt Mimikfalten in der oberen Gesichtshälfte weg, der Effekt tritt nach ein bis zwei Tagen ein.

Mögliche Nebenwirkungen: Rötungen und Miniblutergüsse an den Einstichstellen,

11
12
1
10
9

wenn man's nicht vom Fachmann machen lässt, und wenn man richtig Pech hat: temporäre Gesichtslähmung.

Wieder gesellschaftstauglich: Sofort.

Hält: Vier bis sechs Monate

Kostet: Ab ca. 300 Euro.

Pieks'n'go: Füllung für Falten und Lippen

Botox wirkt nur gegen bestimmte Mimikfalten und auch nur dann, wenn die Haut noch nicht durch jahrzehntelanges Runzeln »gebrochen« ist. Aber das heißt nicht, dass wir uns direkt unters Messer legen müssen, wenn uns anderswo ein paar kleinere Fältchen stören. Um Falten per Spritze von innen aufzufüllen, gibt es mittlerweile einige erprobte Möglichkeiten:

■ Glatt und prall mit Hyaluronsäure … Hyaluronsäure ist in der Hand von Profis (also nicht von Ingrid) ein Multitalent. Mittlerweile ist das Zeug das beliebteste Mittel zur Faltenunterspritzung, weil es super verträglich ist und nicht mal einen Allergietest erfordert. Tierfreunde aufgepasst: Das Zeug wird oft aus Hahnenkämmen hergestellt. Eine andere Möglichkeit ist die Züchtung per Bakterienkultur. Hyaluronsäure polstert nicht nur Falten wie die Nasolabialfalte zwischen Nase und Mund von innen auf, sondern regt die Haut auch an, selbst wieder mehr von dem feuchtigkeitsbindenden Zeug zu bilden. Dadurch bleibt die Haut straffer, auch wenn die Hyaluronsäure allmählich vom Körper abgebaut wird.

Effekt: Polstert feine bis mittlere Falten von innen auf, macht schmale Lippen voller.

Mögliche Nebenwirkungen: Wie bei Botox Rötungen und Blutergüsse an den Einstichstellen. Anfänglich leichte Schwellung. Zu viel in den Lippen sieht schnell aus wie implantierte Teewürstchen (wie ich aus Erfahrung leider weiß).

Wieder gesellschaftstauglich: Sofort.

CLEVER-TIPP NR. 17

Vorsicht Fremdkörper!

Alle synthetischen Füllstoffe wie Plastikgranulate oder flüssiges Silikon werden vom Körper nicht abgebaut. Werden solche Materialien gespritzt, können das Gewebe und die Stoffe selbst verhärten und lassen sich dann nur schwierig oder gar nicht wieder entfernen. Das heißt: Sie rennen für den Rest Ihres Lebens mit Knübbelchen in der Visage rum. Manche Ärzte bieten auch an, Stirnfalten, Nasolabialfalten oder die Lippen mit Goldfäden oder Goretex-Fäden dauerhaft aufzufüllen. Um die Fädchen herum soll sich dann neues Bindegewebe bilden. Auf diesem Prinzip beruht auch das sogenannte »Goldfaden-Lifting«, bei dem ein Netz aus feinen Goldfäden unter der Haut implantiert wird. Ich fand die Idee sehr reizvoll – bis ich letztes Jahr von einer Frau gelesen habe, die sich per Goldfäden hat liften lassen und Jahre später plötzlich enorme Schmerzen im Gesicht und am Hals hatte. In der Uni-Klinik Freiburg stellte ein Professor fest, dass die Goldfäden durch die Mimik im Laufe der Jahre zerbröselt und dann im Gewebe auf Wanderschaft gegangen waren. Entfernung: blöderweise unmöglich. Dr. Dr. Sonya rät darum: Finger weg!

Hält: Drei bis sechs Monate.

Kostet: Ab ca. 300 Euro.

▪ ... mit Kollagen Bevor die Hyaluronsäure sich etabliert hat, war Kollagen das Mittel der Wahl. Weil es aber aus Rindereiweiß gewonnen wird, haben seit BSE viele Leute Bedenken, sich damit behandeln zu lassen. Tatsächlich ist das Risiko, Rinderwahn zu bekommen, wesentlich geringer als eine allergische Reaktion (tritt bei etwa drei Prozent aller Menschen auf). Ein Allergietest vier Wochen vor der Behandlung ist obligatorisch. Das Ergebnis ist ähnlich wie das mit Hyaluronsäure, die Behandlung kostet wegen des Tests aber etwas mehr.

Effekt und mögliche Nebenwirkungen: wie bei Hyaluronsäure.

Hält: Drei bis sieben Monate.

Kostet: Ab ca. 300 Euro plus ca. 100 Euro Allergietest.

▪ ... mit Eigenfett Das nenn' ich Recycling: Den eigenen Speck zur Gesichtsglättung oder als Biopolster für die Schnute benutzen. Dabei ist das Allergierisiko logischerweise gleich null. Früher waren die Ergebnisse aber nicht besonders haltbar, weil das Fett vom Körper schnell wieder abgebaut wurde. Dank neuer Verfahren hält die Faltenunterspritzung oder Lippenmodellierung per »Eigenspeck« heute – zumindest nach mehrfacher Behandlung – meist deutlich länger. Ein Teil des Fetts soll sogar auf Dauer im Gewebe bleiben. Riesennachteil: Das Zeug muss erst am Popo oder anderen Fettpölsterchen entnommen werden, und das macht das Ganze dann direkt zur richtigen OP mit (mindestens) örtlicher Betäubung – und teuer.

Effekt: Wie bei Hyaluronsäure und Kollagen.

Mögliche Nebenwirkungen: Größere Schwellungen und Blutergüsse an der Fettentnahmestelle, kleinere rund um die Piekser.

Wieder gesellschaftstauglich: Wegen der Fettentnahme-OP erst nach ein bis zwei Wochen.

Hält: Je nach Stoffwechsel drei Monate bis mehrere Jahre.

Kostet: Ab ca. 1900 Euro.

■ … oder mit Polymilchsäure Dieses Wunderzeug ist neben Botox das Lieblings-Anti-Falten-Mittelchen der Filmstars. Es füllt nicht nur Falten auf, sondern stoppt auch den Abbau von Bindegewebe und regt den Körper wieder zur eigenen Bildung von Kollagen an – und hat darum den Spitznamen »Liquid Lifting«.

Effekt: Polstert Falten, Narben und eingesunkene Gewebebereiche von innen auf.

Mögliche Nebenwirkungen: Winzige Blutergüsse und Rötungen an den Einstichstellen und leichte Schwellungen.

Wieder gesellschaftstauglich: Sofort.

Hält: Bis zu zwei Jahre.

Kostet: Ab ca. 1200 Euro.

Mal 'ne schicke Lippe riskieren…

Fast alle Methoden der Faltenunterspritzung eignen sich auch für unser Mündchen – die Kosten sind ähnlich. Aber Achtung: Saugnapflippen im Schlauchbootformat sind absolut out. Wir sollten unsere Verwandlung zur Schmollmund-Schönheit erst mal mit wenig Füllmaterial probieren und langsam die Dosis steigern. Um die Lippen ganz unauffällig zu verschönern, gibt's aber noch mehr Möglichkeiten.

CLEVER-TIPP NR. 18

Das Lippen-Tattoo

Ich bin keine Tattoo-Freundin, und auch dem Thema Permanent Make-up stehe ich skeptisch gegenüber, weil die Resultate – etwa bei den Augenbrauen und permanentem »Kajal« – oft harte Kontraste erzeugen. Und das lässt uns schnell alt aussehen. Aber keine Regel ohne Ausnahme, *ein* »Tattoo« habe auch ich gewagt: Die Tätowierung der Lichtkante meiner etwas zu schmal geratenen Oberlippe in einem Studio für Permanent Make-up. Der Trick: Die Tätowierung hatte ganz genau meine natürliche Lippenfarbe. So sieht mein Mäulchen auch im ungeschminkten Zustand fülliger aus. Die Tätowierung verblasst mit der Zeit, muss also hin und wieder aufgefrischt werden.

Effekt: In Lippenfarbe vergrößert das Tattoo die Lippe quasi unsichtbar, eine asymmetrische Lippenform lässt sich so ausgleichen.

Mögliche Nebenwirkungen: Lippenherpes.

Wieder gesellschaftstauglich: Sofort.

Hält: Bis zu zwei Jahre.

Kostet: Je nach Anbieter ab ca. 400 Euro. (Auch hier gilt: Angebote und Ergebnisse vergleichen!)

Lippen-OP Es gibt auch eine Mini-Operation, die die Lippen ohne Auffüllung bis ans Lebensende größer aussehen lässt. Dafür wird unter der Nase ein wenig Haut weggeschnippelt und die Lippe dadurch höher gezogen. Dieses Verfahren heißt »Eversionsplastik«.

Effekt: Eine größer wirkende Oberlippe.

Mögliche Nebenwirkungen: Schwellungen und Rötungen unter der Nase.

Wieder gesellschaftstauglich: Nach einigen Tagen.

Hält: Für immer.

Kostet: Ab ca. 2000 Euro.

Schleifarbeiten für Fortgeschrittene

Die Peelings, mit denen wir zu Hause im Badezimmer an uns rumrubbeln, verhalten sich zu dem, was Fachleute mit Ihrer Haut anstellen können, wie ein Stoffkätzchen zu einem Sibirischen Tiger in freier Wildbahn. Will sagen: Bei den einen, den kosmetischen Peelings, kann wirklich nicht viel schiefgehen. Medizinische Peelings sollten aber unbedingt von Fachleuten vorgenommen werden.

▪ Chemische Peelings gibt es in verschiedenen Stärken. Dabei verätzen Säuren die oberste Schicht der Haut, und diese löst sich – dadurch wird die zarte Hautschicht darunter freigelegt. Von den Hardcore-Peelings sollen Pickelnarben und Pigmentflecken verschwinden und die Haut generell jünger wirken. Ob das klappt, hängt von der individuellen Hautstruktur und der Regenerationsfähigkeit der Haut ab – in Internetforen liest man völlig gegensätzliche Erfahrungsberichte zu allen Verfahren. Also Mädels, Wunder gibt es immer wieder – eine Garantie gibt es nicht! Eine Freundin von mir hat ein sogenanntes »Blue Peel« mit Trichloressigsäure ausprobiert. Bei ihr war es zumindest in punkto Faltenbeseitigung nicht überzeugend, aber gegen Pigmentflecken hat es super gewirkt. Gerade wenn man unter Aknenarben oder ähnlichen Altlasten leidet und ständig dicke Schichten Abdeckcremes braucht, ist so ein Peeling einen Versuch wert. Aber: Unbedingt beim Hautarzt oder in einer guten Beauty-Klinik machen lassen! Und: Bloß nicht zu oft, denn dann kommt die Haut mit dem Reparieren nicht nach und wird immer dünner.

▪ **Oberflächliches Peeling** Oberflächlich bedeutet, dass die Haut höchstens bis zu 0,06 Millimeter abgeschält wird. Dazu werden unter anderem ungiftige **Fruchtsäuren** oder **AHAs** (Alpha Hydroxy Acids) verwendet.

Das Ganze eignet sich für leichte Hautschäden wie nicht allzu tiefe Aknenarben, Pigmentflecken oder feinste Fältchen. Für ein gutes Ergebnis braucht man mehrere Sitzungen – im Abstand von etwa sechs bis zehn Wochen.

- **Mitteltiefes Peeling** Hierbei wird die Haut schon etwas heftiger abgetragen: bis zu 0,45 Millimeter. Die am häufigsten verwendete Substanz ist Trichloressigsäure (TCA). Diese Art des Peelings wird oft **»Blue Peel«** genannt, weil manchmal blaue Lebensmittelfarbe als Farbmarker verwendet wird, um die Konzentration der Säure exakt bestimmen zu können. Heißt: Man wird erst mal schlumpfblau angepinselt. Je nach Konzentration der Säure ist man nach der Behandlung für zwei Tage bis zwei Wochen optisch außer Gefecht gesetzt. Damit sich die offene Wunde (!) nicht entzündet, muss man bis zu sechs Tage lang täglich beim Arzt auf der Matte stehen. Die Anwendung ist schmerzhaft, darum wird örtlich betäubt. Mit so einem Peeling ätzen Ärzte nicht nur Altersflecken und Narben weg, sondern auch manche Hautkrebsvorstufen. Übrigens: Das Blue Peel ist **nicht zu verwechseln mit dem Green Peel**. Letzteres ist eine Rubbelkur auf Kräuterbasis, vergleichsweise leicht und im Angebot von Kosmetikstudios.

- **Tiefes Peeling** Die heftigste, aber effektivste Form, die bis zu 0,6 Millimeter der Haut wegbrizzelt. Mit einer **Phenol-Lösung** wird eine Entzündung der Haut hervorgerufen. Durch diese Radikal-»Kur« sollen die elastischen Fasern und das Kollagen erhöht, die Haut stark gestrafft und selbst tiefe Falten beseitigt werden. Manchmal wird hierbei sogar vom »Lifting ohne Skalpell« gesprochen. Vorteil: Einmal ätzen reicht. Nachteil: Es tut ziemlich weh und erfordert in jedem Fall eine Narkose. Hinterher sieht man für mindestens zwei Wochen aus, als hätte man in einem Fass mit Batteriesäure gelegen: Schwellungen, nässende Haut, Krustenbildung ... Die endgültigen Resultate der chemischen Peelings sieht man erst nach zwei bis drei Monaten, weil die Haut so lange braucht, um sich vollständig zu erneuern.

Effekt aller Peelings: Pigmentstörungen, Altersflecken und Narben werden meistens gut beseitigt, der Erfolg bei Falten ist unterschiedlich.

Mögliche Nebenwirkungen: Schwellungen, Rötungen, Krustenbildung.

Wieder gesellschaftstauglich: Nach einigen Tagen bis mehreren Wochen.

Hält: Je nach Peeling bis zu mehreren Jahren.

Kostet: Ab ca. 700 Euro.

Herkömmliches Laser-Peeling Diese Methode ist auch als **Skin-Resurfacing** bekannt. Der Begriff »Peeling« stimmt eigentlich nicht ganz, denn hier werden unter Betäubung die oberen Hautschichten per Laser regelrecht verdampft. Klassisch sind zwei Laser-Arten: Der Erbium-YAG-Laser löst nach dem Zwiebelprinzip eine Zellschicht nach der anderen. Der CO_2-Laser regt auch tiefere Hautschichten zur vermehrten Kollagenbildung an. Vorhandene Kollagenfasern ziehen sich außerdem zusammen und straffen so die Haut. Klingt alles ganz wunderbar, aber Achtung: Auch nach dieser Behandlung ist die Haut erst mal eine offene Wunde. Übersetzt heißt das: Sie müssen nicht nur täglich zur Infektionsprophylaxe beim Doktor erscheinen, sondern können sich wegen der Verbände auch für die Titelrolle in der nächsten Folge von »Die Mumie« bewerben.

Effekt: Pigmentstörungen, Altersflecken, Narben, erweiterte Äderchen, Krähenfüße, Raucherfältchen etc. werden beseitigt.

Mögliche Nebenwirkungen: Schwellungen, Rötungen, Krustenbildung, nässende Haut, Gefahr der Narbenbildung durch Infektionen (z. B. durch Herpesviren).

Wieder gesellschaftstauglich: Nach zwei Wochen.

Hält: Bis zu mehreren Jahren.

Kostet: Ab ca. 900 Euro.

Fraxel-Laser Ein Tipp von meiner Freundin Steffi. Der Fraxel-Laser (und der nach ähnlichem Prinzip funktionierende Pixel-Laser) ist eine noch ziemlich neue Methode. Dabei wird im Gegensatz zu den »traditionellen«

Laserbehandlungen die Haut schonender und nur peu à peu behandelt. Das Konzept: Der Laser ist so eingestellt, dass er nur lädierte Zellen beseitigt und die fitten Zellen in Ruhe lässt. Die hauteigene Kollagenbildung soll angeregt werden. Weil der behandelte Bereich immer von genügend unbehandelten Hautzellen umgeben ist, heilt die Haut schnell. Ergo gibt es keine echte Ausfallzeit nach der Behandlung. Zwar ist die Haut einige Tage gerötet, aber das lässt sich mit Make-up überdecken. Erste Studien klingen vielversprechend. Einziges Problem: Der Laser ist zu neu, es gibt keine Langzeitstudien zu möglichen Spätfolgen. Außerdem liegen noch keine Standards bei der Behandlung vor, was schwarzen Schafen leichtes Spiel macht. Und: Es sind drei bis fünf Behandlungen notwendig, das macht die Methode relativ teuer.

Effekt: Falten, Pigmentstörungen, Aknenarben, Altersflecken und Sonnenschäden sollen beseitigt, die Kollagenbildung in tieferen Hautschichten angeregt werden.

Mögliche Nebenwirkungen: Rötung für einige Tage.

Wieder gesellschaftstauglich: Mit deckendem Make-up sofort.

Hält: Noch keine Langzeitstudien vorhanden, aber vermutlich mehrere Jahre.

Kostet: Ab ca. 500 Euro.

Dermabrasion Dieses »Oldschool«-Peeling hört sich nach Foltermethode an: Hier wird die Haut unter örtlicher Betäubung mit einer rotierenden Fräse mit bis zu 60.000 Umdrehungen pro Minute abgetragen. Die Dermabrasion wird heute nur noch selten gegen Falten eingesetzt – doch Muttermale, Warzen, Tätowierungen oder Narben lassen sich sehr gut damit entfernen. Nach dem Fräsenmassaker bildet sich Schorf. Nach einigen Tagen wird eine rosa Schweinepopo-Haut sichtbar, die extrem lichtempfindlich ist.

Effekt: Unerwünschte Hauterscheinungen werden einfach weggemetzelt.

Mögliche Nebenwirkungen: Schwellungen, Pigmentstörungen, Narben (bei Tattoo-Entfernung).

Wieder gesellschaftstauglich: Nach anderthalb bis zwei Wochen.

Hält: Bis zu mehreren Jahren.

Kostet: Je nach Fläche ab ca. 100 bis 500 Euro.

Kernsanierung Obergeschoss – von Lifting bis zum Nasenaufbau

Okay, Mädels, so richtig harmlos waren die Methoden im vorigen Abschnitt zwar auch nicht – aber im Vergleich zu dem, was jetzt kommt, ein Fliegenschiss. Bitte alle anschnallen, denn jetzt wird's wirklich blutig.

»An mir ist alles geliftet oder gespritzt, mit Ausnahme der Beine – und die sehen am besten aus.«
Toni Curtis

Lifting Das Lifting von heute hat mit dem Lifting von früher so viel zu tun wie ein Walkie Talkie mit einem iPhone. Die Methoden sind heute schonender und deutlich verfeinert worden. Früher erkannte man ein Lifting oft auf den ersten Blick. Wir alle erinnern uns schaudernd an die älteren Damen, deren Gesicht immer so wirkte, als wäre die Haut wie ein Spannbettlaken hinter den Ohren festgezurrt worden. Heute wird nicht allein die Haut glattgezogen, sondern mit der sogenannten S.M.A.S.-Methode (Superficial Muscular Aponeurotic System) werden meistens Gewebe und Muskeln mitgestrafft. Darum erkennt man ein gutes Lifting nur noch daran, dass die betreffende Person für ihr Alter ungewöhnlich knackig aussieht. Das ist auch so ziemlich das Einzige, was ahnen lässt, dass Sharon Stone und Uschi Obermeier vielleicht nicht ganz naturbelassen sind. Doch Obacht, Mädels: Mal eben in der Mittagspause unters Messer – das funktioniert nicht. Danach ist erst mal Bettruhe in der Klinik angesagt – und dann ein paar Wochen Hausarrest und Pizzadienst (falls Ihr Schatzi für Sie an die Tür geht). Und, auch wenn so was extrem selten ist: In Einzelfällen können irreparable Pannen passieren. Wenn zum Beispiel der Gesichtsnerv verletzt wird, kann das eine lähmende Erfahrung sein. Also erst sehr gut überlegen, dann entscheiden!

■ **Minilift** Die »Anfänger«-OP, bei der möglichst kleine Schnitte ausgeführt werden, um die Heilungszeit zu verkürzen. Beim Minilift oder »kleinen Wangenlift« werden in erster Linie die Wangen und das Kinn gestrafft. **Kostet:** ab ca. 7000 Euro.

■ **Wangen-Halslift** Dieses Lifting heißt auch »unteres Facelift«. Dabei werden in einer etwa dreistündigen Operation Hängebäckchen, Knubbel an den Mundwinkeln und ein Doppelkinn entfernt. **Kostet:** ab ca. 7000 Euro.

■ **Stirnlift** Wenn Botox nix mehr nützt, ist das Stirnlift angezeigt. Mimikfalten werden glattgezogen und die Brauen angehoben, was auch die Augen größer wirken lässt. Die Narben werden im Haaransatz versteckt. **Kostet:** ab ca. 6000 Euro.

CLEVER-TIPP NR. 19

Besser früh als nie

Hand aufs Herz: Viele von uns Mädels wissen schon, in welche Richtung der Hase läuft. Schlupflider, die sich ziemlich schlaff hängen lassen, ein Hals, der heimlich die Mutation zum Truthahn plant … Wenn wir mit Mitte dreißig schon überzeugt sind: irgendwann muss das Gehänge weg, und wir uns sicher sind, auch eine OP nicht zu scheuen, gilt die Regel: Besser ein bisschen früher als später. Ärzte und Dermatologen sind sich nämlich darüber einig, dass kleinere Eingriffe ab etwa vierzig peu à peu über die Jahre verteilt wesentlich schonender sind und auch natürlichere und schönere Ergebnisse haben. Wenn wir bis 65 warten, um dann in einer Hauruck-Aktion die Rübe komplett sanieren zu lassen, ist die Wahrscheinlichkeit groß, dass wir uns im Spiegel nicht mehr erkennen – und zwar leider nicht, weil wir so wunderschön aussehen, sondern, weil wir uns einfach nur fremd sind.

■ **Stirn-Wangen-Lift** Kombi aus beiden Methoden, auch »oberes Facelift« genannt. **Kostet:** ab ca. 7000 Euro.

■ **Halslift** Wenn der Hals sich in knubbelige Falten legt, hilft dieses Verfahren. Dabei wird Fett abgesaugt und die Haut gestrafft. **Kostet:** ab ca. 4000 Euro.

■ **Full Facelift** Diese OP bezieht alle genannten Bereiche mit ein, und während die anderen Verfahren meist nur ein bis zwei Stunden in Anspruch nehmen, dauert die Komplettüberholung entsprechend länger: bis zu fünf Stunden. **Kostet:** ab ca. 8000 Euro.

Effekt aller Liftings: Wenn's gut gemacht ist, sehen wir hinterher um Jahre jünger aus.

Mögliche Nebenwirkungen: Schwellungen, Blutergüsse, Taubheit und Spannungsgefühle.

Wieder gesellschaftstauglich: Im Durchschnitt (und mit gutem Make-up) nach etwa zwei Wochen.

Hält: Unter Umständen jahrelang, kommt auf den Hautzustand an.

■ Augenkorrekturen Ein Dackelblick ist bei Hündchen niedlich, aber wenn uns selbst das Plissee schwer auf den Lidern hängt oder die Tränensäcke ihrem Namen alle Ehre machen, finden wir das eher nicht so hübsch. Die Beseitigung von Schlupflidern und Tränensäcken gehört zu den populärsten Beauty-OPs – und ist vergleichsweise einfach. Die Schnitte werden in kleinen Fältchen am Auge versteckt, so dass die Narben fast unsichtbar sind. Allerdings sollten wir uns darüber im Klaren sein, dass gerade am Auge minimalste Veränderungen reichen, um den ganzen Gesichtsausdruck zu verändern.

Effekt: Im Idealfall wirken wir wacher, jünger und offener.

Mögliche Nebenwirkungen: Blutergüsse, Schwellungen und Bindehautreizungen.

Wieder gesellschaftstauglich: Nach acht bis zehn Tagen.

Hält: Bis zu mehreren Jahren.

Kostet: Ab ca. 2000 Euro bzw. Ober- und Unterlid zusammen ab ca. 2800 Euro.

■ Brauenhebung Manchmal kann allein mit dem Liften der Augenbrauen allen möglichen Beauty-Problemchen ein Ende gesetzt werden: Schlupflider, »schwere« Augenbrauen, Stirnfältchen ... Dabei werden manchmal nicht nur die Brauen angehoben, sondern auch Eigenfett darunter implantiert. Bei zu dünnen Brauen – wie meistens bei uns Mädels – kann die Narbe leider nicht in den Härchen verborgen werden. Heißt, dann muss die Narbe in den Kopfhaaren versteckt werden. Von oben schiebt der Doktor dann eine Sonde unter der Stirnhaut durch zu den Brauen, die dann von innen geliftet und fixiert werden. Bei der Gelegenheit wird gleich noch ein Schläfen-Lifting mit Krähenfußbeseitigung gemacht. Klingt ziemlich kompliziert, ist es auch – und wirklich nur was für erfahrene Ärzte.

Effekt: Verjüngt die ganze obere Gesichtspartie.

Mögliche Nebenwirkungen: Blutergüsse, Schwellungen.

Wieder gesellschaftstauglich: Einige Tage.

Hält: Bis zu mehreren Jahren.

Kostet: Ab ca. 3000 Euro.

■ Handstraffung Das Alter einer Frau erkennt man an den Händen, heißt es ja so ungnädig. Klar, unsere Flossen sind ja auch Wind und Wetter ausgesetzt. Im Grunde können an den Händen fast alle Methoden zum Einsatz kommen, die auch andere Körperpartien verschönern: Peelings, Unterspritzung oder Eigenfett-Transfer. Ein Handlifting bei stärkerer Hauterschlaffung gibt's natürlich auch. Die Narbe wird dabei unauffällig in der Beugefalte versteckt.

Effekt: Zarte Hände.

Mögliche Nebenwirkungen: Blutergüsse, Schwellungen.

Wieder gesellschaftstauglich: Nach etwa einer Woche.

Hält: Je nach Hautbeschaffenheit und Belastung jahrelang.

Kostet: Ab ca. 800 Euro.

■ Wangenknochenaufbau Hohe Wangenknochen sind attraktiv – wenn sie zum Gesamteindruck des Gesichts passen. Hier kommen wir also spätestens zu den »Verschönerungen«, die das Gesicht nicht einfach jünger aussehen lassen, sondern tatsächlich anders. Sorry, aber ich bezweifle, dass, wer von Natur aus eher ein Mondgesicht hat, mit Jerry-Hall-Jochbeinen gut aussehen kann, aber vielleicht fehlt mir auch nur die Fantasie. Trotzdem: Sagen Sie nicht, ich hätte Sie nicht gewarnt! Bei der OP werden Implantate, so genannte Onlays, über Schnitte in der Mundhöhle auf den Jochbeinen platziert.

Effekt: Verstärkt die Wangenknochen, kann dadurch auch Tränensäcke und seitliche Augenfalten straffen.

Mögliche Nebenwirkungen: Blutergüsse, Schwellungen.

Wieder gesellschaftstauglich: Einige Tage.

Hält: Dauerhaft.

Kostet: Ab ca. 4000 Euro.

Nasenkorrektur Es geht doch nichts über ein niedliches Stupsnäschen. Mit einer anderen Nase sähe unsere süße Barbie auch gar nicht mehr nach Barbie aus und Lover Ken würde sie nicht ins rosa Ehebett lassen. Bei Frauen, die nicht zu hundert Prozent aus Plastik bestehen, ist das eher umgekehrt: Das Standard-US-Modell »Skischanze« wirkt irgendwie fehl am Platz. Ein guter Chirurg sollte Ihnen den Wunsch nach dem Mini-Rüssel schleunigst ausreden und stattdessen überlegen, was in Ihrem Gesicht am besten aussieht. Denn wenn die Nase zum Rest passt und gut gemacht ist, kann sie manchen Leuten ein neues Leben schenken. Meine alte Schulfreundin Sita ist zum Beispiel eine orientalische Schönheit. Mit dicken dunklen Haaren und Wahnsinnsaugen. Diese Wahnsinnsaugen hat man aber leider nie gesehen, weil dazwischen nichts Geringeres als der Mount Everest aufragte: eine gigantische Supernase. Sita wünschte sich, seit ich sie kenne, nichts sehnlicher als eine Nasen-OP. Leider ist sie erst mal an den falschen Chirurgen geraten und war gar nicht glücklich. Es folgten noch zwei weitere Operationen, wobei die Nase Stück für Stück wie in einem Steinbruch abgetragen wurde, und jedes Mal bekam sie natürlich danach für ein paar Wochen den üblichen Nasengips verpasst. Die letzte

OP hatte sie vor fünf Jahren – und ist endlich ganz begeistert. Nach vielen Schmerzen und einigen Tausend Euro Investition, sieht man plötzlich, was vorher ein Schattendasein führte: ihr wunderschönes Gesicht.

Effekt: Die Nase wird – hoffentlich – schöner.

Mögliche Nebenwirkungen: Schwellungen, Blutergüsse unter den Augen.

Wieder gesellschaftstauglich: Nach zwei Wochen.

Hält: Dauerhaft.

Kostet: Ab ca. 5500 Euro.

Kinnkorrektur

Manchmal reicht es, das Kinn zu korrigieren, dann sieht die Nase schon gar nicht mehr so groß aus. Gerade bei »fliehendem« Kinn ist ein Kinnimplantat aus Kunststoff oder körpereigenem Gewebe manchmal ein Segen. Bei einem eher »energischen« Kinn kann Knochen abgetragen werden.

Effekt: Ein harmonischeres Gesicht.

Mögliche Nebenwirkungen: Schwellungen, Blutergüsse.

Wieder gesellschaftstauglich: Nach einer Woche.

Hält: Dauerhaft.

Kostet: Ab ca. 3000 Euro.

Balkon und Gebäuderückseite: Busen und Po

Ich als passionierte Heimwerkerin kenne Silikon als vielseitigen Baustoff. Ich versichere Ihnen: Mit nichts lassen sich Fugen besser abdichten. Aber Silikon ist auch in punkto »Holz vor der Hütte« zu einigem Ruhm gelangt. Pamela Anderson, Carmen Electra oder Katie Price würde ohne das Material vermutlich niemand kennen. Mittlerweile lassen sich Brüste aber auch unblutig vergrößern – per Spritze, mit der neuesten Generation der Hyaluronsäure. Privat ist für mich die »ungetunte Handvoll« absolut zufriedenstellend, für den Job wird eben hoch- oder drangeklebt. Aber es gibt Fälle, da kann ich absolut verstehen, wenn man Mutter Naturs Werk ein wenig korrigieren möchte. Und damit komme ich zu meiner Freundin Nicky.

Brust oder Keule – die Legende vom Rodeo-Girl

»Sonya, ich habe ein echtes Problem.«

Ich verschluckte mich fast an meinem Tee und schaute meine Freundin Nicky erstaunt an: »Du? Ein Problem?«

Dazu muss man wissen: Nicky ist ein Glückskind! Sie hat den heißesten Hintern nördlich von Brasilien, das schlaueste Hirn seit Albert Einstein, einen Traumjob und das süßeste Töchterchen der Welt. Hatte ich die letzte halbe Stunde unserer Unterhaltung geträumt? Nicky berichtete mir doch eben detailgetreu, wie sie mit ihrem Neulover Mick die ganze Nacht das Kamasutra durchgeturnt hatte. Und jetzt hatte sie Probleme? Vielleicht mit dem Rücken oder ...

»Du hattest gestern keine multiplen Orgasmen?«

»Selbstverständlich hatte ich die. Mein Sportsfreund wird doch nicht umsonst Monster-Mick genannt.« Aber dann wurde Nicky ernst: »Ich hab wirklich ein Problem. Mit meinem Busen.«

Ich hielt die Luft an. Bitte lieber Gott, keinen Knoten. »Was ist los?«

»Du weißt doch, dass meine Brüste unterschiedlich groß sind …«

Ach, die alte Nummer. Mir plumpste ein Stein vom Herzen. »Ich weiß, dass deine Büste groß sind, und die eine eben noch ein bissl größer. Aber das war doch nie ein Problem.«

»Wann hast du mich das letzte Mal nackt gesehen?«

Heiliger Bimbam, das war echt lang her. »Vielleicht vor zehn, zwölf Jahren …«

»Lass' mal die Rollläden runter!«

Ich gehorchte brav. Kaum waren die Blicke meiner Nachbarn ausgesperrt, stand Nicky mit Leidensmiene im BH vor mir.

»So, und jetzt pass mal auf …« Nicky öffnete ihren BH »Tatatataaa! Darf ich dir vorstellen: links ›Hang Loose‹ und rechts ›Stand Hard‹.«

Mir wollte kein Lächeln gelingen, denn was ich sah, war … gewöhnungsbedürftig. Nickys rechte Brust stemmte sich tapfer gegen die Schwerkraft. Auf der linken – größeren – Seite hatte es allerdings einen gravierenden Erdrutsch gegeben. Die Brustwarze war etwa dreimal so groß wie die rechte und hing gut zehn Zentimeter tiefer.

»Schlimm, oder?«

Was sollte ich darauf bloß antworten? Am besten die Wahrheit: »Ja, schlimm.«

»Ich weiß. Ich nenn' sie auch ›Brust‹ und ›Keule‹. Und es wird immer schlimmer.«

»Wie kommt so was?«

Nicky verdrehte die Augen. »Och Sonya, schon mal was von ›Altern‹ gehört?«

»Ja, leider. Ich zeig dir jetzt nicht meinen Hintern, sonst fangen wir beide an zu heulen.«

Voller Mitleid nickte sie mir zu.

»Sag mal, Nicky, wie kommst du denn damit zurecht?«

»Och, wenn ich meine Schlauchtitte ins BH-Körbchen stopfe, sieht ja alles ganz fein aus. Nur oben ohne geht eben gar nicht.«

»Aber du kannst doch nicht immer deinen BH anlassen.«

»Du, nackte Brüste gibt's bei mir nur noch in R-Stellungen.«

Wie so oft, wenn Nicky über Sex sprach, hatte ich mal wieder keine Ahnung. «Was sind denn bitteschön R-Stellungen?«

»Na, Rücken und Rodeo! Liegend hat die Schwerkraft keine Chance, und beim Reiten ist links eben mein Lassoarm. Das streckt total.«

»Dann ist doch alles prima ...«

»Klar, und in zwei Jahren kann ich die linke Titte dann als Schal tragen!«

Nicky schaute mich todernst an. »Nächsten Mittwoch um zehn hab ich 'nen Termin, kommst du mit? Ich lass mir die ausgeleierte Milchtüte abschneiden.

Logo kam ich mit. Ein paar Tage später betrachtete ich mit zunehmendem Grauen, wie ein lustiger Schönheitschirurg hemmungslos grüne Linien mit einem Edding auf Nickys Brüste malte.

»Also, bei einer Straffung der linken Brust gehen wir folgendermaßen vor: Wir entfernen die Brustwarze, machen einen sichelförmigen Schnitt unterhalb der Brust und vertikal zur Warze. Dann entfernen wir erschlafftes Brustgewebe, führen ein kleines, achtzig Gramm schweres Silikonkissen ein und vernähen dann die OP-Wunde.«

»Gut, dass ich noch nicht gefrühstückt habe ...«, platzte es aus mir heraus, wofür ich einen »Halt die Klappe«-Blick von Nicky erntete. Der Metzger ließ sich aber nicht beirren: »Sie müssen mit einer sogenannten Ankernarbe rechnen, wie bei einer Brustverkleinerung. Wie gut diese dann abheilt, hängt von Ihrer persönlichen Narbenbildung ab.«

Nicky betrachtete skeptisch ihre grün dekorierten Möpse. Der Doc steckte den Stift zufrieden in die Kitteltasche. »Ach, und selbstverständlich stanzen wir die Brustwarze auf die Größe der anderen zurecht, bevor wir sie wieder einsetzen. Und dann sehen die beiden wieder aus wie Hanni und Nanni!«

Mir war schwer danach, seine Zwillinge, Hans und Heinrich, mit meinem Knie in Richtung Bauch zu stanzen. Doch Nickys warnender Blick bremste meinen ritterlichen Rettungsversuch, und wir konnten die Praxis ohne weitere Gräueltaten verlassen.

Neun Wochen und drei Ärzte später holte ich meine Freundin mit Brustpanzer im Krankenhaus ab. Trotz starker Schmerzen und der Aussicht auf Narben war sie euphorisch: »Hab' sie heute Morgen beim Verbandswechsel gesehen. Sonya, das Tittchen ist sooo ... perfekt!«

Die ganze Sache ist jetzt vier Jahre her, und obwohl ich der Aktion mehr als kritisch gegenüberstand, so muss ich doch zugeben, dass meine »Madame Milchtüte« – mit Narben, aber ohne Tüte – sehr glücklich ist.

Darum für alle Interessierten jetzt die gängigen Methoden zum Brustumbau. Bevor wir hier zur Tat schreiten (lassen), finde ich allerdings eines ganz wichtig: Wir sollten es selbst wollen. So richtig. Wenn uns nur der neue Freund gerne obenrum fülliger hätte, während wir selbst eigentlich völlig zufrieden sind, plädiere ich dafür, den Freund schleunigst zu wechseln – und nicht unsere Titties.

■ Implantate für mehr Volumen Bei der klassischen Methode per Implantat gibt es zwei Möglichkeiten: Silikonkissen in unterschiedlichen Größen und mit Kochsalz gefüllte Implantate. Beruhigend: In der EU dürfen seit 2001 nur Modelle mit europäischem Qualitätsgütesiegel eingesetzt werden. Kochsalz hat den Vorteil, dass die Lösung im Fall einer Beschädigung des Implantats – zum Beispiel bei einem Autounfall – restlos vom Körper aufgenommen wird. Auslaufendes Silikon kann dagegen fiese Entzündungen verursachen. Silikon fühlt sich allerdings natürlicher an als – manchmal sogar gluckernde – Kochsalzkissen. Und die Gefahr, dass das Zeug leckt, ist dank mehrwandiger Sicherheitsumhüllung heutzutage auch gering. Bei Nicky wurde eine klassische OP-Methode angewendet, bei kleineren Implantaten kann der Arzt aber auch von der Achselhöhle aus operieren, damit an der Brust selbst keine Narben entstehen. Außerdem wird je nach Menge des vorhandenen Gewebes über oder unter dem Brustmuskel implantiert. Was für die jeweilige Patientin am besten ist, kann nur der Arzt entscheiden.

Effekt: Ein größerer Vorbau mit »Stand«.

Mögliche Nebenwirkungen: Schmerzen, Spannungsgefühl, Blutergüsse, bei entsprechender Veranlagung Gewebeverhärtungen, Narbenwucherungen, zeitweise verringerte Beweglichkeit der Arme.

Wieder gesellschaftstauglich: Nach dem Klinikaufenthalt von einer Nacht sofort.

Hält: Dauerhaft.

Kostet: Ab ca. 5700 Euro, mit Straffung ab ca. 6500 Euro.

»Viele Männer glauben, dass, je größer die Brüste einer Frau sind, desto geringer sei ihre Intelligenz. Ich denke, das Gegenteil ist richtig: Je größer die Brüste einer Frau, desto dümmer werden die Männer.«
Anita Wise

Mehr Oberweite per Spritze Ein befreundeter Fotograf erzählte mir kürzlich, dass er eine Busenvergrößerung dokumentieren soll, bei der mit Hilfe von Injektionen ein Busen aufgebaut wird. Und ich dachte: »Wie bitte, das geht?« Natürlich war ich neugierig und habe mich schlaugemacht. Das Ganze funktioniert mit der neuesten Generation der Hyaluronsäure, die vom Körper langsamer abgebaut wird als die bisher verwendete. Das heißt aber auch: Die Brust schrumpft nach der Behandlung peu à peu wieder. Vorteil: Der Eingriff wird nur mit Lokalanästhesie durchgeführt. Der Chirurg spritzt das gelartige Zeug in einer etwa vierzig Minuten dauernden Prozedur in tiefere Hautschichten und unter den Brustmuskel. Dadurch wird die natürliche Form der Brüste aufgefüllt. Diese Methode eignet sich vor allem bei kleineren Brüsten. Manko: Langzeitstudien gibt's noch nicht. Infos und Anbieter: www.macrolane.de.

Effekt: Ein größerer Vorbau in »soft«.

Mögliche Nebenwirkungen: Blutergüsse an den Einstichstellen, Schmerzen.

Wieder gesellschaftstauglich: Sofort.

Hält: Etwa drei Jahre.

Kostet: Ab ca. 3000 Euro.

■ Brustverkleinerung oder Bruststraffung Klingt paradox, aber die Verkleinerung oder Straffung ist meistens eine aufwendigere Operation als die Vergrößerung, wobei leider auch größere Narben entstehen. Allerdings werden hier manchmal sogar die Kosten von der Krankenkasse übernommen – wenn man zum Beispiel wegen des Gewichts unter Rückenschmerzen leidet. Straffungen bringen unsere Tittchen nach mehreren Schwangerschaften oder starker Gewichtsabnahme wieder in Form. Dabei wird überschüssige Haut weggeschnitten – und die Brustwarze wie ein Flicken neu eingenäht.

Effekt: Kleinere und / oder straffere Brüste.

Mögliche Nebenwirkungen: Siehe Implantate.

Kostet: Ab ca. 6500 Euro.

■ Po-Implantate Nicht nur unsere Auslage zieht Blicke auf sich – auch ein kurviger Brasilien-Popo ist ein begehrtes »Accessoire«. Wer hier ein bisschen flach geraten ist und selbst mit Sport nix erreicht, für den ist vielleicht so ein Po-Pölsterchen aus Silikon etwas. Seit der Körperkult auch zunehmend die Herren der Schöpfung unter Druck setzt, ist diese OP übrigens nicht nur bei Schwulen gefragt …

Effekt: (Hoffentlich) der Po unserer Träume.

Mögliche Nebenwirkungen: Blutergüsse, Taubheitsgefühle, Infektionen.

Wieder gesellschaftstauglich: Sofort (Sitzen dürfte schwer fallen).

Hält: Dauerhaft.

Kostet: Ab ca. 5000 Euro.

Jetzt kommt die Abrissbirne: Weg mit dem Speck

Großartige Idee: Einfach kurz den großen Sauger auf die Problemzonen gesetzt und – slurp – fertig ist die Supermodel-Figur? Ladys, so simpel ist das leider nicht. Fettabsaugen ist nicht mit Staubsaugen zu verwechseln und eine große OP, die den Kreislauf belastet. Selbst plastische Chirurgen raten darum nur dann zu dieser Radikalmaßnahme, wenn Diät und Sport wirklich nix mehr bewirken. Denn es gibt manchmal ziemlich bizarre Nebenwirkungen. Eine Freundin erzählte mir kürzlich von einer Moderatorin eines Spielesenders. Das Gerücht: Die Gute habe sich nach und nach am ganzen Körper den Speck absaugen lassen. Da dabei aber die Fettzellen nun mal komplett entfernt werden und nicht – wie beim Abnehmen – einfach nur schrumpfen, kann der Körper nun an allen Stellen, an denen es keine Fettzellen mehr gibt, nichts mehr einlagern. Also sucht er sich bei erneuter Gewichtszunahme die Stellen, wo er noch welche findet. Bei besagter Dame führte das dann plötzlich zu grotesken Wülsten, wo die nun wirklich nicht hingehören: am Nacken, an den Knien oder am Rücken. Ganz ehrlich, da finde ich ein bisschen Speck an der richtigen Stelle weitaus schöner. Außerdem kann es sein, dass die Haut nach einer Absaugung wie eine zu groß gewordene Jeans sitzt – dann muss die Haut zusätzlich gestrafft werden. Aber keine Downsides ohne Upsides: Die Fettabsaugung ist eine der am häufigsten durchgeführten Operationen – entsprechend viel Erfahrung haben die Ärzte –, und sie ist so ziemlich die einzige Rettung bei »Reiterhosen«.

■ Fettabsaugung Sie wird auch Liposculpturing, Liposuktion oder Bodyforming genannt. Dabei werden durch Schnitte Kanülen unter die Haut geführt und das Speckpolster abgesaugt. Oft spritzt der Chirurg vorher eine Flüssigkeit ein, um das Gewebe zu lockern (Tumeszenztechnik). Noch eine

Möglichkeit ist die Vibrationslipolyse, bei der elektronisch gesteuerte »Vibrationskanülen« zum Einsatz kommen, die bis zu achtzigmal in der Sekunde hin und her schwingen und die Fettzellen aus dem Gewebe »rütteln«. Der Vorteil hierbei ist, dass das Gewebe besonders geschont wird und die Haut sich hinterher besser straffen lässt.

Je nach Methode und Region dauert so eine OP zwischen ein und vier Stunden. Dabei dürfen nicht mehr als fünf Liter Fett auf einmal abgesaugt werden, alles andere belastet den Kreislauf zu sehr. Nach der Absaugung an Bauch oder Beinen wird dann ein sogenanntes »Kompressionsmieder« angelegt, damit die gewünschte Körperform erreicht wird – dieses Stützkorsett muss man bis zu sechs Wochen tragen. Der Schrumpfungsprozess der Haut ist erst nach drei bis vier Monaten abgeschlossen. Erst dann sieht man wirklich, ob noch zusätzlich gestrafft werden muss. Mit anderen Worten: Man sollte insbesondere bei größeren Absaugungen mit Folge-OPs und Folgekosten rechnen. Ist der Eingriff allerdings lokal stark begrenzt und die Fettmenge überschaubar, bleibt es meistens bei einer einzigen Operation. Super lässt sich zum Beispiel »Reiterhosen-Speck« entfernen. Diese hartnäckigen Pölsterchen an der Seite der Oberschenkel treffen ja selbst durchtrainierte Triathletinnen, die täglich kilometerweise schwimmen, laufen und Rad fahren. Aber keine falschen Hoffnungen, Ladys: Auch mit Fettabsaugen lässt sich Cellulite meistens nicht in den Griff bekommen – im Gegenteil. Manchmal entstehen gerade danach noch Extradellen.

Effekt: Weniger Speck an der behandelten Stelle.

Mögliche Nebenwirkungen: Schwellungen, Blutergüsse, Kreislaufschwierigkeiten, Taubheitsgefühle.

Wieder gesellschaftstauglich: Je nach behandeltem Bereich sofort (kleinere Areale, wie Oberarme bzw. überschaubare Fettabsaugung kleinerer Polster am Bauch) oder nach einigen Tagen.

Hält: Bei gesunder Lebensführung dauerhaft.

Kostet: Je nach Körperregion ab ca. 2500 Euro.

■ Straffungen Es ist leider so: Wenn viel Fett abgesaugt wird (oder wir gerade per Diät einen Zentner Gewicht losgeworden sind), kann die Haut schon mal traurig hängen. Erst mal heißt es dann vier Monate warten, denn in der Zeit zieht sich die Haut noch zusammen. Alles, was danach noch schlackert, bleibt. Falls wir dann keine Lust haben, ständig Schlabberlook zu tragen, muss der Onkel Doc leider noch mal ran.

■ **Oberarm** Die Operation ist hier relativ unkompliziert, die Schnitte werden auf der Innenseite der Oberarme gesetzt, um Narben zu vermeiden. Danach muss ein Kompressionsverband getragen werden. **Kostet:** ab ca. 4500 Euro.

■ **Bauchdecke** Die Straffung unseres Bäuchleins ist eine der schwierigsten und der für den Körper belastendsten Verschönerungsaktionen und bringt nur was, wenn unser Gewicht nicht dauernd wie ein Jo-Jo schwankt. Der Bauchnabel muss ausgeschnitten und neu positioniert werden, die Muskeln werden gestrafft und kompliziert in Schichten vernäht, die Heilungszeit ist lang. All das hat seinen **Preis:** ab ca. 6800 Euro.

■ **Oberschenkel** Hier wird im Schritt oder an der Oberschenkelinnenseite geschnitten und von dort aus gestrafft. **Kostet:** ab ca. 6000 Euro.

Effekt aller Straffungen: Kein »Winkfleisch« mehr.

Mögliche Nebenwirkungen: Schwellungen, Blutergüsse, Taubheitsgefühle, Wundinfektionen.

Wieder gesellschaftstauglich: Je nach behandeltem Bereich sofort (Oberarme) oder nach mehreren Wochen (Bauch).

Hält: Ob und wie schnell das Gewebe wieder ausleiert, kommt auf die Hautbeschaffenheit und mögliche Gewichtsschwankungen an.

... und das lassen wir lieber sein!

Es gibt massenhaft Methoden, um Gesicht und Körper zu »verjüngen«. Manche »Verschönerungen« reichen allerdings von totalem Unsinn bis zu blankem Wahnsinn. Ein paar Sachen, die wir uns wirklich sparen sollten, möchte ich Ihnen nicht vorenthalten:

- **Anal Bleaching** Aus der Reihe: Neues für Verklemmte! Hier wird die Haut am Popöchen rund um den After gebleicht – damit in gewissen Situationen die Welt für unseren Hintermann auch schön rosig aussieht. Falls Sie in die Pornobranche einsteigen wollen, vielleicht eine gute Idee, ansonsten eher für'n Arsch.

- **Genital-OPs** Global wird gegen die weibliche Beschneidung gekämpft – und bei uns ist es plötzlich schick, sich freiwillig im Intimbereich rumschnipseln zu lassen. Was soll der Quatsch? Auf dem Kongress der Deutschen Gesellschaft für Gynäkologie und Geburtshilfe warnten kürzlich Ärzte vor unnötigen Eingriffen. Je nach OP kann die Empfindsamkeit der Haut beeinträchtigt werden oder es zu Narbenschmerzen kommen. Dabei ist doch gerade diese Gegend dazu da, uns schöne Gefühle zu bereiten.

- **Beinverlängerungen** Dagegen ist jede Wurzelbehandlung beim Zahnarzt ohne Betäubung ein lächerliches Kinkerlitzchen. Es gibt Menschen, die lassen sich freiwillig beide Beine brechen und bewegen sich dann monatelang unter unvorstellbaren Schmerzen in Rollstuhl und auf Krücken – bloß, um am Ende ein paar Zentimeter größer zu sein. Geht's noch? Wenn Sie jetzt meinen, ich hab gut reden mit meinen 1,77 Metern: Selbst, wenn ich nur einen Meter groß wäre, würde ich mich niemals dieser Folter aussetzen. Da würd' ich mir lieber Polster in die Schuhe legen.

Ein paar Worte hinterm Bauzaun

Meine Lieben,

wäre ich Zauberkünstlerin, wäre ich jetzt meinen Job los und hochkant aus der Zunft geflogen. Schließlich hab ich nicht nur meine eigenen Beauty-Zaubertricks verraten, sondern auch einiges aus der ultrageheimen Visagisten-Stylisten-Schatztruhe ausgeplaudert. Böse, böse!

Zum Glück bin ich keine Magierin, sondern bloß die Fachfrau Ihres Vertrauens für Schönheitsreparaturen, Fassadengestaltung und Dekorationsarbeiten. Und als solche sozusagen mit All-Area-Ausweis für die »Baustelle Body« ausgestattet.

Danke, dass Sie mit mir diese kleine Besichtigungstour unternommen haben – es hat viel Spaß gemacht, zu zeigen, was man so alles anstellen kann. Sie dürfen die Helme jetzt wieder abnehmen und die Frisur richten (wie, wissen Sie ja).

Wenn Sie mich demnächst auf der Mattscheibe sehen, denken Sie bitte, bitte an drei Dinge:

1. Was Sie da sehen, ist machbar.
2. Was die Kraus kann, kann ich auch.

Und natürlich an das, was Marlene Dietrich so weise sagte: »Die Geburtsurkunde ist ein Gerücht, das eine Frau durch ihr Aussehen jederzeit dementieren kann.«

So, und nun wünsche ich Ihnen und Euch viel Freude beim Werkeln am »Eigenheim«!

Kuss, Ihre

Herzlichen Dank an die Mang Medical One AG (www.medical-one.de), die die Informationen zu den meisten in diesem Kapitel genannten Verfahren und den entsprechenden Kosten bereitgestellt hat.

Ausnahmen: Handlifting (Nofretete Klinik www.nofreteteklinik.de); Busenaufbau per Hyaluronsäure (Macrolane www.macrolane.de); Lippen-Tattoo (u.a. www.permanentline.de), Fraxel/Pixel-Laser (u. a. www.einneuesgesicht.com) sowie die Methoden im Abschnitt »... und das lassen wir besser sein«.

Herzlichen Dank auch an meine Hautärztin (www.venusklinik.de) für viele Insider-Infos und erhellende Gespräche.

BASTEI LÜBBE TASCHENBUCH
Band 60637

1. Auflage: Mai 2010

Die Ratschläge und Informationen in diesem Buch wurden von der Autorin und Co-Autorin sorgfältig geprüft und recherchiert, dennoch kann keine Garantie übernommen werden. Ausprobieren auf eigene Gefahr!

Dieser Titel ist auch als Hörbuch bei Lübbe Audio lieferbar

Vollständige Taschenbuchausgabe
der bei luebbe erschienenen Paperbackausgabe

luebbe und Bastei Lübbe Taschenbuch in der Bastei Lübbe GmbH & Co. KG

Lektorat: Ann-Kathrin Schwarz
Textredaktion: Friederike Achilles
Illustrationen: Frauke Ditting
Umschlaggestaltung: Gisela Kullowatz
Titelbild: © Stephan Pick, Köln
Autorenfoto: © Stephan Pick, Köln
Layout und Satz: Christina Krutz Design, Riedstadt
Gesetzt aus der Swiss und der NeutraDisplay
Druck und Verarbeitung: CPI – Ebner & Spiegel, Ulm
Printed in Germany
ISBN 978-3-404-60637-5

Sie finden uns im Internet unter
www. luebbe.de
Bitte beachten Sie auch: www.lesejury.de

Der Preis dieses Bandes versteht sich einschließlich
der gesetzlichen Mehrwertsteuer.